◎高等职业教育物联网应用技术专业（智能网联）系列教材

Zhineng Wanglian
Waishe Kaifa Jishu

智能网联外设开发技术

主　编　刘文晶　夏　扬
副主编　林麒麟　曹　焕
参　编　李　川　曹　阳

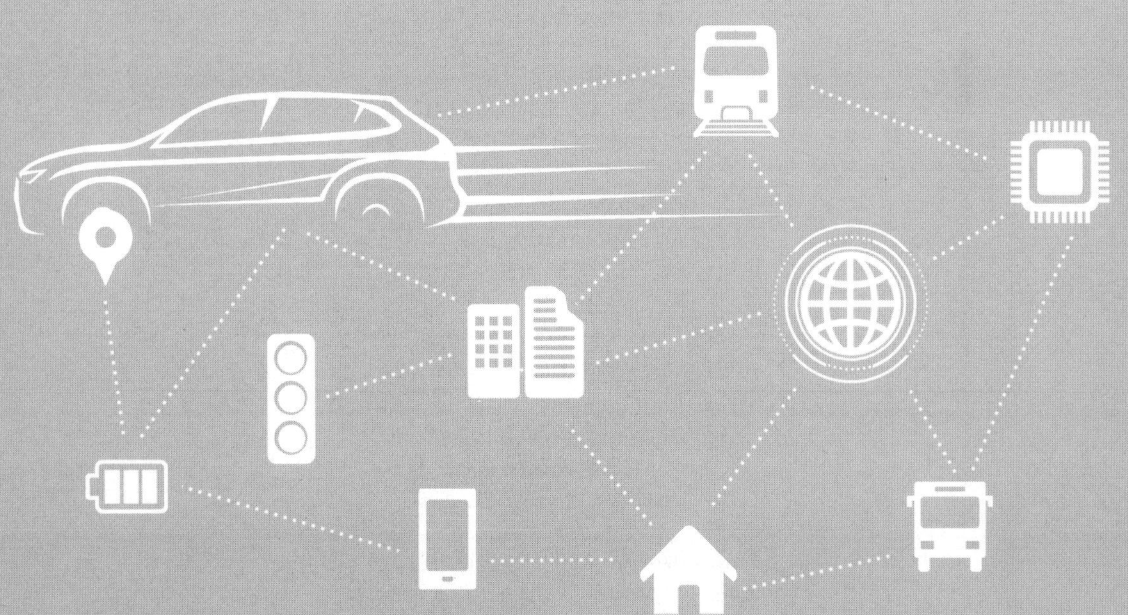

重庆大学出版社

内容提要

本书分为准备篇、基础篇和提升篇，共3篇，8个项目，主要内容包括认知智能网联外设开发技术、实战“汽车灯光指示系统：GPIO控制模块”、实战“汽车电机系统：PWM控制模块”、实战“汽车仪表解决方案：ADC控制模块”、实战“汽车外接诊断系统：USB控制模块”、实战“车载娱乐系统OTA：WatchDog控制模块”、实战“AI智能语音控制系统”、实战“车载CAN空调控制系统”。本书在内容上遵循高职学生的学习认知成长规律，通过项目任务引导教学，深浅适度地安排项目任务，注重实践和动手能力的培养，且每个项目配有评价表单。本书配有微课视频、项目源码、习题参考答案、电子课件、课程标准、授课计划等资源。

本书可作为高等院校嵌入式（物联网、汽车电子、智能网联）方向相关专业的教材，也可作为相关专业技术人员的培训用书，同时还可作为广大嵌入式开发爱好者以及从事嵌入式开发事业爱好者必备的参考书。

图书在版编目（CIP）数据

智能网联外设开发技术 / 刘文晶，夏扬主编. -- 重庆：重庆大学出版社，2024.1

ISBN 978-7-5689-4242-3

Ⅰ.①智…　Ⅱ.①刘…②夏…　Ⅲ.①汽车—智能通信网—系统开发—高等职业教育—教材　Ⅳ.①U463.67

中国国家版本馆CIP数据核字（2023）第248753号

智能网联外设开发技术

主　编　刘文晶　夏　扬

副主编　林麒麟　曹　焕

参　编　李　川　曹　阳

策划编辑：鲁　黎

责任编辑：姜　凤　　版式设计：鲁　黎

责任校对：关德强　　责任印制：张　策

*

重庆大学出版社出版发行

出版人：陈晓阳

社址：重庆市沙坪坝区大学城西路21号

邮编：401331

电话：(023) 88617190　88617185（中小学）

传真：(023) 88617186　88617166

网址：http://www.cqup.com.cn

邮箱：fxk@cqup.com.cn（营销中心）

全国新华书店经销

重庆长虹印务有限公司印刷

*

开本：787mm×1092mm　1/16　印张：18.25　字数：446千

2024年1月第1版　2024年1月第1次印刷

印数：1—1 000

ISBN 978-7-5689-4242-3　定价：48.00元

课程思政元素

本书以习近平新时代中国特色社会主义思想为指导，以立德树人为根本，结合社会主义核心价值观："富强、民主、文明、和谐、自由、平等、公正、法治、爱国、敬业、诚信、友善"，充分挖掘蕴含在教材专业知识中的思政元素和德育功能，设计出课程思政的主题，然后紧紧围绕"价值塑造、能力培养、知识传授"三位一体的课程建设目标，在课程内容中寻找相关的落脚点，通过案例、知识点等教学素材的设计运用，以润物细无声的方式将正确的价值追求有效地传递给学生，实现专业知识与思政内容的有机融合，将德育渗透、贯穿课堂教学的全过程，助力学生全面发展。

项目序号	项目名称	内容引导	思政落脚点
1	认知智能网联外设开发技术	①智能网联汽车现状； ②"中兴华为事件"说明了什么	时代精神 科技强国 国家竞争 民族自豪感
2	实战"汽车灯光指示系统：GPIO 控制模块"	①体验汽车灯光指示系统； ②道路交通法规对车灯的使用规定； ③开发工具使用	安全意识 专业与社会 职业素养
3	实战"汽车电机系统：PWM 控制模块"	①体验汽车电机系统； ②我国在汽车电机系统的突破； ③技术创新的重要性	民族自豪感 专业认同感 创新意识
4	实战"汽车仪表解决方案：ADC 控制模块"	①体验汽车仪表系统； ②A/D 转换原理； ③汽车仪表系统介绍	辩证思维 科技创新 个人管理
5	实战"汽车外接诊断系统：USB 控制模块"	①体验汽车外接诊断系统； ②汽车外接诊断系统介绍； ③编码规范	沟通协作 辩证思维 专业能力
6	实战"车载娱乐系统 OTA：WatchDog 控制模块"	①体验车载娱乐系统； ②车载娱乐系统介绍； ③看门狗工作原理	危机意识 团队协作 工匠精神

续表

项目序号	项目名称	内容引导	思政落脚点
7	实战"AI 智能语音控制系统"	①体验 AI 智能语音系统； ②人工智能技术介绍； ③开发要点	创新精神 科技发展 团队协作
8	实战"车载 CAN 空调控制系统"	①体验车载 CAN 空调控制系统； ②CAN 总线介绍； ③我国汽车空调产业发展历程	创新意识 民族自豪感 专业能力 职业素养

前言
Foreword

随着人工智能、5G、大数据等新一代信息技术的迅猛发展，全球汽车行业迎来了新一轮的技术革命和产业变革。作为最具发展潜力和发展前景的中国汽车产业，在政策的战略指导、市场和消费者的牵引下，全行业持续坚持创新驱动，正在全面推动汽车电动化、网联化、智能化协同发展。其间，智能网联汽车呈现出强劲的发展势头，成为全球汽车行业争相抢占的战略制高点。习近平总书记指出，"我们要成为制造业强国，就要做汽车强国。"汽车产业是国民经济重要的支柱产业，其产业链长、关联度高、带动性强，对促进经济发展、带动社会就业具有重要作用。

本书分为准备篇、基础篇和提升篇，在内容上遵循高职学生的学习认知成长规律，通过项目任务引导教学，每个项目后附有评价表单。本书共包含8个项目：项目1为认知智能网联外设开发技术，从初识智能网联技术、什么是外设开发技术、搭建开发环境、STM32概述4个方面详细介绍了智能网联开发技术的相关知识，为后续项目的学习打下了坚实基础。项目2为实战"汽车灯光指示系统：GPIO控制模块"，从实际的汽车灯光指示系统解决方案中的GPIO通用控制设置的设计实现出发，使学习者认识并运用GPIO及相关外设完成功能的设计和实现。项目3为实战"汽车电机系统：PWM控制模块"，从实际的汽车电机系统中的PWM控制模块的设计实现出发，使学习者认识并运用PWM及相关外设完成目标功能的设计和实现。项目4为实战"汽车仪表解决方案：ADC控制模块"，从实际的工业仪表解决方案中的ADC控制模块的设计实现出发，使学习者认识并运用ADC及相关外设完成目标功能的设计和实现。项目5为实战"汽车外接诊断系统：USB控制模块"，从实际的汽车外接诊断系统中的USB控制模块的设计实现出发，使学习者认识并运用USB及相关外设完成功能的设计和实现。项目6为实战"车载娱乐系统OTA：WatchDog控制模块"，从实际的车载娱乐系统的OTA方案中的WatchDog控制模块的设计实现出发，使学习者认识并运用WatchDog及相关外设完成功能的设计和实现。项目7为实战"AI智能语音控制系统"，项目8为实战"车载CAN空调控制系统"，综合使用前6个项目知识点，针对AI智能语音控制系统和车载CAN空调控制系统的需求进行分析设计，并使用最优外设，编程实现目标。本书所使用的实验平台为东软智能网联系统开发平台，项目2—项目6主要在MCU侧开发，项目7、项目8需MCU和SoC侧联合开发。

本书由重庆工商职业学院刘文晶、夏扬担任主编，由林麒麟、曹焕担任副主编，李川、曹阳参与编写。具体编写分工如下：刘文晶编写项目1和项目4，林麒麟编写项目2，曹焕编写项目3,刘文晶、夏扬共同编写项目5,夏扬编写项目6,夏扬、林麒麟、曹焕共同编写项目7,刘文晶、李川、曹阳共同编写项目8,全书由刘文晶统稿。本书配有微课视频、项目源程序、习题答案、电子课件、课程标准、授课计划等资料。

在本书的编写过程中,东软教育科技集团提供了大量的案例资源,并获得其具有多年一线汽车电子项目开发经验工程师们的大力支持和帮助,同时本书也参考了很多国内外的著作、文献及网上资源,在此一并表示感谢。

限于作者水平,书中错误在所难免,恳请广大读者提出宝贵意见和建议。

编　者

2023年9月

目录
Contents

准备篇

基础篇

提升篇

准备篇

项目1
认知智能网联外设开发技术

［项目情境］

某车厂由于业务拓展，需要招聘一些开发工程师，刚好 HR 在××大学招聘了一批智能网联相关专业应届毕业生。为使新员工尽快熟悉公司业务，HR 开始着手组织相关部门开展新员工的岗前技术基础培训，为后续项目的开发做准备。

［需求分析］

结合项目情境，针对智能网联汽车外设开发技术要点，对需要完成的需求，梳理如下：

①明确智能网联汽车层次结构；

②明确智能网联外设开发岗位职责；

③明确智能网联开发平台功能及使用说明；

④明确要使用的开发芯片；

⑤完成基于 MDK-KEIL 的开发工程环境搭建；

⑥完成基于 Android Studio 的开发工程环境搭建。

［学习目标］

◇知识目标

①了解智能网联的概念；

②认识智能网联外设开发技术；

③熟悉 STM32 的相关知识；

④掌握开发环境的搭建方法。

◇能力目标

①能独立完成软件开发环境的搭建；

②能查阅芯片手册；

③能借助网络资源进行资料搜集。

◇素质目标

①激发学生的学习兴趣；

②激发学生科技报国的家国情怀和使命担当；

③提升学生学以致用的水平。

◇项目重点

完成智能网联外设开发环境搭建。

◇项目难点

MDK-KEIL 的开发工程环境搭建。

1.1 任务描述

对于智能网联外设开发技术而言,其重点在外设开发技术上;对于外设开发技术而言,其重点又在外设上。什么是外设?外设称为外部设备或者外围设备,有广义和狭义之分。

狭义的外设,是计算机系统中输入设备、输出设备、外存储器的统称,对数据和信息起着传输、传送和存储的作用。外设是计算机系统中的重要组成部分。外设涉及主机以外的任何设备。外围设备是附属的或辅助的与计算机连接的设备。外设能扩充计算机系统。计算机外设的主要功能包括在计算机和其他机器之间,以及计算机与用户之间提供联系。将外界的信息输入计算机;取出计算机要输出的信息;存储需要保存的信息和编辑整理外界信息以便输入计算机,如图 1.1 所示。

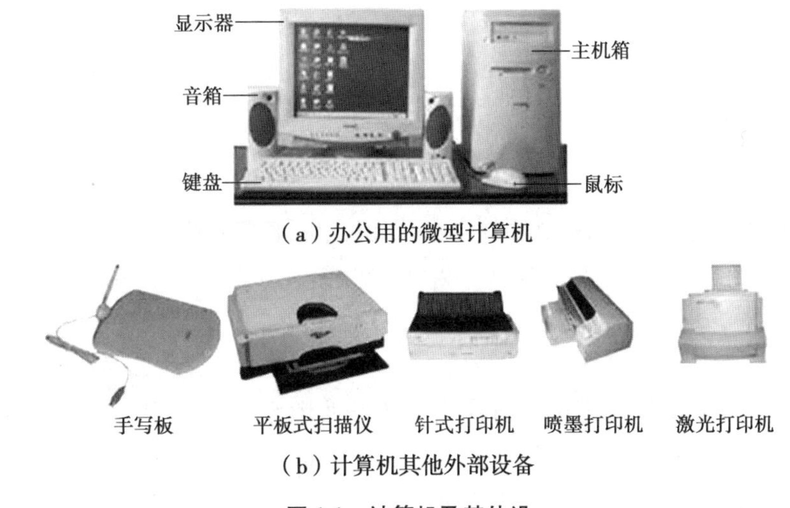

(a)办公用的微型计算机

(b)计算机其他外部设备

图 1.1 计算机及其外设

广义的外设,指的是嵌入式领域的一个概念。除嵌入式系统中主要的 CPU(即 SoC,MCU 等)外的所有其他硬件功能模块。而且在嵌入式领域,外设也常被称为各种接口。这是因为:存在对应的物理上看得见的,以及那些属于硬件内部肉眼不容易看见的各种接口,通过对应接口连接外部设备。本书讨论的内容正是广义的外设。以本书使用的 STM32 系列 MCU 为例,该 MCU 上常见的外设包括 GPIO,USB,PWM,WatchDog,ADC,CAN 等。以 STM32 F103ZET6 开发板为例,其外设接口定义如图 1.2 所示。

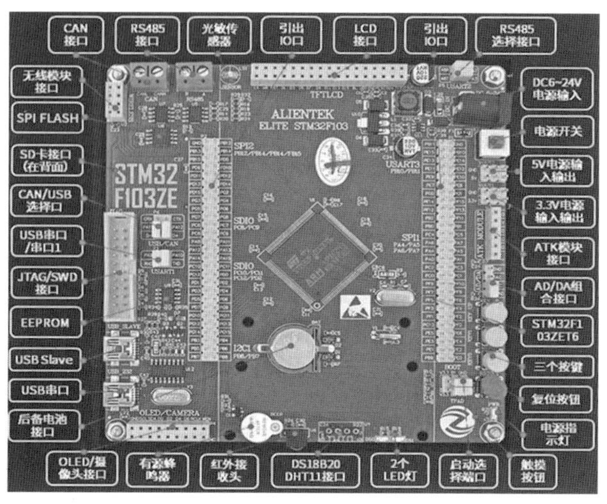

图 1.2　STM32 F103ZET6 开发板外设接口定义

要想进行智能网联外设开发，需要开发者熟知智能网联系统架构、熟练使用 MDK-KEIL、Android Studio 等开发软件，并具有较强的技术研发、创新能力和团队协作能力。

实现过程包括以下内容：

1）任务分析

概要说明完成本任务需要的专业技能和专业知识。

2）知识精讲

介绍完成本任务需要的专业技能和专业知识，包括智能网联的概念、智能网联汽车层次结构、实训平台介绍、什么是 STM32 等内容，为实现任务奠定理论基础。

3）任务实施

在明确任务条件和了解理论基础后，按照对应步骤完成任务，其对应步骤包括：

①明确需要使用的设备和软件工具；

②完成 MDK-KEIL 开发工程环境搭建；

③完成 Android Studio 开发工程环境搭建。

1.2　任务分析

1）本任务的启动条件

①PC 端启动操作系统；

②PC 处于正常工作状态且可联网；

③MDK-KEIL，Android Studio 等软件安装包已经在计算机桌面准备好。

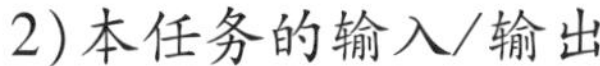

①输入:打开对应软件(MDK-KEIL/Android Studio);

②输出:软件响应并能正确打开。

3)本任务的结束条件

在掌握理论知识的基础上,能够正确安装软件,且能正常使用。

4)本任务实现所需的知识与技能

为了帮助读者能够尽快上手实践本任务,"知识精讲"中列出了智能网联概念、智能网联架构、智能网联外设开发等相关技术和基本知识,具体包括:

①智能网联基本概念;

②智能网联层次架构;

③实训平台介绍及使用;

④STM32 与单片机介绍;

⑤软件开发环境搭建。

读者通过了解上述智能网联外设开发相关技术和原理,为后续项目开发奠定理论基础,同时能够借此完成软件开发环境搭建。

1.3 知识精讲

1)初识智能网联技术

(1)智能网联的概念

嵌入式的应用领域非常广泛,在汽车电子应用开发技术中同样占有举足轻重的位置。伴随着汽车电子的不断发展,智能网联技术应运而生。智能网联技术是嵌入式在汽车电子应用开发技术中的一个创新。

智能网联特指智能网联汽车(Intelligent Connected Vehicle,ICV),是指车联网与智能车的有机联合,是搭载先进的车载传感器、控制器、执行器等装置,并融合现代通信与网络技术,实现车与人、路、后台等智能信息交换共享,实现安全、舒适、节能、高效行驶,并最终可替代人来操作的新一代汽车。这是一种跨技术、跨产业领域的新兴汽车体系,不同角度、不同背景对其理解也不同。各国对智能网联汽车的定义不同,叫法也不尽相同,但终极目标是一样的,即可上路安全行驶的无人驾驶汽车。智能网联汽车可从狭义和广义的角度来讲。

从狭义上讲,智能网联汽车是搭载先进的车载传感器、控制器、执行器等装置,并融合现代通信与网络技术,实现 V2X 智能信息交换共享,具备复杂的环境感知、智能决策、协同控制和执行等功能,可实现安全、舒适、节能、高效行驶,并最终可替代人来操作的新一代汽车。

从广义上讲,智能网联汽车是以车辆为主体和主要节点,融合现代通信和网络技术,使车辆与外部节点实现信息共享和协同控制,以达到车辆安全、有序、高效、节能行驶的新一代多功能车辆系统。

(2)智能网联汽车的层次结构

智能网联汽车是以汽车为主体,利用环境感知技术实现多车辆有序安全行驶,通过无线通信网络等手段为用户提供多样化信息服务。智能网联汽车由环境感知层、智能决策层以及控制和执行层组成,如图 1.3 所示。

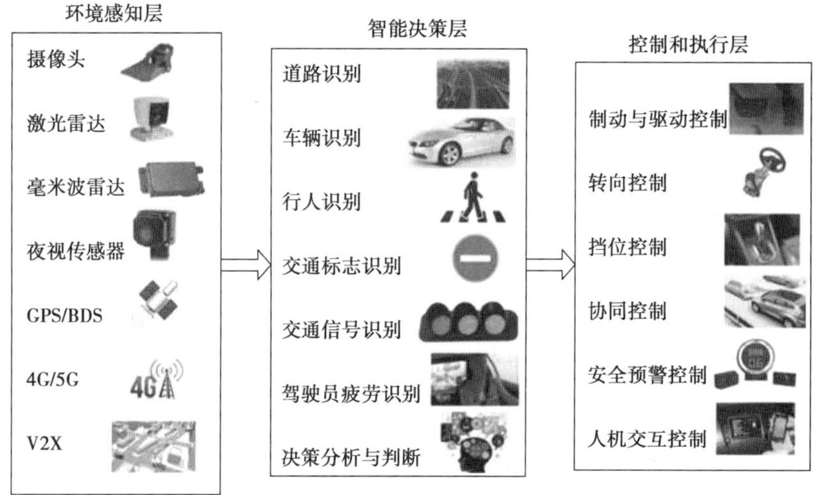

图 1.3　智能网联汽车的层次结构

①环境感知层。其主要功能是通过车载环境感知技术、卫星定位技术、4G/5G 及 V2X 无线通信技术等,实现对车辆自身属性和车辆外在属性(如道路、车辆和行人等)静、动态信息的提取和收集,并向智能决策层输送信息。

②智能决策层。其主要功能是接收环境感知层的信息并进行融合,对道路、车辆、行人、交通标志和交通信号等进行识别,决策分析与判断车辆驾驶模式和将要执行的操作,并向控制和执行层输送指令。

③控制和执行层。其主要功能是按照智能决策层的指令,对车辆进行操作和协同控制,并为联网汽车提供道路交通信息、安全信息、娱乐信息、救援信息以及商务办公、网上消费等,保障汽车安全行驶和舒适驾驶。

智能网联外设开发技术作为智能网联汽车环境感知层和智能决策层进行数据共享的重要媒介而存在,主要位于环境感知层中,其作用如图 1.4 所示。

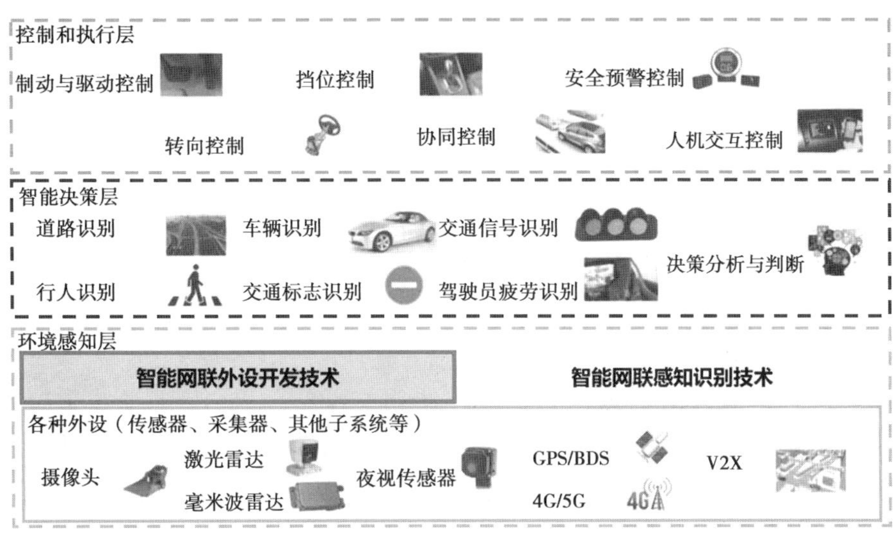

图 1.4　智能网联外设开发技术作用结构

2)智能网联实训平台

本平台为东软智能网联系统开发平台,如图 1.5 所示,主要面向汽车电子、智能网联方向教学,包含以软硬件一体的智能网联实验箱以及配套的教学实践资源。本平台由基于人工智能+车联网行业典型的 SoC+MCU 模块构成。系统的主体架构是移动设备最流行的 Linux 系统(SoC)和嵌入式实时系统(MCU),两大系统之间通过网线(默认通信方式)或者串口方式进行通信。

图 1.5　东软智能网联系统开发平台

①LED 灯:指示灯,指示程序工作状态。

②有源蜂鸣器:发出提示音。

③L2325 接口(公):光敏传感器数据输出。

④光敏传感器:感受周围环境的明暗度。

⑤JTAG/SWD 接口:连接 ST-Link。

⑥USB SLAVE:USB 数据输出。

⑦KEY:物理按键,信号输入。

⑧网口:网线通信输入输出。

⑨USB 接口:连接 USB 麦克风设备。

⑩电源开关:开启、关闭开发板。

⑪DC 6~24 V 电源输入:供电输入。

⑫扬声器:外放声音。

⑬CAN 接口:CAN 数据传输。

⑭液晶显示屏:作为车载中控,展示应用程序的运行结果,是人机交互的窗口。

⑮SoC:负责 HMI 人机交互的开发以及云端的数据访问,并能很好地支持人工智能语音识别、人脸识别、手势识别等。

⑯MCU:负责实时采集和控制,外扩收音机模块、CAN 仿真器、整体注重系统的实时性。PC 端配备汽车 CAN 模拟器软件,可以实时仿真新能源汽车的车速、状态、空调、充电、电量、故障等。

3)走进 STM32

(1)什么是 STM32

STM32 从字面意思上来理解,ST 是意法半导体,M 是 Microcontrollers 的缩写,其中 32 表示的是 32 位,那么合起来理解就是:STM32 是意法半导体公司开发的 32 位微控制器。在如今的 32 位控制器中,STM32 被大多数工程师及市场青睐,人们对其宠爱有加。

STM32 系列是基于高性能、低成本、低功耗的嵌入式应用而专门设计的 ARM Cortex-M0, Cortex-M1, Cortex-M3, Cortex-M4, Cortex-M7 等。其中,Cortex-M0 主打的是低功耗和混合信号的处理,M3 主要用来替代 ARM7,侧重于能耗和性能的均衡,而 M7 则将重点放在高性能控制运算领域。典型的 STM32 芯片如图 1.6 所示。

图 1.6　STM32 芯片

(2)STM32 与单片机

单片机是一种集成电路芯片,也称为微控制器。它是采用超大规模集成电路技术把具有数据处理能力的中央处理器 CPU、随机存储器 RAM、只读存储器 ROM、多种 I/O 口和中断系统、定时器/计数器等功能(可能还包括显示驱动电路、脉宽调制电路、模拟多路转换器、A/D 转换器等电路)集成到一块硅片上构成的一个小而完善的微型计算机系统。由于 8 位单片机内部构造简单,体积小,成本低廉,在一些较简单的控制器中应用较广。常见的 8 位单片机主要有 Intel 的 51 系列、Atmel 的 AVR 系统、Microchip 公司的 PIC 系列、TI 的 MSP430 系列等。

由上述可知,STM32 是意法半导体公司开发的 32 位微控制器(MCU)。那么也就是说,STM32 其实是一款单片机,并且是一款功能强大的 32 位的单片机。它和 8 位单片机最大的不同在于,它不仅可以使用寄存器进行编程,还可以使用官方提供的库文件进行编程,这样不仅编程方便,而且更容易移植。其产品线包括主流产品(STM32F0,STM32F1,STM32F3)、超低功耗产品(STM32L0,STM32L1,STM32L4,STM32L4+)和高性能产品(STM32F2,STM32F4,STM32F7,STM32H7)三类。

针对上述分类,需要解读 STM32 产品系列型号的含义,以便使用合适的 STM32 单片机型号,图 1.7 给出了 STM32 单片机型号解读关系。

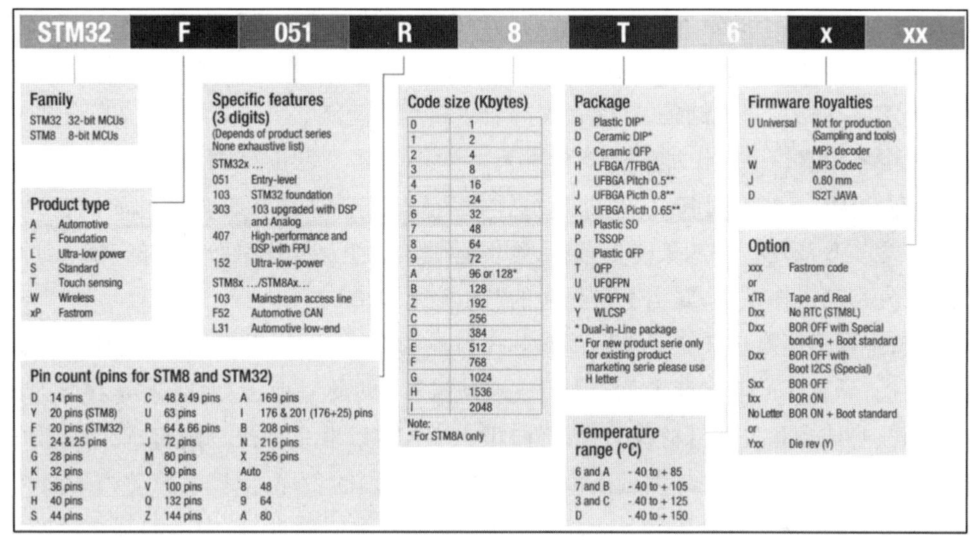

图 1.7 STM32 单片机型号解读关系

(3)STM32 与嵌入式

我们知道,嵌入式是以应用为中心,以计算机技术为基础,软硬件可裁剪,适应应用系统对功能、可靠性、成本、体积、功耗等严格要求的专用计算机系统。嵌入式主要分为 DSP、微控制器 MCU、微处理器、SoC 4 种。一个完整的嵌入式系统,其开发过程分为硬件层、驱动层、操作系统层和应用层 4 层。

STM32 是 MCU 的一种,故针对 STM32 的开发技术也属于嵌入式技术。

(4)STM32 与 ARM 体系

针对这个问题,还要先从名词解释入手。ARM 是一家英国的公司,是从事 CPU 芯片设计开发的厂商,但本身并不生产芯片,而是靠转让设计许可,由合作公司生产各种芯片。世界各大半导体生产商从 ARM 公司购买其设计的 ARM 微处理器核,根据各自不同的应用领域,加入适当的外围电路,从而形成自己的 ARM 微处理器芯片进入市场。

结合前文中对 STM32 的解释,可以举例说明 STM32 和 ARM 之间的关系如下:ARM 的核心就像汽车发动机的设计图纸,不同的芯片厂家类似汽车生产商。汽车生产商首先要从 ARM 公司买来发动机的图纸,再生产这款发动机,然后不同的汽车生产商按照自己的要求和理念,再设计生产不同的车体、底盘等,然后把发动机安装进去,成为一款能够出售的、实用的汽车。ARM 处理器中除用于微控制器的 Cortex-M 系列外，还有面向移动应用和实时应用领域的 Cortex-A 和 Cortex-R 系列的处理器核心。而作为封装实现 Cortex-M 内核的 STM32，就像其他公司根据 ARM 公司的发动机图纸生产出来的汽车。

由于中国芯片产业对国外依存度较高，在美国的限制和封锁下，中国芯片产业陷入了“卡脖子”的困境。2018 年 4 月，美国商务部以一个莫须有的借口对中兴进行制裁，禁止其在未来的 7 年内从美企手中购买高端元器件。为了企业的生存，中兴不得不选择妥协，向美交纳百亿罚金，并签下一些不公平的条款。“中兴事件”爆发后，我国意识到了发展基础学科的重要性，不断拿出巨量资源，鼓励国内优秀的科研人员研究基础学科以及各种国际前沿科学技术。国内一些掌握先进技术的企业，开始变得非常谨慎，如华为，开始加大芯片等核心战略物资的储备，同时在国内着手搭载供应链。此外，华为总裁任正非还签发了天才少年招募令，拿出大量资金网罗天下少年天才。也正是因为“中兴事件”的提醒，华为在 2019 年被美国制裁，企业运行才没有瞬间陷入瘫痪，有大量的时间打造“备胎”，并将之实现商用。如鸿蒙操作系统，不但打破了美企在操作系统领域的垄断，还成为世界第三大移动操作系统，属当下最强大的“物联网”系统之一。

其实，中国很多高科技产业发展都有芯片行业的影子，虽然规模大，但是存在缺“芯”的致命短板，导致在产业发展上始终处于“被动挨打”的弱势地位，而欧美等发达国家则通过控制核心技术和关键材料或关键部件，牢牢掌控着产业主动权。例如，中国的钢铁产量为世界第一，但特种钢铁却大量依赖进口；高铁是中国的名片，但核心的动力系统、控制系统必须来自西门子、ABB 等国外公司，甚至连螺丝钉都依赖进口；中国的圆珠笔产量世界第一，却做不出圆珠笔芯的滚珠；中国的计算机产量第一，但计算机的芯片基本被美国 Intel 和 AMD 垄断；中国汽车市场名列世界前茅，但发动机却一直受制于人。只有把核心技术掌握在自己手中，才能真正掌握竞争和发展的主动权，才能从根本上保障国家经济安全、国防安全和其他安全。回看前路，习近平总书记的告诫可谓刻骨铭心。核心技术靠化缘是要不来的，也是花钱买不来的。中国经济发展的下半场重点是实现高质量发展，实现核心技术的自主创新。这条路很长，但只能靠我们自己走下去。

1.4　任务实施

1）在 Windows 上安装 KEIL

从 arm KEIL 官网上下载最新版本的 MDK-KEIL 试用版，如图 1.8 所示。按照默认方式安装即可。另外，还需在 arm KEIL 官网上下载 STM32 支持包并安装，如图 1.9 所示。

KEIL
（软件认知）

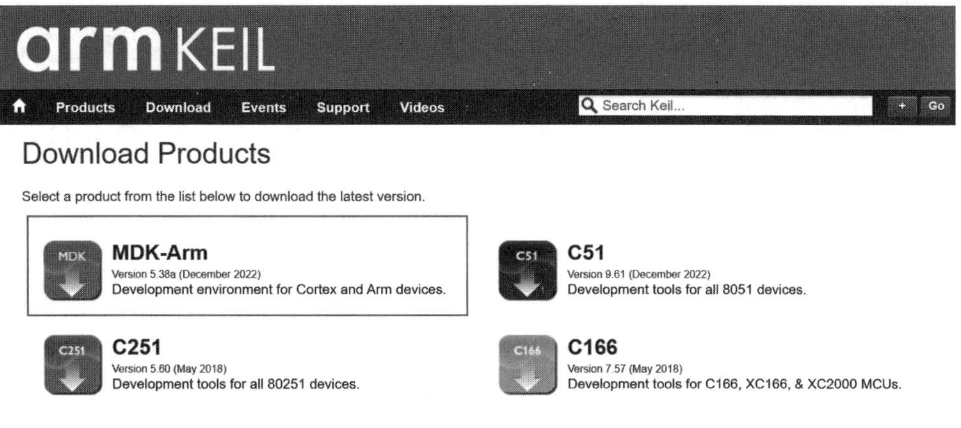

图 1.8　MDK-KEIL 下载

图 1.9　MDK-KEIL 的 STM32 支持包下载

本书使用的 MDK-KEIL 版本为 V5.25。采用默认安装,连续单击“Next”按钮即可,如图 1.10—图 1.15 所示。

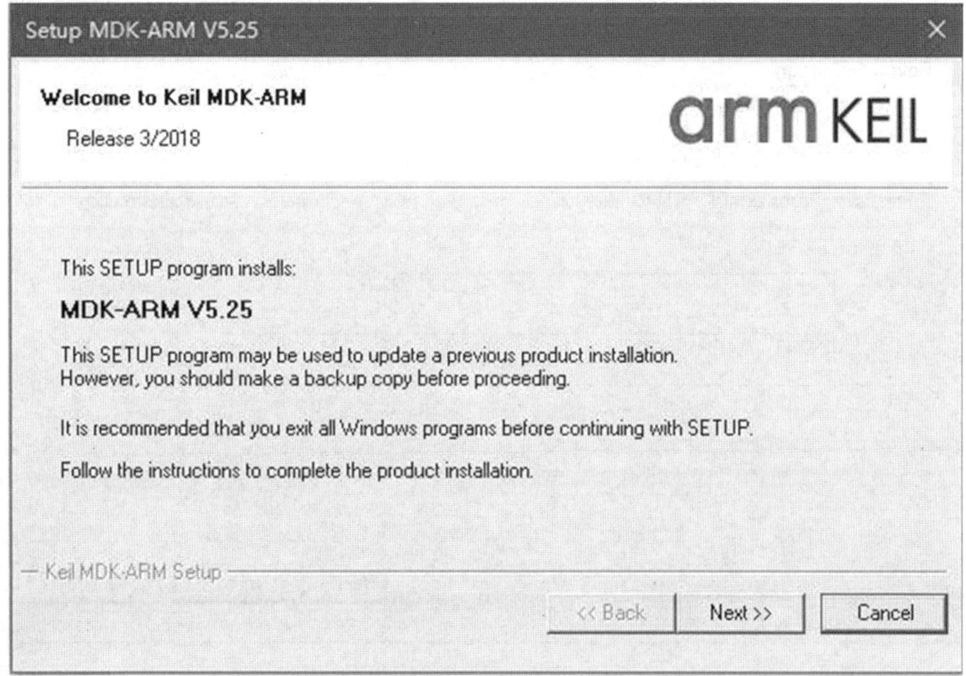

图 1.10　MDK-KEIL 安装界面

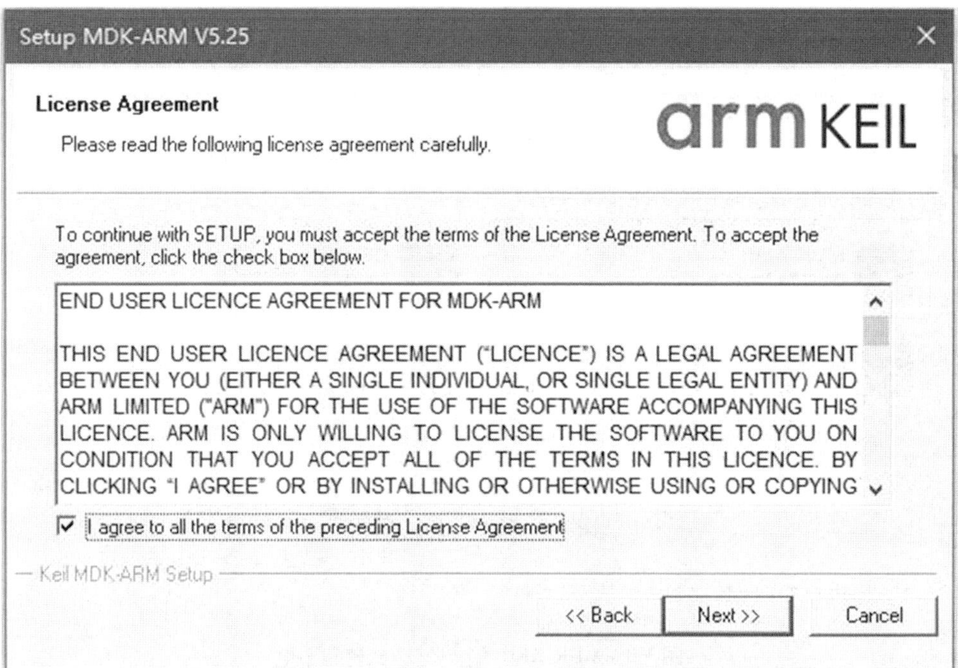

图 1.11　MDK-KEIL 授权界面

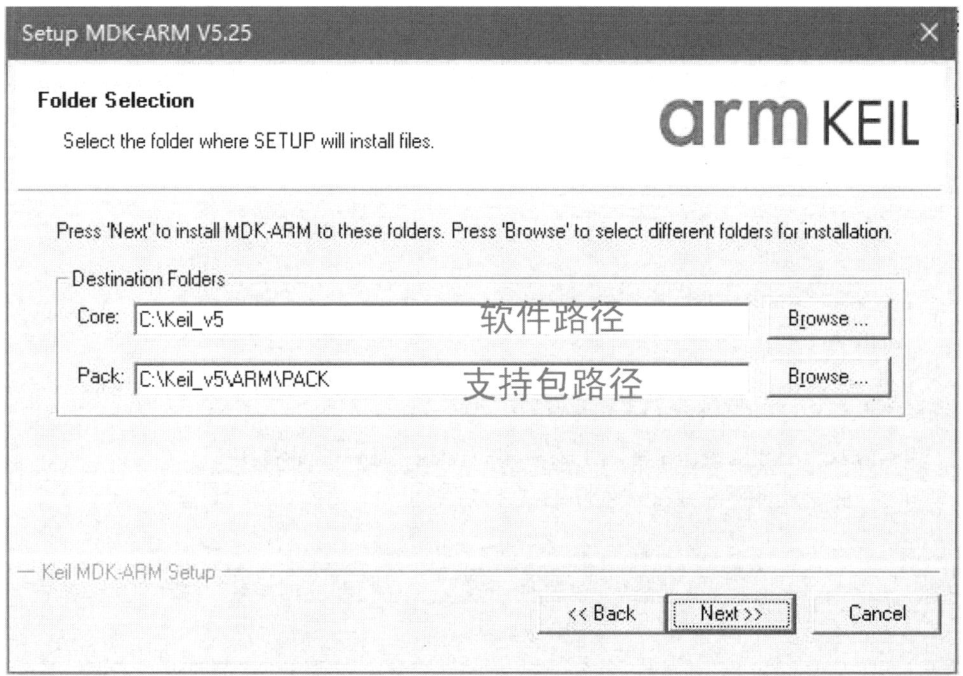

图 1.12　MDK-KEIL 安装位置设定界面

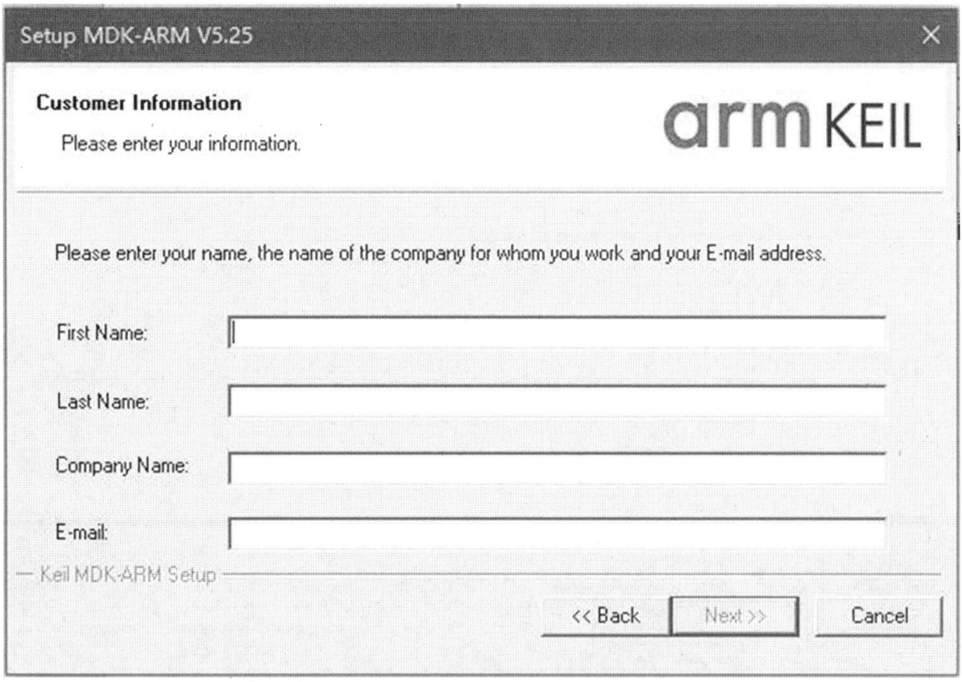

图 1.13　MDK-KEIL 用户信息登录界面

单击“Next”按钮，便开始安装。

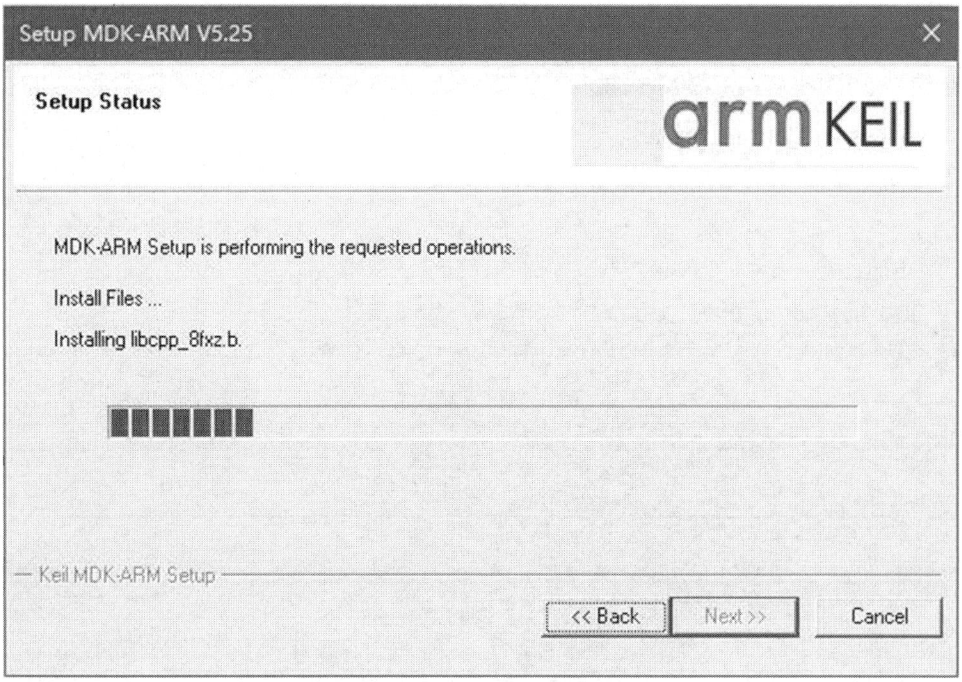

图 1.14　MDK-KEIL 安装进度界面

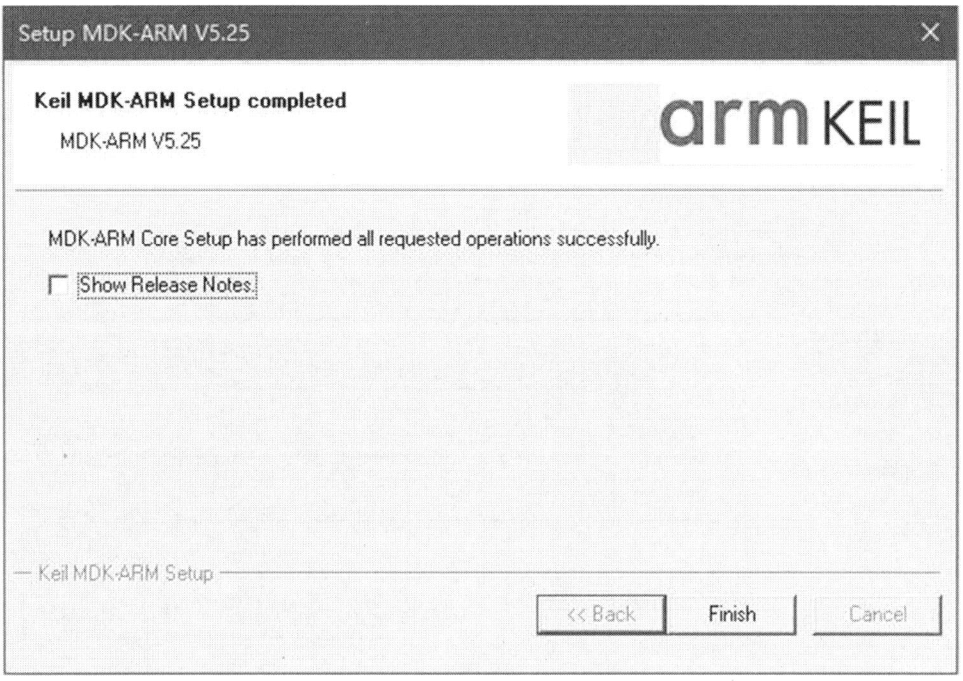

图 1.15　MDK-KEIL 安装完成界面

单击“Finish”按钮，便会启动 KEIL 主界面，此时后台会自动下载更新包，可先关闭掉。接下来，安装下载的 STM 支持包，选择默认安装，如图 1.16—图 1.18 所示。

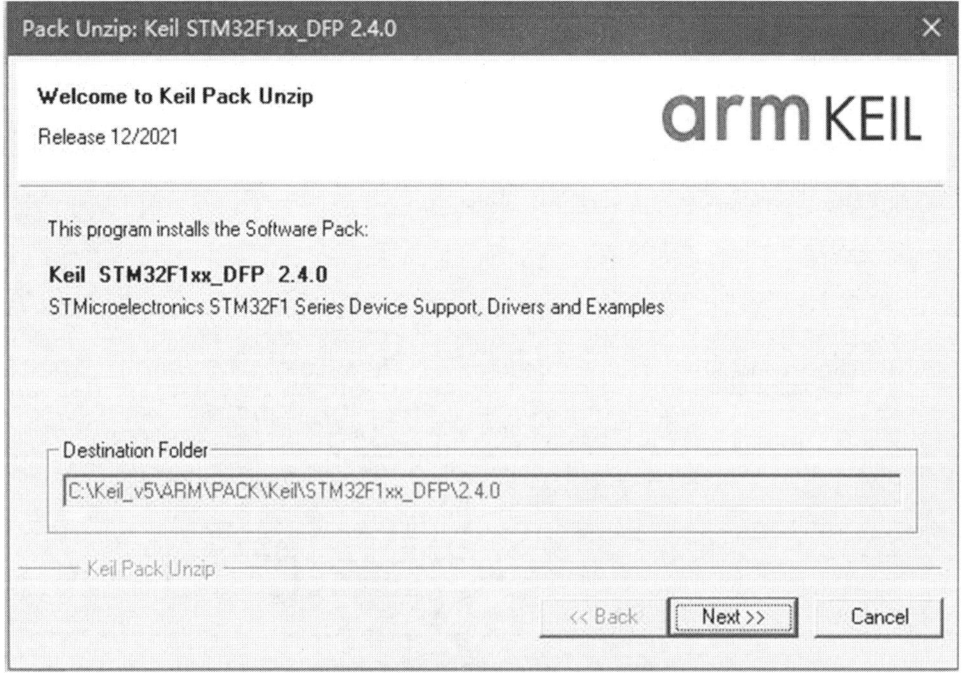

图 1.16　STM32 支持包安装界面

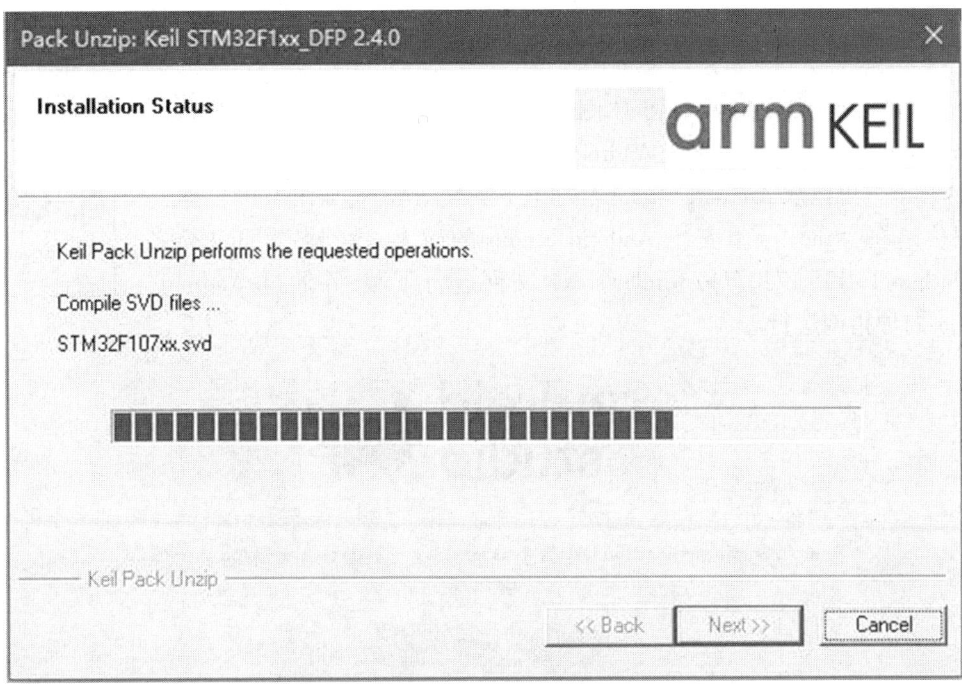

图 1.17　STM32 支持包安装进度界面

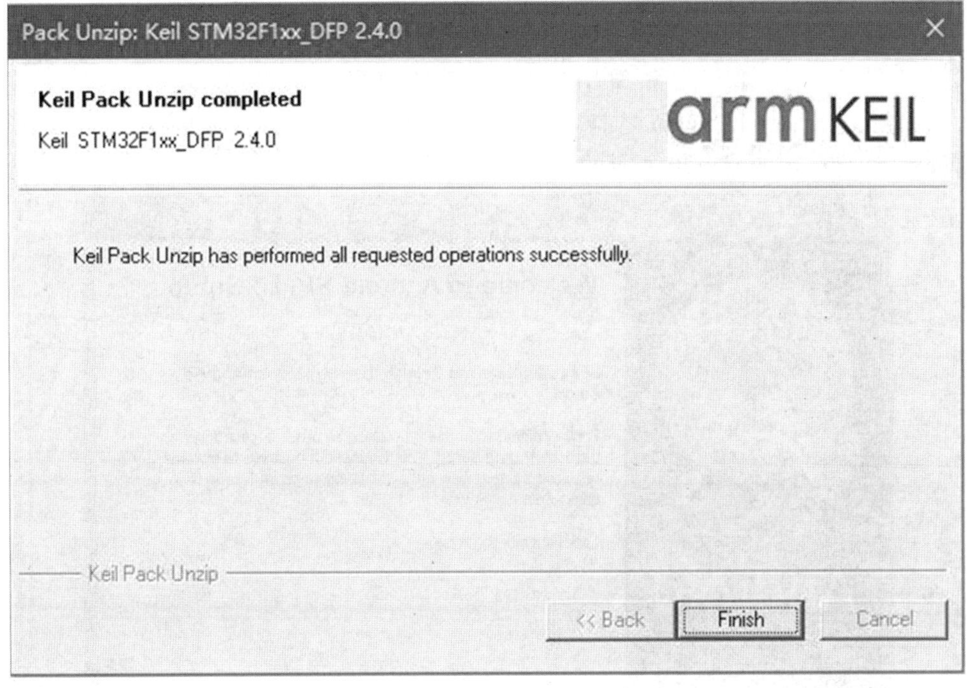

图 1.18　STM32 支持包安装完成界面

至此，MDK-KEIL 安装完成。

2)在 Windows 上安装 Android Studio

Android Studio
软件认知

本书项目 7 和项目 8,在 SoC 侧的开发中,使用了另一款开发软件 Android Studio,该软件是开发 Android 应用程序的官方 IDE,基于 Intellij IDEA。用户可以从 Android Studio 官网上下载最新版本,如图 1.19 所示。如果你是在 Windows 上安装 Android Studio 的新人,找到名为 android-studio-bundle-135.17407740-windows.exe 文件进行下载,并通过 Android Studio 向导指南运行。

android
studio

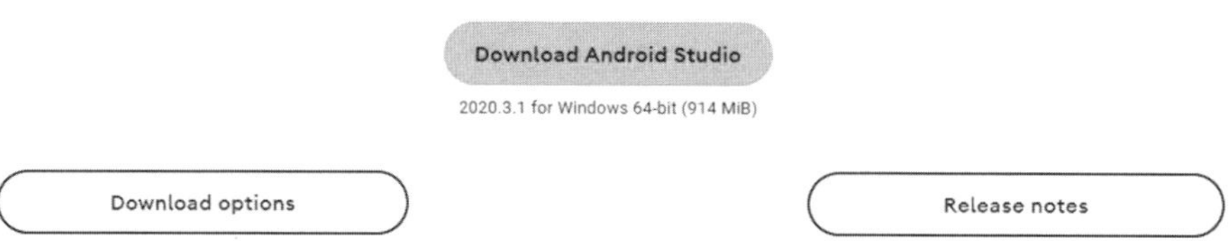
Android Studio provides the fastest tools for building apps on every type of Android device.
Download Android Studio
2020.3.1 for Windows 64-bit (914 MiB)
Download options
Release notes

图 1.19　Android Studio 官网

确保在安装 Android Studio 之前,已经安装好 Java JDK。双击下载的 Android Studio 可执行程序,便会出现如图 1.20 所示的安装界面。

Android Studio Setup
Welcome to Android Studio Setup
Setup will guide you through the installation of Android Studio.
It is recommended that you close all other applications before starting Setup. This will make it possible to update relevant system files without having to reboot your computer.
Click Next to continue.
Android
Studio
< Back
Next >
Cancel

图 1.20　Android Studio 安装界面

一旦启动 Android Studio，则需要在 Android Studio 安装器中设置 JDK5 或以后的版本路径，如图 1.21 所示。

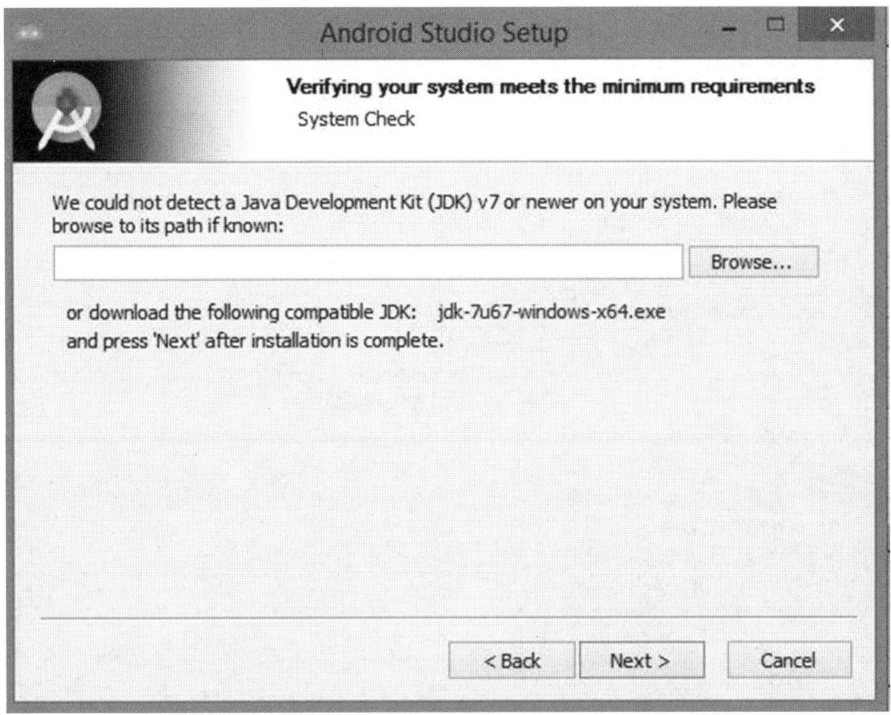

图 1.21 JDK 指定界面

指定好 JDK 路径后，Android SDK 将会启动 JDK 的初始化工作，如图 1.22 所示。

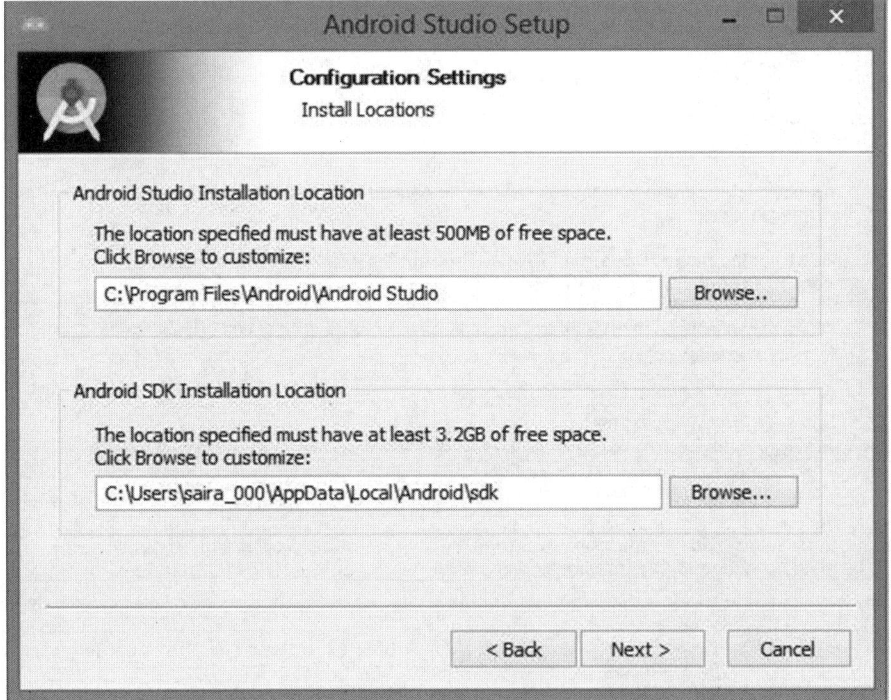

图 1.22 Android SDK 初始化 JDK 界面

在检查创建应用程序所需的组件安装过程中，选择"Android Studio""Android SDK""Android Virtual Device"和"Performance"，如图 1.23 所示。

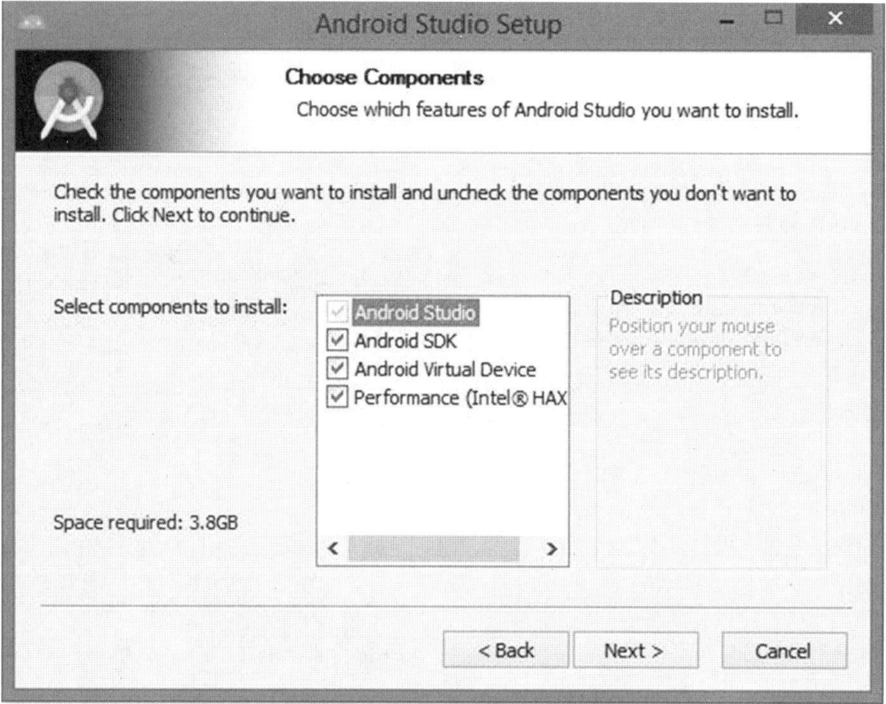

图 1.23　检查创建应用程序所需的组件选择界面

接下来，指定安装路径。推荐使用默认的安装路径即可，如图 1.24 所示。

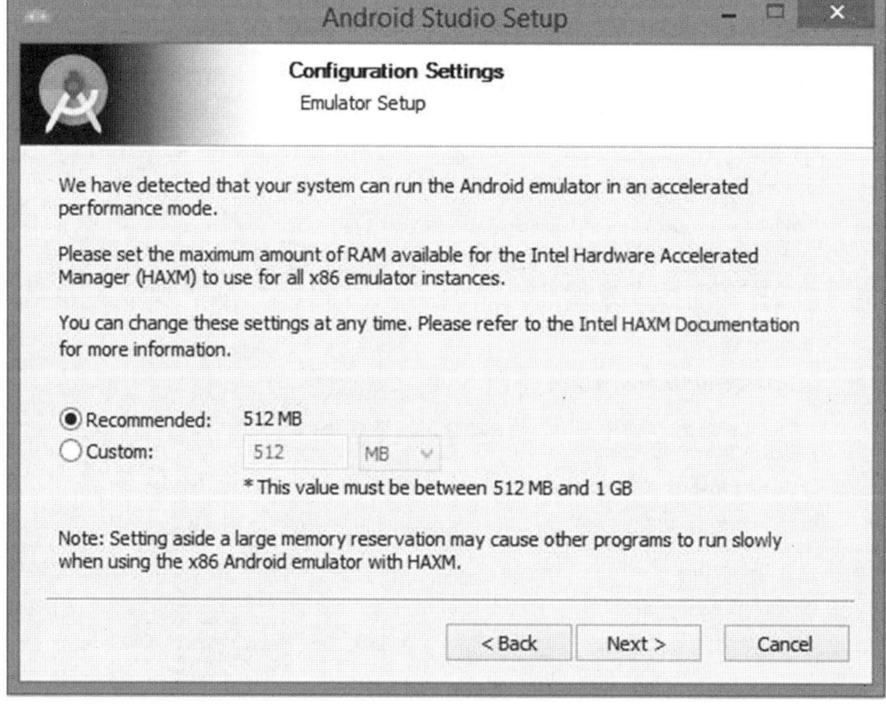

图 1.24　指定安装路径界面

Android Studio 开始解包并安装。完成后,启动验证,如图 1.25 所示。

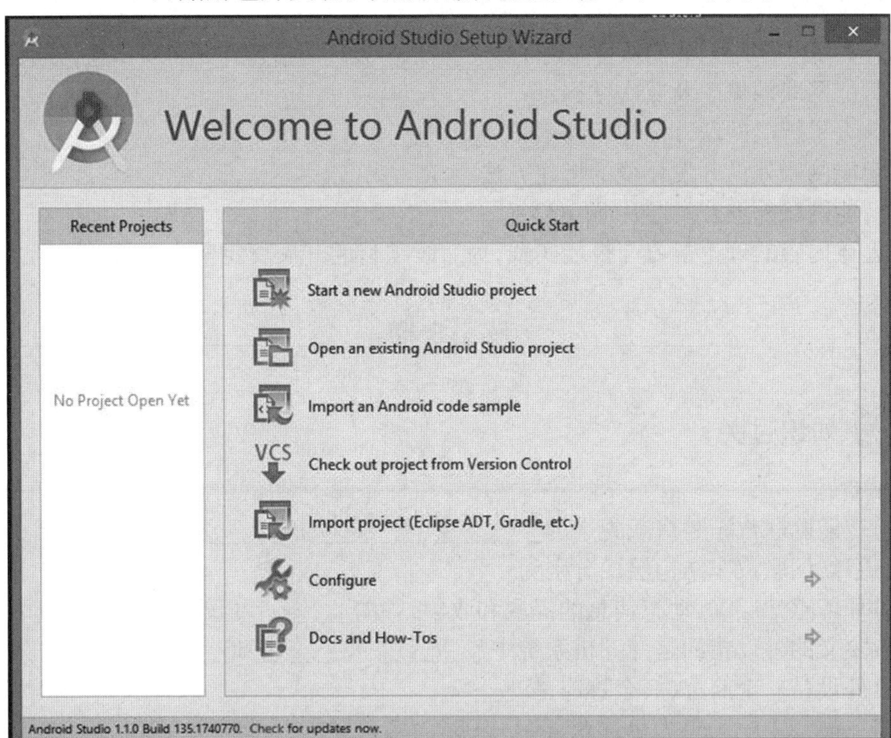

图 1.25　Android Studio 启动界面

至此,Android Studio 安装完成。

1.5　任务评价

认知智能网联外设开发技术项目评价单

姓名:________　　学号:________　　考核人:________　　总分:________

序号	工作任务	考核技能点	学生自评	小组互评	教师评价	分值/分	得分/分
1	开发环境搭建	①能完成 KEIL 软件安装; ②能完成 Android Studio 软件安装; ③熟悉软件的基本操作				70	
2	综合素养	①遵守工作时间; ②能够根据任务要求,自主查阅资料; ③具有团队意识,小组成员取长补短,相互协作; ④具有劳动意识和创新意识				30	
总分						100	

[归纳总结]

通过本项目的实践,我们从智能网联概念认知、开发环境搭建到STM32概述,分别学习了:
①智能网联的概念及层次结构;
②什么是智能网联外设开发技术;
③智能网联外设开发环境的搭建方法;
④智能网联外设开发芯片STM32。
对上述内容的理论学习与技能实践,为后续项目的开展奠定坚实的基础。

练习实训

知识过关

1.填空题
(1)智能网联汽车是搭载先进的________、________和________车载等装置。
(2)智能网联汽车结构层次分别为________、________和________。
(3)环境感知层静、动态信息的提取和收集,并向________层输送信息。
(4)狭义的外设指的是计算机系统中________、________和________的统称。
(5)外设是一个简称,其全称应是________。
2.选择题[(1)—(3)为单选题,(4)—(5)为多选题]
(1)下列选项不属于智能决策层的是(　　)。
A.车辆识别　B.道路识别　C.行人识别　D.协同控制
(2)下列不属于STM32系列MUC外设的是(　　)。
A.GPIO　B.CPU　C.PWM　D.USB
(3)广义的外设包括(　　)。
A.CPU　B.SoC　C.MCU　D.手写板
(4)环境感知层的主要功能是通过(　　)静、动态信息的提取和收集。
A.车载环境感知技术　B.卫星定位技术
C.4G/5G　D.V2X无线通信
(5)下列属于环境感知层的是(　　)。
A.摄像头　B.GPS　C.4G/5G　D.ROM
3.简答题
(1)简述环境感知层的功能。
(2)简述智能决策层的功能。
(3)简述控制和执行层的功能。
(4)简述什么是外设。

实训任务

(1)在自己的电脑上安装KEIL。
(2)在自己的电脑上安装Android Studio。

基础篇

项目2
实战“汽车灯光指示系统：GPIO控制模块”

[项目情境]

某车厂针对一系列新款车型，拟设计实现一套汽车灯光指示系统。负责这部分功能的部门刚招聘了一位新人小李，并已经完成了技术入门基础培训，于是部长开始部署部门的人力资源，新老搭配，着手展开“汽车灯光指示系统”的需求分析与系统设计。为了能够尽快使新人成长起来，GPIO 控制模块的项目组长要求小李按照标准的 V 字形软件开发流程，从需求分析到系统设计再到编码实现，完成 GPIO 控制模块的设计和实现。

软件开发中的 V 模型是一种延伸自瀑布模型的软件开发过程，是通用 V 模型的一个例子。V 模型的软件开发不是以直线的方式进行的，其过程在源代码阶段之前逐步往下，而在源代码阶段之后逐步往上，形成 V 字形，如图 2.1 所示。V 模型指出了软件开发中的各阶段以及其对应软件测试阶段之间的关系。横轴表示时间或是专案的完成度，而纵轴则表示抽象的程度（范围越大、越抽象的越在上方）。

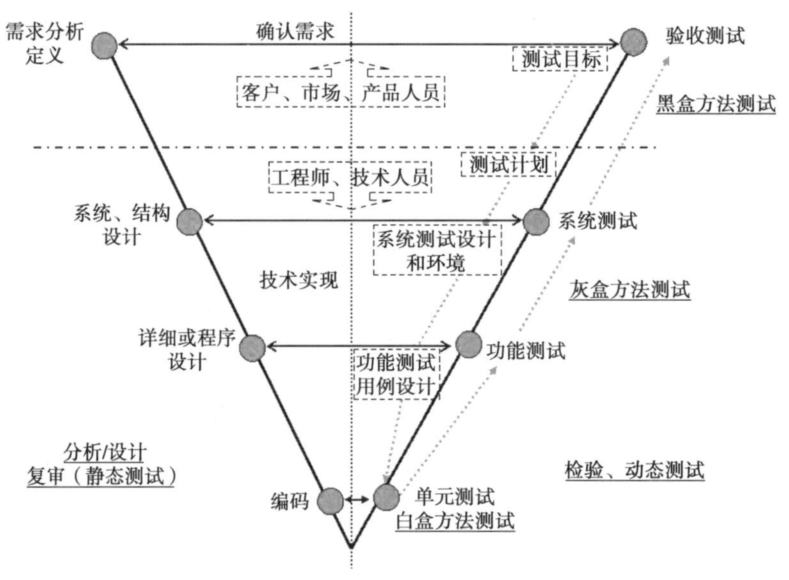

图 2.1　V 字形开发流程图

本项目需要为新车型设计这套汽车灯光指示系统，车厂给项目组提供了基于 STM32 的 F10X 系列芯片作为主控 MCU 的实验箱，从而完成对应功能的实现。已知该实验箱上的 MCU 模块提供了 LED 灯用于模拟车灯，具体效果表现要求是用实验箱上提供的两个颜色的 LED 灯闪烁来模拟汽车灯光。基于该项目情境，讲述事故真实现场，引起学生对雨雾天气、会车时正确使用灯光的重要性产生共鸣，并引出道路交通法规对雾灯的规定，合理使用汽车灯光，文明驾驶保安全。学生认真观看视频，明确灯光在汽车行驶时起着至关重要的作用；在实战“汽车灯光指示系统：GPIO 控制模块”任务实施过程中，强调严谨认真、思维能力、举一反三、职业精神、团队合作意识、学习主动性、规范意识、合作探究、动手操作能力和学习积极性。

[需求分析]

结合项目情境，针对“汽车灯光指示系统：GPIO 控制模块”整个功能实现的要点，对完成需求，梳理如下：

①明确 STM32 的 F10X 系列 MCU 的 GPIO 控制引脚编号；

基于 GPIO 控制模块的汽车灯光指示系统开发项目分析

②明确 GPIO 需要使用的寄存器；

③完成 GPIO 控制 LED 的操作流程；

④完成基于 MDK-KEIL 的开发工程环境构建；

⑤实现使用 GPIO 控制 LED 的具体编码；

⑥完成工程编译；

⑦完成程序到实验箱的烧写；

⑧完成结果确认。

[学习目标]

◇知识目标

①认识 GPIO；

②理解 GPIO 工作原理；

③熟悉 GPIO 工作模式；

④掌握查阅芯片手册，解决实际问题的方法。

◇能力目标

①能独立完成实验箱硬件环境搭建；

②能进行软件开发工程环境构建；

③能独立完成软件到实验箱的烧写；

④能使用实验箱完成结果验证。

◇素质目标

①激发学生学习软件开发的兴趣；

②感受基于 MCU 进行实际项目开发的整体过程；

③增强学生理论联系实际的能力；

④提升学生学以致用的水平。

◇项目重点

①完成软件开发工程环境构建；

②完成软件到实验箱烧写以及结果验证。

◇**项目难点**

①实现 GPIO 驱动代码配置和修改;

②实现 GPIO 控制 LED 的功能逻辑。

2.1 任务描述

汽车灯具按照功能功用划分,主要有两种类型:汽车照明灯和汽车信号灯。汽车照明灯按照其安装位置和功用分,有远光灯、近光灯、前照灯、雾灯、牌照灯、仪表灯、顶灯、工作灯等。本系统模拟汽车照明灯中的远近光灯交替闪烁的场景,当 MCU 侧接收到由用户触发的车灯控制信号时,需要通过 GPIO 进行车灯的开关控制。本任务将通过程序模拟 MCU 收到的车灯控制信号,通过操控 GPIO 的寄存器,设定 LED 的亮灭状态,从而实现使用 GPIO 程序控制 LED 灯,实现红、绿 LED 交替显示。

实现过程包括以下内容:

1)任务分析

介绍本任务的启动条件、输入和输出、结束条件,并概要说明完成本任务需要的专业技能和专业知识。

2)知识精讲

介绍完成本任务需要的专业技能和专业知识,包括 GPIO 的概念、GPIO 工作模式,为实现任务奠定理论基础。

3)任务实施

在明确任务条件和了解理论基础后,按部就班地完成任务,对应步骤如下:

①明确需要使用到的设备和软件工具;

②完成工程的创建;

③完成关键代码的编写;

④完成工程的编译和链接;

⑤完成上机验证。

2.2 任务分析

1)本任务的启动条件

①PC 端启动操作系统,正常连接实验箱的 MCU 开发板;

②实验箱 MCU 开发板处于正常工作状态;

③MDK-KEIL 等必要的 IDE 已安装完成并能正确启动。

2)本任务的输入/输出

①输入:将模拟的车灯开关信号输入 MCU 中(程序实现);
②输出:通过 GPIO 的程序代码来实现红、绿 LED 交替显示。

3)本任务的结束条件

把程序正确烧写到实验箱中,并观察实验箱上的 LED,按照程序逻辑,实现红、绿 LED 交替显示。

4)本任务实现所需的专业技能/知识引述

为了帮助读者能够尽快上手实践本任务,接下来,在知识精讲中列出了 STM32 的 F10X 系列 GPIO 的相关技术和基本知识,这些相关技术和基本知识包括:
①GPIO 基本概念;
②STM32 的 F10X 系列 GPIO 接口说明;
③STM32 的 F10X 系列 GPIO 工作模式说明。
读者通过了解上述 GPIO 相关技术和原理,对使用 STM32 完成 GPIO 控制模块奠定理论基础,同时能够借此完成"汽车灯光指示系统:GPIO 控制模块"任务的实施。

2.3 知识精讲

1)GPIO 基本概念

基于 GPIO 控制模块的汽车灯光指示系统开发技术精要

GPIO 的英文全称是 General-purpose Input/Output。中文名为通用型输入/输出。其接脚可供使用者由程控自由使用,被称为 PIN 脚或者引脚。PIN 脚可作为通用输入(GPI)或通用输出(GPO)或通用输入与输出(GPIO),如 clk generator,chip select 等。

既然一个引脚可以用于输入、输出或其他特殊功能,那么一定有寄存器用来选择这些功能。对于输入,一定可以通过读取某个寄存器来确定引脚电位的高低;对于输出,一定可以通过写入某个寄存器来让这个引脚输出高电位或者低电位;对于其他特殊功能,则有另外的寄存器来控制它们。也就是说,一个 GPIO 端口至少需要两个寄存器:一个是做控制用的"通用 I/O 端口控制寄存器",另一个是存放数据的"通用 I/O 端口数据寄存器"。数据寄存器的每一位是与 GPIO 的硬件引脚对应的,而数据的传递方向是通过控制寄存器设置的,通过控制寄存器设置每一位引脚的数据流向。其基本电路逻辑原理如图 2.2 所示。

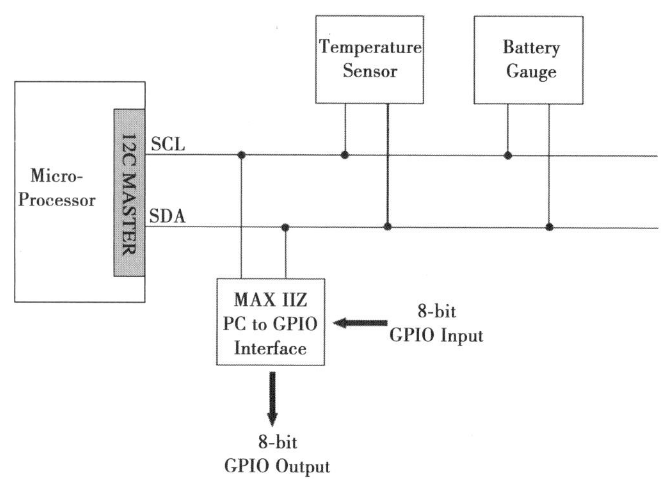

图 2.2　GPIO 基本电路逻辑原理图

GPIO 的优点(端口扩展器):

①低功耗:GPIO 具有更低的功率损耗(大约 1 μA,u_C 的工作电流则为 100 μA)。

②集成 IIC 从机接口:GPIO 内置 IIC 从机接口,即使在待机模式下也能全速工作。

③小封装:GPIO 器件提供最小的封装尺寸(3 mm×3 mm)。

④低成本:不用为没有使用的功能买单。

⑤快速上市:不需要编写额外的代码、文档,不需要任何维护工作。

⑥灵活的灯光控制:内置多路高分辨率的 PWM 输出。

⑦可预先确定响应时间:缩短或确定外部事件与中断之间的响应时间。

⑧更好的灯光效果:匹配的电流输出确保均匀的显示亮度。

⑨布线简单:仅需使用 2 条 IIC 总线或 3 条 SPI 总线。

2)STM32 的 F10X 系列 GPIO 接口说明

在 STM32 中,每个 GPIO 端口有 2 个 32 位配置寄存器(GPIOx_CRL,GPIOx_CRH)、2 个 32 位数据寄存器(GPIOx_IDR 和 GPIOx_ODR)、1 个 32 位置位/复位寄存器(GPIOx_BSRR)、1 个 16 位复位寄存器(GPIOx_BRR)和 1 个 32 位锁定寄存器(GPIOx_LCKR)。STM32 的 GPIO 框图如图 2.3 所示。

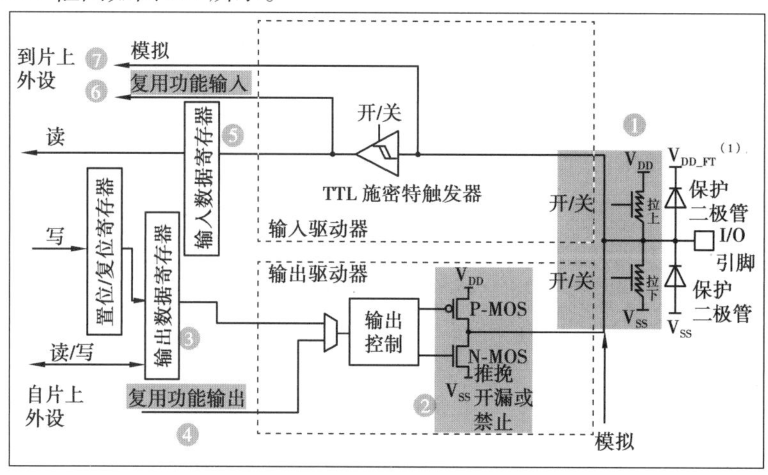

图 2.3　STM32 的 GPIO 框图

通过 GPIO 硬件结构框图,就可以从整体上深入了解 GPIO 外设及其各种应用模式。该图从最右端看起,最右端就是代表 STM32 芯片引出的 GPIO 引脚,其他部件都位于芯片内部。

STM32F103 系列芯片有 144 个引脚,如图 2.4 所示。

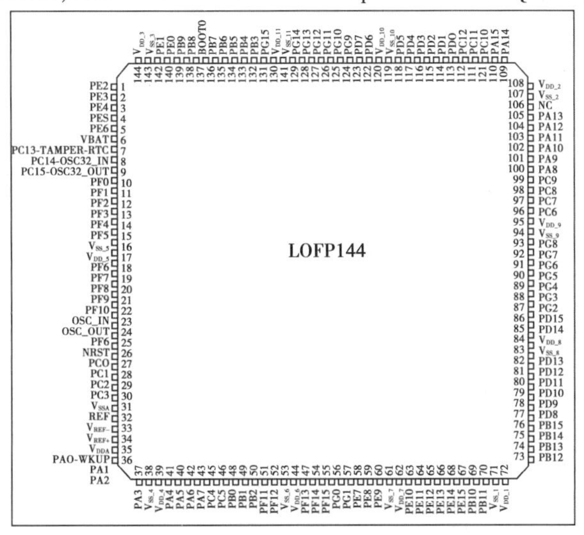

图 2.4 STM32F103 系列封装图

STM32 引脚可分为以下几大类:

①电源引脚:引脚图中的 V_{DD},V_{SS},V_{REF+},V_{REF-},V_{SSA},V_{DDA} 等都属于电源引脚。

②晶振引脚:引脚图中的 PC14,PC15 和 OSC_IN,OSC_OUT 都属于晶振引脚,不过它们还可以作为普通引脚来使用。

③复位引脚:引脚图中的 NRST 属于复位引脚,不做其他功能使用。

④下载引脚:引脚图中的 PA13,PA14,PA15,PB3 和 PB4 属于 JTAG 或 SW 下载引脚。不过它们还可作为普通引脚或者特殊功能使用,具体的功能可以查看芯片数据手册,里面都会有附加功能说明。当然,STM32 的串口功能引脚也是可以作为下载引脚使用的。

⑤BOOT 引脚:引脚图中的 BOOT0 和 PB2(BOOT1)属于 BOOT 引脚,PB2 还可作为普通管脚使用。在 STM32 启动中会有模式选择,其中,就是依靠 BOOT0 和 BOOT1 的电平来决定的。

⑥GPIO 引脚:引脚图中的 PA,PB,PC,PD 等均属于 GPIO 引脚。从引脚图中可以看出,GPIO 占用了 STM32 芯片大部分的引脚。并且每一个端口都有 16 个引脚,如 PA 端口,它有 PA0~PA15 个引脚。其余 PB,PC 等端口是一样的。

对数量众多的 GPIO 管脚,可以查阅 STM32 芯片数据手册获取具体某个引脚的功能信息。图 2.5 给出了可以从数据手册中获取引脚的名字、引脚类型、引脚容忍的电压值和引脚复用功能等信息的示例。

Pinouts and pin descriptions　　STM32F103xC, STM32F103xD, STM32F103xE

Table 5. High-density STM32F103xx pin definitions

Pins						Pin name	Type[1]	I/O Level[2]	Main function[3] (after reset)	Alternate functions	
BGA144	BGA100	WLCSP64	LQFP64	LQFP100	LQFP144					Default	Remap
A3	A3	–	–	1	1	PE2	I/O	FT	PE2	TRACECK/FSMC_A23	
A2	B3	–	–	2	2	PE3	I/O	FT	PE3	TRACED0/FSMC_A19	
B2	C3	–	–	3	3	PE4	I/O	FT	PE4	TRACED1/FSMC_A20	
B3	D3	–	–	4	4	PE5	I/O	FT	PE5	TRACED2/FSMC_A21	
B4	E3	–	–	5	5	PE6	I/O	FT	PE6	TRACED3/FSMC_A22	
C2	B2	C6	1	6	6	V_{BAT}	S		V_{BAT}		
A1	A2	C8	2	7	7	PC13-TAMPER-RTC[4]	I/O		PC13[5]	TAMPER-RTC	
B1	A1	B8	3	8	8	PC14-OSC32_IN[4]	I/O		PC14[5]	OSC32_IN	
C1	B1	B7	4	9	9	PC15-OSC32_OUT[4]	I/O		PC15[5]	OSC32_OUT	
C3	–	–	–	–	10	PF0	I/O	FT	PF0	FSMC_A0	
C4	–	–	–	–	11	PF1	I/O	FT	PF1	FSMC_A1	
D4	–	–	–	–	12	PF2	I/O	FT	PF2	FSMC_A2	
E2	–	–	–	–	13	PF3	I/O	FT	PF3	FSMC_A3	
E3	–	–	–	–	14	PF4	I/O	FT	PF4	FSMC_A4	
E4	–	–	–	–	15	PF5	I/O	FT	PF5	FSMC_A5	
D2	C2	–	–	10	16	V_{SS_5}	S		V_{SS_5}		
D3	D2	–	–	11	17	V_{DD_5}	S		V_{DD_5}		
F3	–	–	–	–	18	PF6	I/O		PF6	ADC3_IN4/FSMC_NDRD	
F2	–	–	–	–	19	PF7	I/O		PF7	ADC3_IN5/FSMC_NREG	

图 2.5　STM32F103 系列 GPIO 的定义

3)STM32 的 F10X 系列 GPIO 工作模式说明

STM32 系列的 MCU 可以通过软件配置,产生 8 种工作模式,分别是:输入浮空模式、输入上拉模式、输入下拉模式、模拟输入模式、开漏输出模式、复用开漏输出模式、推挽输出模式、复用推挽输出模式。每个 IO 口可以自由编程,但 IO 口寄存器必须按 32 位字访问(不允许半字或字节访问)。GPIOx_BSRR 和 GPIOx_BRR 寄存器允许对任何 GPIO 寄存器的读/更改的独立访问;这样,在读/更改访问之间产生 IRQ 时不会发生危险。

而这 8 种模式又根据信号方向分为输入/输出两大组,同时有 3 种最大翻转速度:2,10 和 50 MHz。下面详细说明这 8 种工作模式。

(1)输入浮空模式(GPIO_Mode_IN_FLOATING)

输入浮空时,顺序为①—④。在输入浮空时,上拉和下拉两个开关(即②和①之间的开关)是断开的,输入电平从①处输入进去,经过施密特触发器(这时施密特触发器是打开的),电平直接传输入数据寄存器,然后 CPU 就可以通过读取输入数据寄存器得到外部输入电平的值。即在输入浮空模式下,可以读取外部电平。输入浮空一般多用于外部按键输入,在浮空输入状态下,IO 状态是不确定的,完全由外部输入决定,如果在该引脚悬空的情况下，读取该端口的电平是不确定的。图 2.6 给出了输入浮空模式的逻辑电路工作原理。

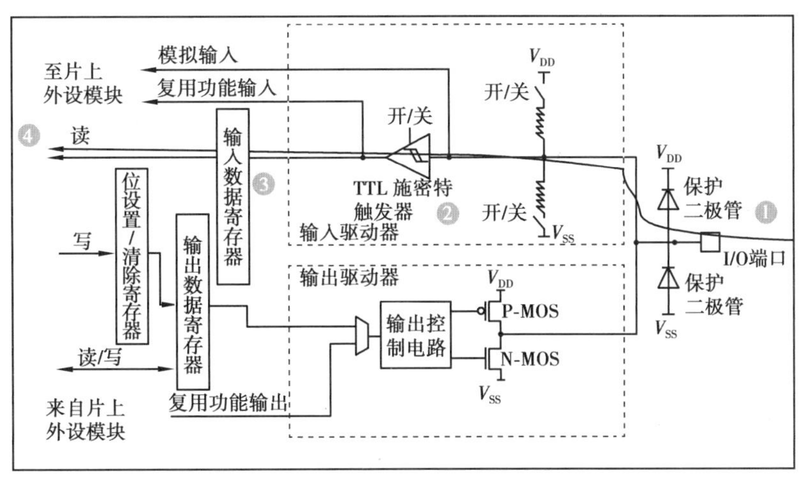

图 2.6 输入浮空模式的逻辑电路工作原理图

(2)输入上拉模式(GPIO_Mode_IPU)

输入上拉和输入浮空的区别在于上拉电阻(30～50 kΩ)是接通的。CPU 通过读取输入数据寄存器的值来得到输入高低电平的值。上拉电阻的目的是保证在无信号输入时输入端的电平为高电平，而在信号输入为低电平时输入端的电平为低电平。如果没有上拉电阻，在没有外界输入的情况下输入端是悬空的，它的电平是未知的和无法保证的，上拉电阻就是为了保证无信号输入时输入端的电平为高电平。图 2.7 给出了输入上拉模式的逻辑电路工作原理。

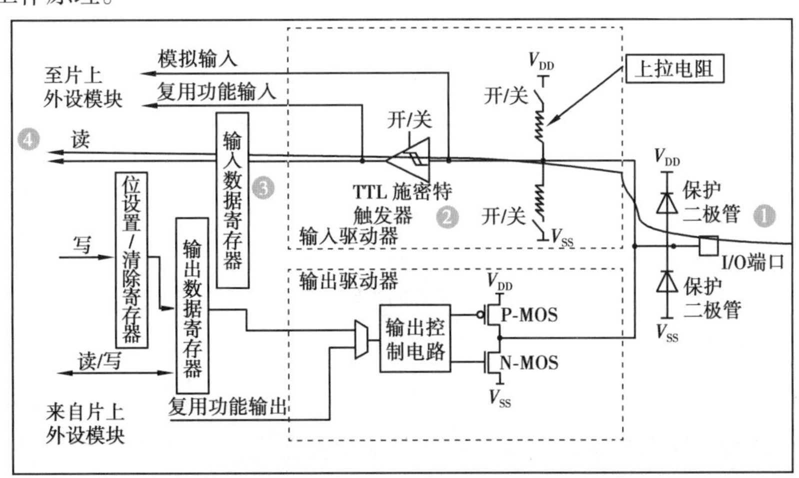

图 2.7 输入上拉模式的逻辑电路工作原理图

(3)输入下拉模式(GPIO_Mode_IPD)

输入下拉就是下拉电阻是接通的。下拉电阻是为了保证无信号输入时输入端的电平为低电平。图 2.8 给出了输入下拉模式的逻辑电路工作原理。

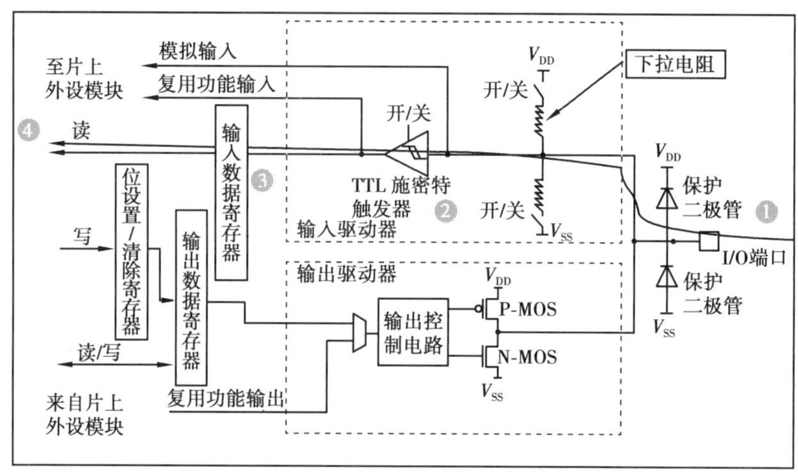

图 2.8　输入下拉模式的逻辑电路工作原理图

(4)模拟输入模式(GPIO_Mode_AIN)

将外部的模拟量转换成数字量。外部的输入是模拟的,将其转换成数字量。作为模拟输入,一般为 0~3.3 V。应用于 ADC 模拟输入,或者低功耗下省电。图 2.9 给出了模拟输入模式的逻辑电路工作原理。

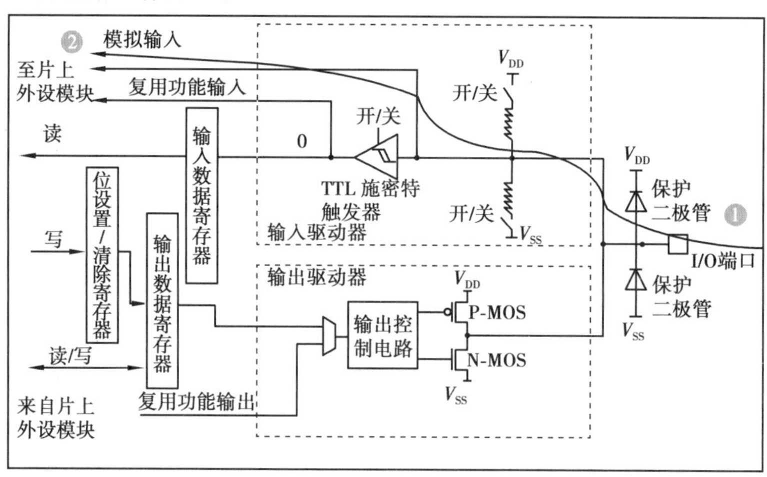

图 2.9　模拟输入模式的逻辑电路工作原理图

(5)开漏输出模式(GPIO_Mode_Out_OD)

开漏输出模式下,CPU 可以写寄存器(位设置/清除寄存器),比如写 1,最终会被映射到输出数据寄存器,输出数据寄存器连通的是输出控制电路,如果输出的是 1,N-MOS 管就处于关闭状态(P-MOS 从不被激活),这时 IO 端口的电平就不会由输出的 1 来决定,因为 N-MOS 管已经截止了,所以 IO 口的电平是由外部的上拉或下拉决定的。在输出模式下,输出的电平也可以通过输入电路读取到输入数据寄存器,然后被 CPU 读取。因此,当输出为 1 时,读取的输出电平可能不是输出的 1,读取的值是由外部的上拉或下拉决定的。当输出为 0,这时 N-MOS 管处于开启状态,IO 口的电平就会被 N-MOS 管拉到 V_{SS}处,这时 IO 口的电平输出为 0,CPU 通过输入电路读取 IO 口的电平也为 0。图 2.10 给出开漏输出

模式的逻辑电路工作原理。

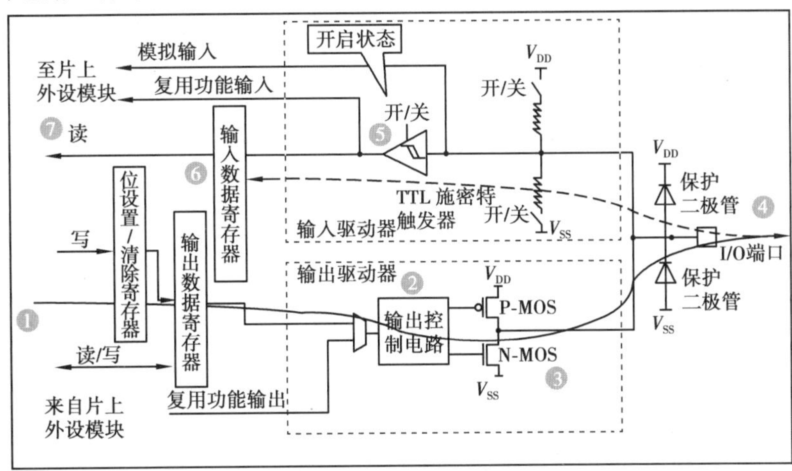

图 2.10　开漏输出模式的逻辑电路工作原理图

(6)复用开漏输出模式(GPIO_Mode_AF_OD)

复用开漏输出和开漏输出的区别在于输出为 1 和 0 的来源不同。开漏输出是由 CPU 写入的，映射到输出数据寄存器连通到输出电路，而复用开漏输出是由复用功能输出决定的，即来自片上的外设。复用开漏输出、复用推挽输出可以理解为 GPIO 口被用作第二功能时的配置情况(如串口 USART)，即并非作为通用 IO 口。图2.11给出复用开漏输出模式的逻辑电路工作原理。

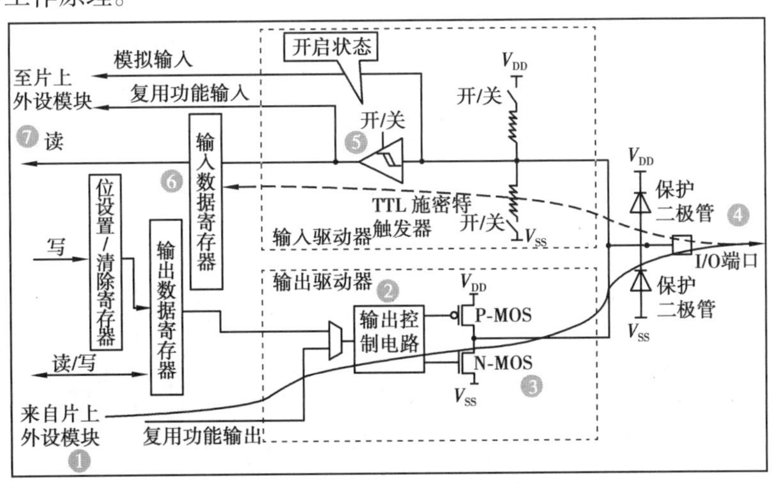

图 2.11　复用开漏输出模式的逻辑电路工作原理图

(7)推挽输出模式(GPIO_Mode_Out_PP)

推挽输出控制输出的寄存器和开漏输出一样，当输出为 1 时，P-MOS 管导通，N-MOS 管截止，输出的 1 被传输到 IO 端口；当输出为 0 时，P-MOS 管截止，N-MOS 管导通，输出的 0 被传输到 IO 口。同样地，也可通过输入电路读取 IO 口的输出：推挽输出：可以输出高、低电平，连接数字器件；推挽结构一般是指两个三极管分别受两个互补信号的控制，总是在一个三极管导通时另一个截止。推挽电路是两个参数相同的三极管或 MOSFET，以推挽方式存在于电路中，各自负责正负半周的波形放大任务，当电路工作时，两只对称的功率开关管每次只有一只导通，所以导通损耗小、效率高。输出既可以向负载灌入电流，也可以从负载抽取电流。推拉式输出级既能提高电路的负载能力，又能提高开关速度。图2.12给出推挽输出模式的逻辑电路工作原理。

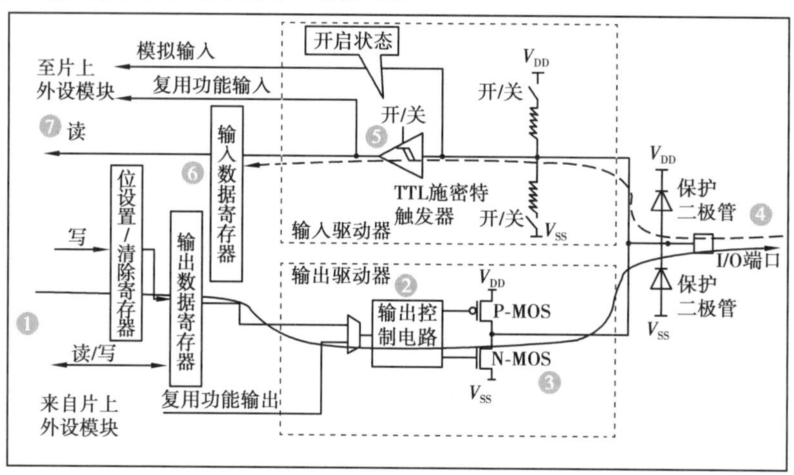

图 2.12　推挽输出模式的逻辑电路工作原理图

(8)复用推挽输出模式(GPIO_Mode_AF_PP)

复用推挽输出和推挽输出的区别在于输出1和0的来源不同，其他的地方都一样。复用开漏输出、复用推挽输出可以理解为GPIO口被用作第二功能时的配置情况(如说串口)，即并非作为通用IO口。上电复位后，GPIO默认为浮空状态，部分特殊功能引脚为特定状态。图2.13给出推挽输出模式的逻辑电路工作原理。

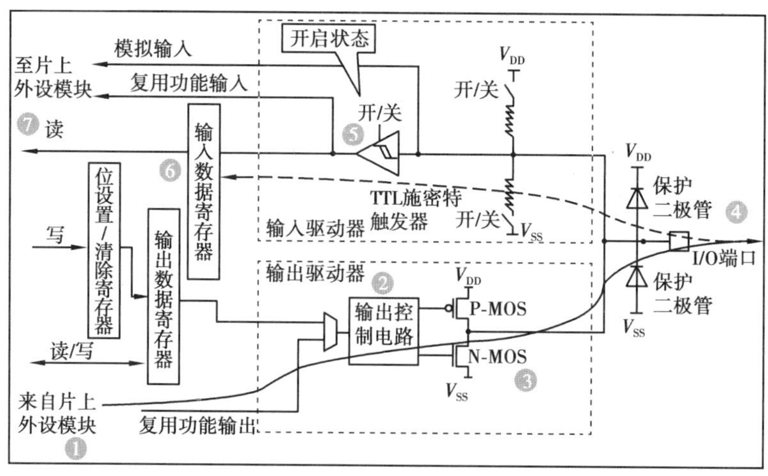

图 2.13　复用推挽输出模式的逻辑电路工作原理图

2.4 任务实施

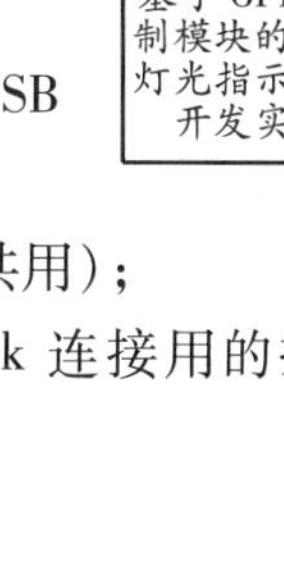

基于 GPIO 控制模块的汽车灯光指示系统开发实现

1)需要用到的设备和软件工具

为了完成本任务,需要用到的设备和软件包括:

(1)硬件环境准备

①工程搭建、编译和构建需用 PC 一台,包括和 ST-Link 连接用的 USB 线缆一条;

②ST-Link 仿真调试器,包括和 PC 连接用的 USB 线缆一条(和 PC 共用);

③实验箱“智能网联系统开发平台”一台,电源线一条,和 ST-Link 连接用的排线一条。

连接关系示意图如图 2.14 所示。

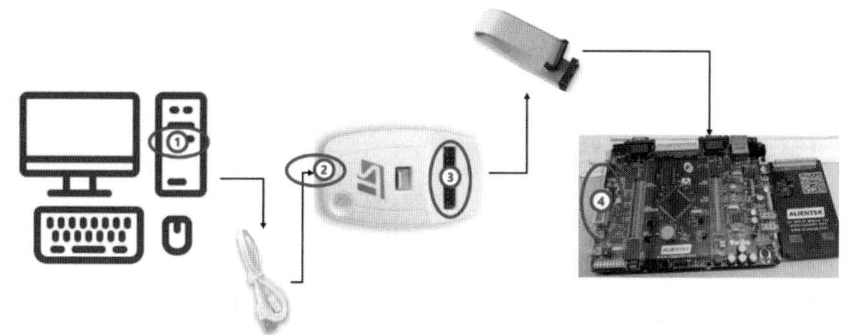

图 2.14 连接关系示意图

根据上述示意图,连接关系表述为:

①通过 USB 线缆连接 PC 和 ST-Link(图中①→②);

②通过排线连接 ST-Link 和实验箱中的 STM32 MCU 开发板(图中③→④)。

(2)软件环境准备

根据本书的“1.4 任务实施”中的“1)在 Windonws 上安装 KEIL”,在 PC 上安装 MDK-KEIL 集成开发环境。

准备好上述软硬件环境后,就可以开启后续任务了。

2)工程解压

解压 GPIO_Demo.zip 文件到非系统盘的根目录下(如 D 盘),注意不要包含中文路径即可,如图 2.15 所示。

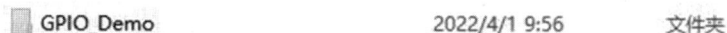

GPIO_Demo	2022/4/1 9:56	文件夹

图 2.15 GPIO_Demo 文件夹

双击解压后的工程文件,可以一览工程文件目录全貌,如图 2.16 所示。

› 此电脑 › DATA (D:) › Temps › 3 › GPIO_Demo

名称	修改日期	类型
CORE	2022/4/1 9:56	文件夹
HARDWARE	2022/4/1 9:56	文件夹
OBJ	2012/10/8 23:42	文件夹
STM32F10x_FWLib	2022/4/1 9:56	文件夹
SYSTEM	2022/4/1 9:56	文件夹
USER	2022/4/1 9:56	文件夹

图 2.16　GPIO_Demo 工程文件目录全貌

3)工程加载

双击解压后的工程文件,使用 MDK-KEIL 加载工程,如图 2.17 和图 2.18 所示。

此电脑 › DATA (D:) › Temps › 3 › GPIO_Demo › USER

名称	修改日期	类型	大小
JLinkSettings.ini	2012/9/21 10:24	配置设置	1 KB
LED.uvgui.Administrator	2022/4/1 10:10	ADMINISTRATO...	88 KB
LED.uvopt	2022/4/1 10:10	UVOPT 文件	20 KB
LED.uvproj	2022/4/1 10:10	礦ision4 Project	18 KB
main.c	2012/9/28 23:08	C 文件	1 KB
stm32f10x.h	2011/3/10 10:51	C/C++ Header	620 KB
stm32f10x_conf.h	2012/7/26 13:44	C/C++ Header	4 KB
stm32f10x_it.c	2011/11/13 1:28	C 文件	3 KB
stm32f10x_it.h	2011/4/4 18:57	C/C++ Header	2 KB
system_stm32f10x.c	2011/4/4 18:57	C 文件	36 KB
system_stm32f10x.h	2011/3/10 10:51	C/C++ Header	3 KB

图 2.17　工程配置文件说明

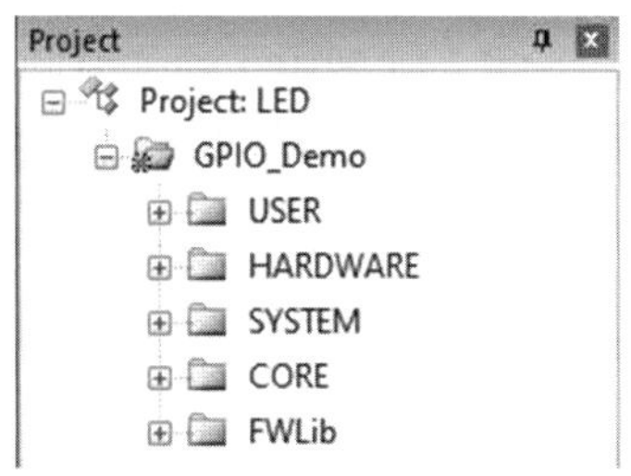

图 2.18　使用 MDK-KEIL 加载工程文件

4)工程目录详细分析

如图 2.18 所示的加载后工程,对整个工程目录依次进行注解如下:

①USR:包含 3 个文件,即 main.c,stm32f10x_it.c 和 system_stm32f10x.c。这 3 个文件包含了 STM32F10X 系列 MCU 的中断向量附表的实现(stm32f10x_it.c,芯片厂商提供,没有特殊需求无须修改)、STM32F10X 系列 MCU 的基本系统设置(system_stm32f10x.c,芯片厂商提供,没有特殊需求无须修改),以及整个工程实现的主体入口(main.c)。

②HARDWARE：包含 1 个文件：led.c。主要作用是提供 LED 驱动初始化功能。

③SYSTEM：包含 3 个文件，即 delay.c，sys.c 和 usart.c。主要作用是为 MCU 提供延时功能、中断向量设置功能以及通用同步/异步串行接收/发送功能。

④CORE：包含两个文件，即 core_cm3.c 和 startup_stm32f10x_hd.s。主要作用是实现 STM32F103 系列 MCU 的核心功能(core_cm3.c)和启动控制功能(startup_stm32f10x_hd.s)。它们是由 ARM 提供的开源模块(不需要用户做任何修改)。

⑤FWLib：包含 4 个文件，即 misc.c，stm32f10x_gpio.c，stm32f10x_rcc.c 和 stm32f10x_usart.c。主要作用是为不同外设提供对应的驱动支持。这些驱动包括 misc(杂项设备)控制驱动、GPIO 驱动、RCC 驱动、USART 驱动等(由 ST 公司提供的标准库，无须修改)。

5)应用开发实操

在上述工程既有的基础上，针对 MCU 的应用层程序进行理解和修改，进而满足目前项目的需求。编写 HARDWARE 文件夹中的 led.c 文件，其作用是提供 LED 的驱动。

如图 2.19 方框所示，需要编写的目标源文件是：led.c。

```
Project: LED
  GPIO_Demo
    USER
    HARDWARE
      led.c
    SYSTEM
    CORE
    FWLib
```

图 2.19　目标源文件

6)编写 led.c 文件，开发 LED 驱动程序

该源文件涉及代码的主要作用是：提供板载 LED 的驱动初功能，主要负责 LED 设备的初始化。初始化目标包括 LEDIO 的初始化，使能 PB 和 PE 端口时钟的处理，将端口配置为推挽输出，并指定 IO 口速度为 50 MHz，然后，根据设定参数初始化 GPIOB.5，将 LED1-->PE.5 端口配置为推挽输出。

LED_Init(void)函数主要作用初始化 PB5 和 PE5 为输出口，并使能这两个端口的时钟。

```
#include "led.h"
//////////////////////////////////////////////////////////////////////////
//LED 驱动代码
//版本:V1.0
//////////////////////////////////////////////////////////////////////////
//初始化 PB5 和 PE5 为输出口,并使能这两个端口的时钟
//LED IO 初始化
void LED_Init(void)
{
GPIO_InitTypeDef    GPIO_InitStructure;
RCC_APB2PeriphClockCmd(RCC_APB2Periph_GPIOB | RCC_APB2Periph_GPIOE,
ENABLE);//使能 PB,PE 端口时钟
GPIO_InitStructure.GPIO_Pin=GPIO_Pin_5;//LED0-->PB.5 端口配置
GPIO_InitStructure.GPIO_Mode=GPIO_Mode_Out_PP;//推挽输出
GPIO_InitStructure.GPIO_Speed=GPIO_Speed_50 MHz;//IO 口速度为 50 MHz
```

```
GPIO_Init(GPIOB,&GPIO_InitStructure);//根据设定参数初始化 GPIOB.5
GPIO_SetBits(GPIOB,GPIO_Pin_5);//PB.5 输出高
GPIO_InitStructure.GPIO_Pin=GPIO_Pin_5;//LED1-->PE.5 端口配置,推挽输出
GPIO_Init(GPIOE,&GPIO_InitStructure);//推挽输出,IO 口速度为 50 MHz
GPIO_SetBits(GPIOE,GPIO_Pin_5);//PE.5 输出高
}
```

7)编写 USER 文件夹中的 main.c 文件

USER 文件夹中的 main.c 文件主要实现本项目的业务逻辑,包括延时函数的初始化、初始化与 LED 连接的硬件接口、定制 LED 灯延时显示、使用 GPIOB 复位 GPIO_Pin_5 引脚、使用 GPIOB 置位 GPIO_Pin_5 引脚等。

具体文件如图 2.20 所示。

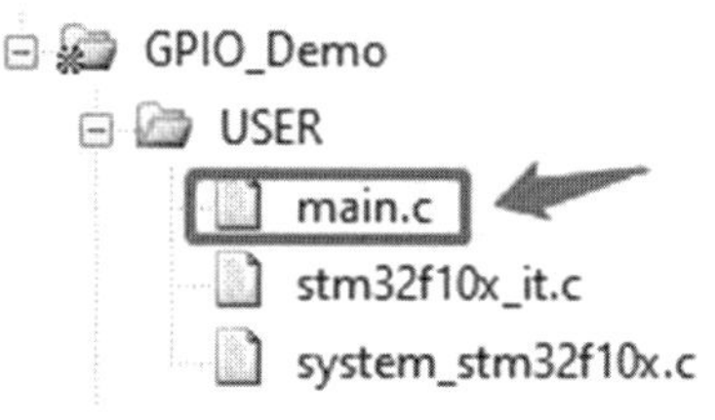

图 2.20　main.c 文件

main(void)函数进行延时函数初始化、初始化与 LED 连接的硬件接口、LED 灯延时显示等。

```
#include "led.h"
#include "delay.h"
#include "sys.h"

int main(void)
  {
        delay_init();//延时函数初始化
        LED_Init();//初始化与 LED 连接的硬件接口
        while(1)
        {
        //LED 灯延时显示
               GPIO_ResetBits(GPIOB,GPIO_Pin_5);//使用 GPIOB 复位 GPIO_Pin_5 引脚
               GPIO_SetBits(GPIOE,GPIO_Pin_5);//使用 GPIOE 置位 GPIO_Pin_5 引脚
               delay_ms(300);//延时 300 ms
               GPIO_SetBits(GPIOB,GPIO_Pin_5);
               GPIO_ResetBits(GPIOE,GPIO_Pin_5);
               delay_ms(300);
        }
}
```

8)部署及运行

(1)工程编译

完成上述配置后,就可以编译工程了。编译的开关(图①)和编译结果(图②),如图2.21所示。

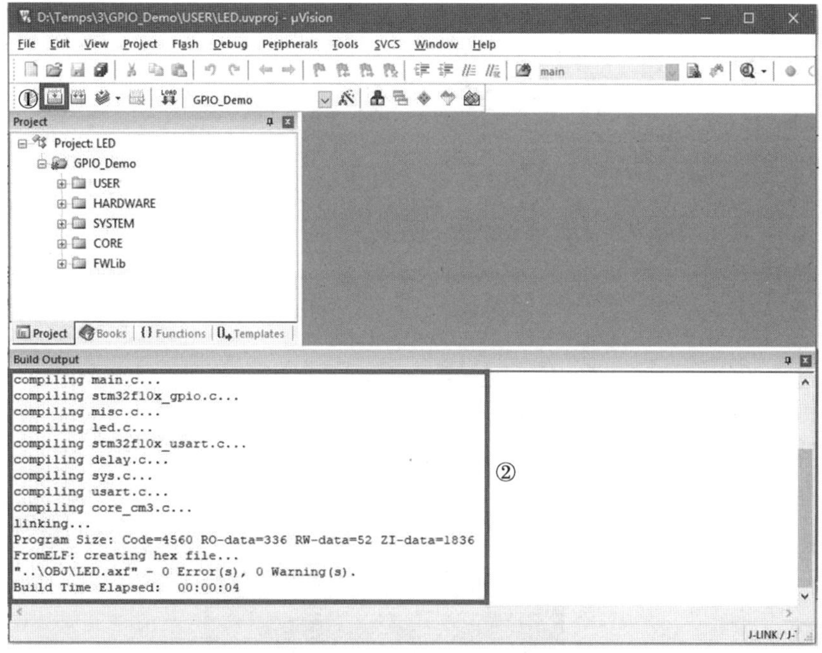

图2.21 工程编译

(2)下载程序到MCU

连接ST-Link仿真器,如图2.22所示。

图2.22 连接ST-Link仿真器

指定仿真器型号选项,并使用 ST-Link 仿真器连接 PC 和实验箱的 MCU 侧。设置好仿真器型号、选项后单击下载程序,如图 2.23 所示。

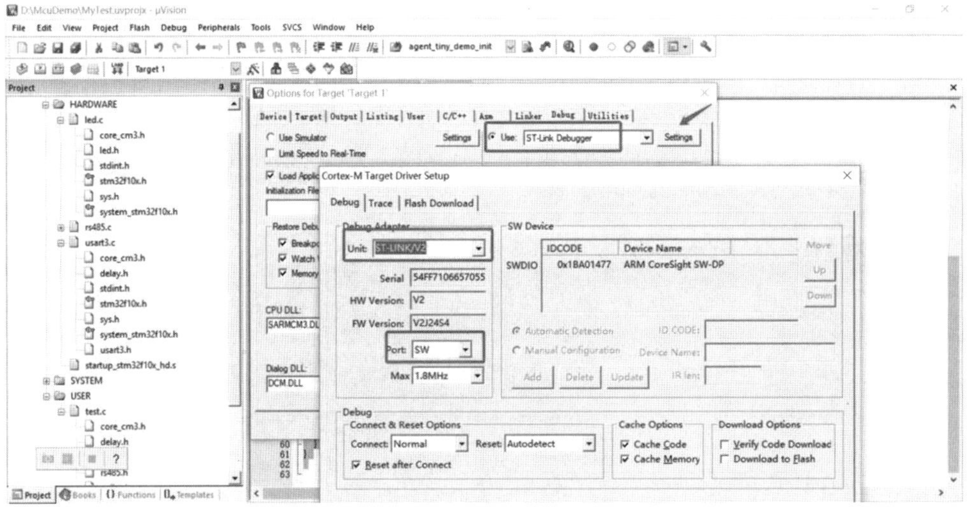

图 2.23　仿真器程序下载设置

(3)运行结果

①操作:烧写完成,重启 MCU。

②现象:红、绿 LED 交替显示,如图 2.24 所示。

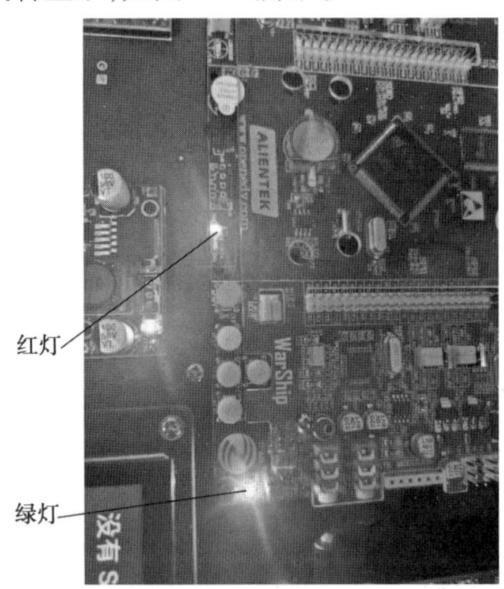

图 2.24　实验结果

2.5 任务评价

实战“汽车灯光指示系统:GPIO 控制模块”项目评价单

姓名:________ 学号:________ 考核人:________ 总分:________

序号	工作任务	考核技能点	学生自评	小组互评	教师评价	分值/分	得分/分
1	需求分析	产品需求说明文档规范性、完整性、正确性和清晰性				15	
2	方案设计	能进行基本的产品功能设计、组织结构设计、模块划分及接口设计				15	
3	硬件准备	①能搭建硬件环境; ②能正确识读原理图				15	
4	软件设计	①能绘制软件流程图; ②工程的创建与加载; ③编写 led.c 驱动程序; ④实现完整代码				20	
5	软硬联调	①能正确上电; ②能烧录代码; ③能对错误进行调试; ④功能实现				20	
6	综合素养	①遵守工作时间; ②注重用电安全; ③程序编写规范; ④能根据任务要求,自主查阅资料; ⑤具有团队意识,小组成员取长补短,相互协作; ⑥具有劳动意识和创新意识				15	
总分						100	

[归纳总结]

通过本项目的实践,我们从工程构建开始到 GPIO 模块的功能实现,分别学习了:

①GPIO 的基本工作原理;

②STM32F10X 系列 MCU 配置参数;

③实现 GPIO 控制的功能逻辑;

④工程编译和运行;

⑤实验箱结果确认方法。

通过对上述内容的学习和掌握，为今后使用 GPIO 进行相关问题的分析和解决奠定基础。

练习实训

知识过关

1.填空题

(1)对 STM32,ST 是意法半导体,M 是________的缩写。

(2)单片机是一种集成电路芯片,也叫作________。

(3)STM32 其实是一款________。

(4)STM32 是一款功能比较强大的________位的单片机。

(5)嵌入式系统,从开发过程分为________、________、________和________ 4 层。

(6)软件开发中的 V 模型是一种延伸自________的软件开发过程。

2.选择题[(1)—(3)为单选题,(4)—(5)为多选题]

(1)一个 GPIO 端口至少需要(　　)个寄存器。

A.1　　B.2　　C.3　　D.4

(2)下列属于 GPIO 32 位置位/复位寄存器的是(　　)。

A.GPIOx_CRL　　B.GPIOx_CRH　　C.GPIOx_IDR　　D.GPIOx_BSRR

(3)下列属于 GPIO 32 锁定寄存器的是(　　)。

A.GPIOx_CRL　　B.GPIOx_LCKR　　C.GPIOx_IDR　　D.GPIOx_BSRR

(4)GPIO 端口扩展器的优点是(　　)。

A.低功耗　　B.小封装　　C.低成本　　D.快速上市

(5)下列属于 GPIO 端口配置寄存器的是(　　)。

A.GPIOx_CRL　　B.GPIOx_CRH　　C.GPIOx_IDR　　D.GPIOx_ODR

3.简答题

(1)简述 STM32 的基本概念。

(2)简述单片机的工作原理。

(3)简述嵌入式的基本概念。

(4)简述 STM32 与 ARM 体系关系。

(5)简述 GPIO 基本概念。

实训任务

1.硬件设计

请描述出项目 2 实战“汽车灯光指示系统:GPIO 控制模块”硬件设计方案。

2.程序设计

编写 main(void)函数进行延时函数初始化,初始化与 LED 连接的硬件接口,LED 灯延时 500 ms 显示。

项目3
实战“汽车电机系统：PWM控制模块”

[项目情境]

新人小李所在的项目组顺利地完成了“汽车灯光指示系统:GPIO 控制模块”的开发实践。部长紧接着又给他所在的实践项目组下达了新任务,这次任务难度略有升级,需要完成“汽车电机系统:PWM 控制模块”。项目组长依旧要求小李按照标准的 V 字形软件开发流程从需求分析到系统设计再到编码实现,完成 PWM 控制模块的设计和实现。

本次需要为新车型设计的这套汽车电机系统,车厂依旧给项目组提供了基于 STM32 的 F10X 系列芯片作为主控 MCU 的实验箱,从而完成对应功能的实现。汽车电器系统设备的组成有:

①充电系统:由发电机、调节器、蓄电池以及充电指示灯等组成;

②启动系统:主要由启动机、启动继电器、启动开关、启动保护装置、启动预热装置组成;

③点火系统:主要由分电器、点火线圈、火花塞和高压线组成;

④照明信号设备:包括各种照明灯和信号灯以及喇叭、蜂鸣器等;

⑤仪表:主要有燃油表、机油压力表、水温表、车速表等;

⑥辅助设备:包括风窗刮水及清洗装置、风窗除霜装置、空调、音响、中控锁、电动窗、电动后视镜等。

PWM 主要是脉冲控制,用在汽车的很多功能中。以本项目为例,PWM 可读取汽车的转速等相关参数,因此,用以本项目中模拟汽车电机与 PWM 控制实现。已知该实验箱上的 MCU 模块提供了蜂鸣器和 LED 灯用于表现 PWM 控制模块的控制效果。基于该项目情境,展开如下具体实施过程。

[需求分析]

结合项目情境,针对“汽车机电系统:PWM 控制模块”整个功能实现的要点,对需要完成的需求,梳理如下:

①明确 STM32 的 F10X 系列 MCU 的 PWM 控制引脚编号;

②明确 PWM 需要使用的对应寄存器;

③完成 PWM 控制 LED 和蜂鸣器的操作流程;

④完成基于 MDK-KEIL 的开发工程环境构建;

⑤实现使用 PWM 控制 LED 和蜂鸣器的具体编码;

⑥完成工程的编译;

汽车电机系统-PWM 控制模块项目分析

⑦完成程序到实验箱的烧写；
⑧完成结果确认。

[学习目标]

◇**知识目标**
①认识 PWM；
②理解 PWM 工作原理；
③熟悉 STM32 的 PWM 实现过程；
④掌握查阅芯片手册解决实际问题的方法。
◇**能力目标**
①能独立完成实验箱硬件环境的搭建；
②能进行软件开发工程环境的构建；
③能独立完成软件到实验箱的烧写；
④能使用实验箱完成结果验证。
◇**素质目标**
①激发学生学习软件开发的兴趣；
②感受基于 MCU 进行实际项目开发的整体过程；
③增强学生理论联系实际的能力；
④提升学生学以致用的水平；
⑤培养学生专业认同感和民族自豪感。
◇**项目重点**
①完成软件开发工程环境构建；
②完成软件到实验箱的烧写及结果验证。
◇**项目难点**
①实现 PWM 驱动代码配置和修改；
②实现 PWM 控制 LED 和蜂鸣器的功能逻辑。

3.1 任务描述

当 MCU 侧接收到由用户触发的 PWM 控制信号时(如按下鸣笛按钮、按下双闪灯等),需要根据 PWM 产生相关信号,进行对应功能的启停。本任务将通过程序模拟 MCU 收到蜂鸣器和车灯控制信号,通过操控 PWM 的寄存器,设定蜂鸣器的鸣响和 LED 的亮灭,从而实现使用 PWM 控制蜂鸣器和 LED 灯亮灭来模拟汽车电机系统的工作。

目前,我国电动汽车的电机研发已拥有自主知识产权。电动汽车是眼下国际汽车业竞争的热点所在。经过十多年的努力,中国科学院的科学家已成功建立起电动汽车电机驱动系统的研发平台,部分新型电机成功应用于我国主要汽车生产厂商研制的电动汽车上。同时,我国新版电机能效标准《电动机能效限定值及能效等级》(GB 18613—2020),电机 1 级能效标准优于国际电机能效标准,使我国电机能效标准处于世界领先水平。

本项目的实现过程包括以下内容：

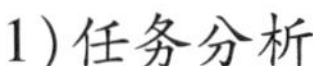

1）任务分析

介绍本任务的启动条件，输入、输出和结束条件；并概要说明完成本任务需要的专业技能和专业知识。

2）知识精讲

介绍完成本任务需要的专业技能和专业知识，包括 PWM 的概念、PWM 工作原理以及 STM32 的 PWM 实现过程，为实现任务奠定理论基础。

3）任务实施

在明确任务条件和了解理论基础后，按部就班地完成任务，对应步骤包括：
①明确需要用到的设备和软件工具；
②完成工程的创建；
③完成关键代码的编写；
④完成工程的编译和链接；
⑤完成上机验证。

3.2 任务分析

1）本任务的启动条件

①PC 端启动操作系统，正常连接实验箱的 MCU 开发板；
②实验箱 MCU 开发板处于正常工作状态；
③MDK-KEIL 等必要的 IDE 已安装完成并能正确启动。

2）本任务的输入/输出

①输入：将模拟的蜂鸣器鸣响信号和 LED 灯开关信号输入 MCU 中（程序实现）；
②输出：通过 PWM 控制蜂鸣器鸣响和 LED 亮灭表示。

3）本任务的结束条件

将程序正确烧写到实验箱中，并观察到实验箱上的蜂鸣器和 LED 按照程序逻辑完成鸣响和亮灭表示。

4）本任务实现的所需专业技能/知识引述

为了帮助读者能够尽快上手实践本任务，“知识精讲”中列出了 STM32 的 F10X 系列 PWM 的相关技术和基本知识，这些相关技术和基本知识包括：
①PWM 基本概念；
②PWM 工作原理；
③STM32 的 F10X 系列 PWM 实现过程说明。

读者通过了解上述 PWM 相关技术和原理,对使用 STM32 完成 PWM 控制模块奠定理论基础,同时能够借此完成"汽车电机系统:PWM 控制模块"任务的实施。

3.3 知识精讲

1)PWM 基本概念

随着电子技术的发展,出现了多种脉冲宽度调制(Pulse Width Modulation,PWM)技术,其中包括相电压控制 PWM、脉宽 PWM 法、随机 PWM、SPWM 法、线电压控制 PWM 等,而在镍氢电池智能充电器中采用脉宽 PWM 法,它是将每一脉冲宽度均相等的脉冲列作为 PWM 波形,通过改变脉冲列的周期可以调频,改变脉冲的宽度或占空比可以调压,采用适当的控制方法即可使电压与频率协调变化。可以通过调整 PWM 的周期、PWM 的占空比来达到控制充电电流的目的。

脉冲宽度调制是一种模拟控制方式,根据相应载荷的变化来调制晶体管基极或 MOS 管栅极的偏置,实现晶体管或 MOS 管导通时间的改变,从而实现开关稳压电源输出的改变。这种方式能使电源的输出电压在工作条件变化时保持恒定,是利用微处理器的数字信号对模拟电路进行控制的一种非常有效的技术,广泛应用在从测量、通信到功率控制与变换的许多领域中。

从调制脉冲的极性看,PWM 又可分为单极性和双极性控制模式。产生单极性 PWM 模式的基本原理如图 3.1 所示。首先由同极性的三角波载波信号 u_t 与调制信号 u_r 比较[图 3.1(a)],产生单极性的 PWM 脉冲[图 3.1(b)];然后将单极性的 PWM 脉冲信号与图 3.1(c)所示的倒相信号 *UI* 相乘,从而得到正负半波对称的 PWM 脉冲信号 U_d,如图 3.1(d)所示。

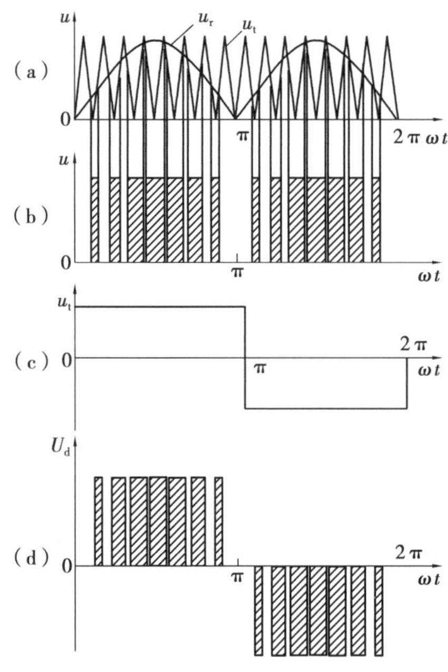

图 3.1　单极性 PWM 模式的基本原理图

双极性 PWM 控制模式采用的是正负交变的双极性三角载波 u_t 与调制波 u_r，如图 3.2 所示，可通过 u_t 与 u_r 的比较直接得到双极性的 PWM 脉冲，而不需要倒相电路。

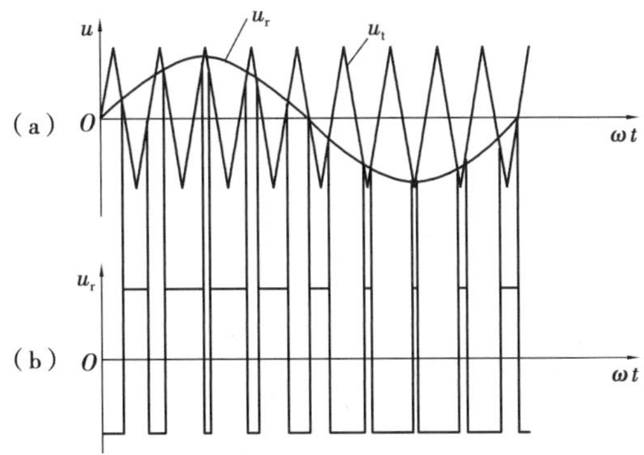

图 3.2 双极性 PWM 控制模式的基本原理图

除以上两种从原理不同的角度对调制方法进行的分类外，近些年采用芯片直接进行脉宽调制的方式被更多用户所接受。信号调理领域经常需要面对模拟量信号的传输、采集、控制等问题。传统的信号链电路包括模数转换器(Analog-to-Digital Converter，ADC)、数模转换器(Digital to Analog Converter，DAC)、运算放大器(OpAmp)、比较器(Comparator)等，它们扮演着模拟信号处理的重要角色。因为信号链芯片的功能基础而强大，经过精心设计后能形成各种优秀的信号处理电路，但即便如此，在很多应用领域，依然存在瓶颈和制约，无法达到理想的电路性能和指标。所以在信号链领域渴望出现更多创新的模拟电路处理技术和芯片产品。信号链芯片是一种新型的模拟信号处理专用芯片，实现了模拟信号向 PWM 信号高精度的转换功能，我们称它为 APC(Analogue to PWM Convertor)。

2)PWM 工作原理

脉宽调制基本原理：控制方式是对逆变电路开关器件的通断进行控制的，使输出端得到一系列幅值相等但宽度不一致的脉冲，用这些脉冲来代替正弦波或所需要的波形。也就是在输出波形的半个周期中产生多个脉冲，使各脉冲的等值电压为正弦波形，所获得的输出平滑且低次谐波少。按一定的规则对各脉冲的宽度进行调制，既可改变逆变电路输出电压的大小，也可改变输出频率。

例如，把正弦半波波形分成 N 等分就可把正弦半波看作由 N 个彼此相连的脉冲所组成的波形。这些脉冲宽度相等，都等于 π/n，但幅值不等，且脉冲顶部不是水平直线，而是曲线，各脉冲的幅值按正弦规律变化。如果把上述脉冲序列用同样数量的等幅而不等宽的矩形脉冲序列代替，使矩形脉冲的中点和相应正弦等分的中点重合，且使矩形脉冲和相应正弦部分面积(即冲量)相等就得到一组脉冲序列，这就是 PWM 波形。可以看出，各脉冲宽度是按正弦规律变化的。根据冲量相等、效果相同的原理，PWM 波形和正弦半波是等效的。对正弦负半周，也可以用同样的方法得到 PWM 波形，如图 3.3 所示。

在 PWM 波形中，各脉冲的幅值是相等的，要改变等效输出正弦波的幅值，只要按同一比例系数改变各脉冲的宽度即可，因此在“交—直—交”变频器中，PWM 逆变电路输出的脉冲电压就是直流侧电压的幅值。根据上述原理，在给出的正弦波频率、幅值和半个周

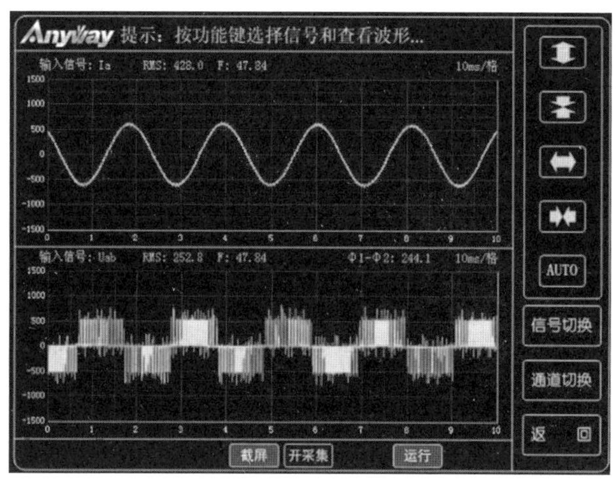

图 3.3 PWM 实际波形图

期内的脉冲数后，PWM 波形各脉冲的宽度和间隔就可以准确计算出来。按照计算结果控制电路中各开关器件的通断，就可得到所需的 PWM 波形。图 3.3 为变频器输出的 PWM 波的实时波形。

如前所述，在 STM32 系列芯片上，PWM 是定时器扩展出来的一个功能（本质上是使用一个比较计数器的功能），配置过程一般为选定定时器、复用 GPIO 口、选择通道（传入比较值）、使能相应系统时钟、设定相应的预分频、计数周期、PWM 模式（有两种）、电平极性等。具体如下：

（1）定时器的特点归类

STM32 中一共有 11 个定时器，即 2 个看门狗定时器、1 个系统嘀嗒定时器（SysTick）和 8 个 Timer 定时器，详情见表 3.1。

表 3.1 STM32 中的定时器信息

定时器	计数器分辨率/bit	计数器类型	预分频系数	产生 DMA 请求	捕获/比较通道	互补输出
TIM1 TIM8	16	上、下、上/下	1～65 536 的任意数	可	4	有
TIM2 TIM3 TIM4 TIM5	16	上、下、上/下	1～65 536 的任意数	可	4	无
TIM6 TIM7	16	上	1～65 536 的任意数	可	2	无

（2）定时器所在的时钟线路

上述定时器所在的时钟线路，如图 3.4 所示。

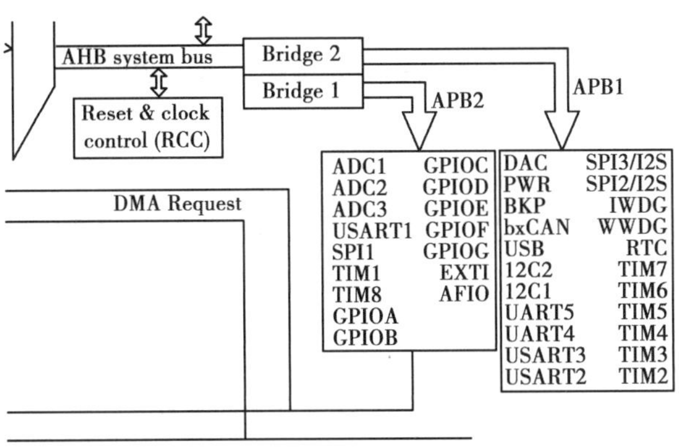

图 3.4 定时器所在的时钟线路图

(3)STM32 的 PWM 波形产生依据

通用定时器可以利用 GPIO 引脚进行脉冲输出，在配置为比较输出、PWM 输出功能时，捕获/比较寄存器 TIMx_CCR 被用作比较功能，下面把它简称为比较寄存器。举例说明定时器的 PWM 输出工作过程：若配置脉冲计数器 TIMx_CNT 为向上计数，而重载寄存器 TIMx_ARR 被配置为 N，即 TIMx_CNT 的当前计数值 X 在 TIMxCLK 时钟源的驱动下不断累加，当 TIMx_CNT 的数值 X 大于 N 时，会重置 TIMx_CNT 数值为 0，再重新计数。

(4)STM32 产生 PWM 的配置方法

①配置 GPIO。查看具体的 GPIO 引脚，以及查看 GPIO 口的复用功能（参考手册），这里用的是 PC6。

定时器 1 的引脚复用功能映像，见表 3.2 所示。

表 3.2 定时器 1 的引脚复用功能映像表

复用功能映像	TIM1_REMAP[1:0]=00（没有重映像）	TIM1_REMAP[1:0]=01（部分重映像）	TIM1_REMAP[1:0]=11（完全重映像）(1)
TIM1_ETR	PA12		PE7
TIM1_CH1	PA8		PE9
TIM1_CH2	PA9		PE11
TIM1_CH3	PA10		PE13
TIM1_CH4	PA11		PE14
TIM1_BKIN	PB12(2)	PA6	PE15
TIM1_CH1N	PB13(2)	PA7	PE8
TIM1_CH2N	PB14(2)	PB0	PE10
TIM1_CH3N	PB15(2)	PB1	PE12

注：(1)重映像只适用于 100 和 144 脚的封装。

(2)重映像不适用于 36 脚的封装。

定时器 2 的引脚复用功能映像，见表 3.3。

表 3.3　定时器 2 的引脚复用功能映像表

复用功能映像	TIM2_REMAP[1:0]=00（没有重映像）	TIM2_REMAP[1:0]=01（部分重映像）	TIM2_REMAP[1:0]=10（部分重映像 1）	TIM2_REMAP[1:0]=11（完全重映像 1）
TIM2_CH1_ETR	PA0	PA15	PA0	PA15
TIM2_CH2	PA1	PB3	PA1	PB3
TIM2_CH3	PA2		PB10	
TIM2_CH4	PA3		PB11	

定时器 3 的引脚复用功能映像，见表 3.4。

表 3.4　定时器 3 的引脚复用功能映像表

复用功能映像	TIM3_REMAP[1:0]=00（没有重映像）	TIM3_REMAP[1:0]=10（部分重映像）	TIM3_REMAP[1:0]=11（完全重映像）
TIM3_CH1	PA6	PB4	PC6
TIM3_CH2	PA7	PB5	PC7
TIM3_CH3	PB0		PC8
TIM3_CH4	PB1		PC9

定时器 4 的引脚复用功能映像，见表 3.5。

表 3.5　定时器 4 的引脚复用功能映像表

复用功能映像	TIM4_REMAP=00（没有重映像）	TIM4_REMAP=10（部分重映像）
TIM4_CH1	PB6	PD12
TIM4_CH2	PB7	PD13
TIM4_CH3	PB8	PD14
TIM4 CH4	PB9	PD15

根据以上重映像表，使用定时器 3 的通道 2 作为 PWM 的输出引脚，所以需要对 PB5 引脚进行配置，对 IO 口操作代码如下：

```
GPIO_InitTypeDef GPIO_InitStructure;//定义结构体
RCC_APB2PeriphClockCmd(
RCC_APB2Periph_GPIOC | RCC_APB2Periph_AFIO,
ENABLE
);//使能 GPIO 外设和 AFIO 复用功能模块时钟
GPIO_PinRemapConfig(GPIO_FullRemap_TIM3,ENABLE);//选择 Timer3 完全重映像
//选择定时器 3 的通道 1 作为 PWM 的输出引脚 TIM3_CH1->PB6 GPIOC.6
```

```
GPIO_InitStructure.GPIO_Pin=GPIO_Pin_6;//TIM_CH1
GPIO_InitStructure.GPIO_Mode=GPIO_Mode_AF_PP;//复用推挽功能
GPIO_InitStructure.GPIO_Speed=GPIO_Speed_50 MHz;
GPIO_Init(GPIOC,&GPIO_InitStructure);//初始化引脚
```

②初始化定时器。代码示例如下：

```
TIM_TimeBaseInitTypeDef TIM_TimeBaseStructure;//定义初始化结构体
RCC_APB1PeriphClockCmd(
RCC_APB1Periph_TIM3,
ENABLE
);//使能定时器3时钟
//初始化TIM3
TIM_TimeBaseStructure.TIM_Period=255;//自动重装载寄存器的值
TIM_TimeBaseStructure.TIM_Prescaler=7199;//TIMX预分频的值
TIM_TimeBaseStructure.TIM_ClockDivision=0;//时钟分割
TIM_TimeBaseStructure.TIM_CounterMode=TIM_CounterMode_Up;//向上计数
TIM_TimeBaseInit(TIM3,& TIM_TimeBaseStructure);//根据以上功能对定时器进行
                                               初始化
```

③设置TIM3_CH1的PWM模式,使能TIM3的CH1输出。代码示例如下：

```
TIM_OCInitTypeDef TIM_OCInitStructure;//定义结构体
//选择定时器模式,TIM脉冲宽度调制模式1
TIM_OCInitStructure.TIM_OCMode=TIM_OCMode_PWM1;
TIM_OCInitStructure.TIM_OutputState=TIM_OutputState_Enable;//比较输出使能
TIM_OCInitStructure.TIM_OCPolarity=TIM_OCPolarity_Low;//输出比较极性低
TIM_OC1Init(TIM3,&TIM_OCInitStructure);//根据结构体信息进行初始化
//使能定时器TIM2在CCR1上的预装载值
TIM_OC1PreloadConfig(TIM3,TIM_OCPreload_Enable);
```

④使能定时器3。代码示例如下：

```
TIM_Cmd(TIM3,ENABLE);//使能定时器TIM3
```

⑤使用PWM。经过上述操作,只需调用函数(如下)给通道1传值即可实现PWM波形正常输出。

```
static void PWM_Channel1_Out(u16 pwm){
    TIM3->CCR1=pwm;
}
```

上述是STM32产生PWM的配置方法的说明。

3.4 任务实施

1)需要用到的设备和软件工具

为了完成本任务,需要用到的设备和软件工具包括:

汽车电机系统-PWM 控制模块项目实施

(1)硬件环境准备

①工程搭建、编译和构建用的 PC 1 台,与 ST-Link 连接用的 USB 线缆 1 条;

②ST-Link 仿真调试器,包括和 PC 连接用的 USB 线缆 1 条(和 PC 共用);

③实验箱“智能网联系统开发平台”1 台、电源线 1 条、与 ST-Link 连接用的排线 1 条。连接关系示意图,如图 3.5 所示。

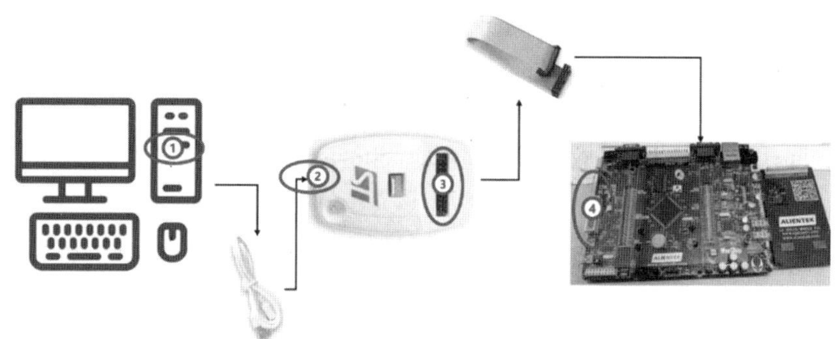

图 3.5 连接关系示意图

根据上述示意图,连接关系表述如下:

①通过 USB 线缆连接 PC 和 ST-Link(图中①→②);

②通过排线连接 ST-Link 和实验箱中的 STM32 MCU 开发板(图中③→④)。

(2)软件环境准备

根据本书的“1.7 搭建开发环境”中的任务 1.7.1,在 PC 上安装 MDK-KEIL 集成开发环境。

准备好上述软硬件环境后,就可开启后续任务了。

①工程解压。解压 PWM_LED+SOUND _Demo.zip 文件到非系统盘的根目录下(如 D 盘),注意不要包含中文路径即可,如图 3.6 所示。

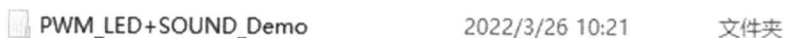

PWM_LED+SOUND_Demo	2022/3/26 10:21	文件夹

图 3.6 PWM_LED+SOUND_Demo 文件夹

双击解压后的工程文件,可以一览工程文件目录全貌,如图 3.7 所示。

②工程加载。双击解压后的工程文件,使用 MDK-KEIL 加载工程,如图 3.8 和图3.9 所示。

③工程目录详细分析。如图 3.9 所示的加载后的工程,对整个工程目录依次进行注

此电脑 › DATA (D:) › Temps › 3 › PWM_LED+SOUND_Demo ›

名称	修改日期	类型
CORE	2012/10/8 23:42	文件夹
HARDWARE	2022/3/24 21:41	文件夹
OBJ	2022/3/26 10:29	文件夹
STM32F10x_FWLib	2012/10/8 23:42	文件夹
SYSTEM	2012/10/8 23:42	文件夹
USER	2022/3/26 11:11	文件夹

图 3.7　PWM_LED+SOUND _Demo 工程文件目录全貌

此电脑 › DATA (D:) › Temps › 3 › PWM_LED+SOUND_Demo › USER

名称	修改日期	类型	大小
BEEP.map	2022/3/26 10:29	Linker Address ...	82 KB
BEEP.uvgui.Administrator	2022/3/26 11:11	ADMINISTRATO...	88 KB
BEEP.uvopt	2022/3/26 11:01	UVOPT 文件	14 KB
BEEP.uvproj	2022/3/26 11:01	礦ision4 Project	19 KB
main.c	2022/3/24 21:41	C 文件	1 KB
startup_stm32f10x_hd.lst	2022/3/26 10:29	MASM Listing	50 KB
stm32f10x.h	2011/3/10 10:51	C/C++ Header	620 KB
stm32f10x_conf.h	2022/3/24 21:27	C/C++ Header	4 KB
stm32f10x_it.c	2011/11/13 1:28	C 文件	3 KB
stm32f10x_it.h	2011/4/4 18:57	C/C++ Header	2 KB
system_stm32f10x.c	2011/4/4 18:57	C 文件	36 KB
system_stm32f10x.h	2011/3/10 10:51	C/C++ Header	3 KB
USART.Opt	2012/7/27 16:33	OPT 文件	5 KB

图 3.8　工程配置文件说明

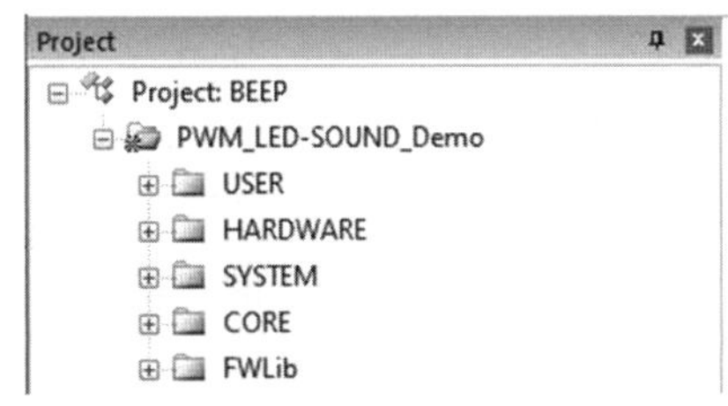

图 3.9　使用 MDK-KEIL 加载工程文件

解如下：

a.USER：包含 3 个文件，即 main.c，stm32f10x_it.c 和 system_stm32f10x.c。这 3 个文件包含了 STM32F10X 系列 MCU 的中断向量附表的实现（stm32f10x_it.c，芯片厂商提供，没有特殊需求无须修改）、STM32F10X 系列 MCU 的基本系统设置（system_stm32f10x.c，芯片厂商提供，没有特殊需求无须修改），以及整个工程实现的主体入口（main.c）。

b.HARDWARE：包含 4 个文件，即 led.c，key.c，timer.c 和 beep.c。主要作用是提供 LED 的驱动初始化功能、key 的驱动初始化等功能、timer 的驱动初始化等功能、蜂鸣器的驱动初始化功能。

c.SYSTEM：包含 3 个文件，即 delay.c，sys.c 和 usart.c。主要作用是为 MCU 提供延时功能、中断向量设置功能以及通用同步/异步串行接收/发送功能。

d.CORE：包含两个文件，即 core_cm3.c 和 startup_stm32f10x_hd.s。主要作用是实现

STM32F103 系列 MCU 的核心功能(core_cm3.c)和启动控制功能(startup_stm32f10x_hd.s),它们是由 ARM 提供的开源模块(不需用户做任何修改)。

e.FWLib:包含 5 个文件,即 misc.c,stm32f10x_gpio.c,stm32f10x_rcc.c,stm32f10x_tim.c 和 stm32f10x_usart.c。主要作用是为不同外设提供对应的驱动支持。这些驱动包括 misc(杂项设备)控制驱动、GPIO 驱动、RCC 驱动、定时器控制驱动、USART 驱动等(由 ST 公司提供的标准库,无须修改)。

④应用开发实操。在上述工程既有的基础上,针对 MCU 的应用层程序进行理解和修改,使其满足目前项目的需求。编写 HARDWARE 文件夹中的 led.c 文件、key.c 文件、timer.c 文件和 beep.c 文件,其作用参考上述工程目录注解中的 HARDWARE 部分。

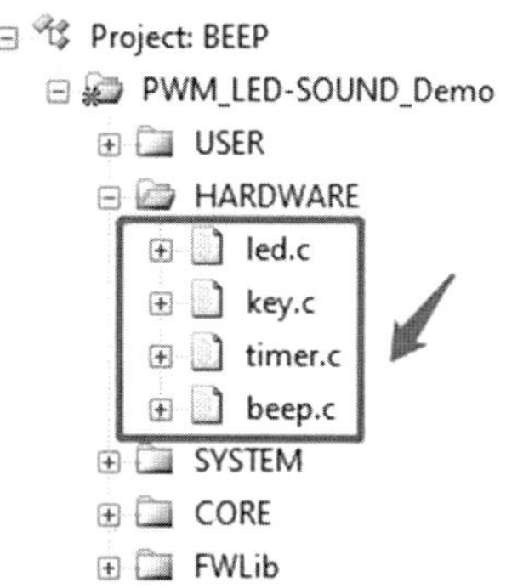

图 3.10 需要编写的目标源文件示意图

如图 3.10 方框所示,需要编写的目标源文件是 led.c,key.c,timer.c 和 beep.c。

2)编辑 led.c 文件

该源文件涉及代码的主要作用是:提供板载 LED 的驱动初始功能,主要负责 LED 设备的初始。初始化目标包括:LEDIO 的初始化,使能 PB 和 PE 端口时钟的处理,将端口配置为推挽输出,并指定 IO 口速度为 50 MHz,然后,根据设定参数初始化 GPIOB.5,将 LED1-->PE.5 端口配置为推挽输出。

LED_Init(void)函数主要作用初始化 PB5 和 PE5 为输出口,并使能这两个口的时钟。

```
#include "led.h"
//LED 驱动代码
//版本:V1.0
//初始化 PB5 和 PE5 为输出口,并使能这两个口的时钟
//LED IO 初始化
void LED_Init(void)
{
GPIO_InitTypeDef    GPIO_InitStructure;
RCC_APB2PeriphClockCmd(RCC_APB2Periph_GPIOB | RCC_APB2Periph_GPIOE,
ENABLE);//使能 PB 和 PE 端口时钟
GPIO_InitStructure.GPIO_Pin=GPIO_Pin_5;//LED0-->PB.5 端口配置
GPIO_InitStructure.GPIO_Mode=GPIO_Mode_Out_PP;//推挽输出
```

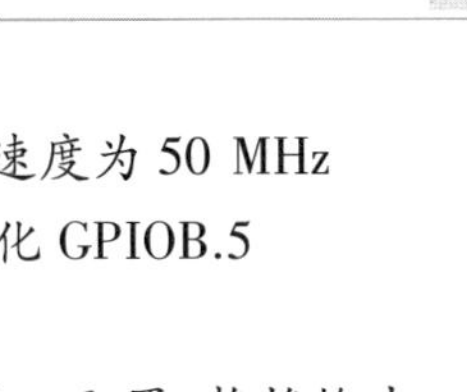

```
GPIO_InitStructure.GPIO_Speed=GPIO_Speed_50 MHz;//IO 口速度为 50 MHz
GPIO_Init(GPIOB,&GPIO_InitStructure);//根据设定参数初始化 GPIOB.5
GPIO_SetBits(GPIOB,GPIO_Pin_5);//PB.5 输出高
GPIO_InitStructure.GPIO_Pin=GPIO_Pin_5;//LED1-->PE.5 端口配置,推挽输出
GPIO_Init(GPIOE,&GPIO_InitStructure);//推挽输出,IO 口速度为 50 MHz
GPIO_SetBits(GPIOE,GPIO_Pin_5);//PE.5 输出高
}
```

3）编辑 key.c 文件

该源文件涉及代码的主要作用是：提供板载按键的驱动功能，包括端口初始化、按键监测等。将初始化 KEY0-->GPIOA.13 和 KEY1-->GPIOA.15 设置为上拉输入；使能 PORTA，PORTE 时钟，将 GPIO 模式设置为上拉输入，初始化 GPIOE2/3/4。初始化 WK_UP-->GPIOA.0 为下拉输入，同时定义按键监测功能（注意此函数有响应优先级，KEY0>KEY1>KEY2>KEY3）。

KEY_Init(void)函数进行 IO 初始化，是按键初始化函数。

```
#include "key.h"
#include "sys.h"
#include "delay.h"
/////////////////////////////////////////////////////////////////////////
//按键驱动代码
//版本:V1.0
/////////////////////////////////////////////////////////////////////////
//按键初始化函数
void KEY_Init(void)//IO 初始化
{
        GPIO_InitTypeDef GPIO_InitStructure;
        //初始化 KEY0-->GPIOA.13,KEY1-->GPIOA.15 上拉输入
        RCC_APB2PeriphClockCmd(RCC_APB2Periph_GPIOA|RCC_APB2Periph_
GPIOE,ENABLE);//使能 PORTA,PORTE 时钟
        GPIO_InitStructure.GPIO_Pin=GPIO_Pin_2|GPIO_Pin_3|GPIO_Pin_4;//PE2~4
        GPIO_InitStructure.GPIO_Mode=GPIO_Mode_IPU;//设置为上拉输入
        GPIO_Init(GPIOE,&GPIO_InitStructure);//初始化 GPIOE2,3,4
        //初始化 WK_UP-->GPIOA.0 为下拉输入
        GPIO_InitStructure.GPIO_Pin=GPIO_Pin_0;
        GPIO_InitStructure.GPIO_Mode=GPIO_Mode_IPD;//PA0 设置为输入,默认下拉
        GPIO_Init(GPIOA,&GPIO_InitStructure);//初始化 GPIOA.0
}
```

KEY_Scan(u8 mode)函数进行按键处理,其中,mode:0,不支持连续按;mode:1,支持连续按。

```
//按键处理函数
//返回按键值
//mode:0,不支持连续按;1,支持连续按
//0,没有任何按键按下
//1,KEY0 按下
//2,KEY1 按下
//3,KEY2 按下
//4,KEY3 按下 WK_UP
//注意此函数有响应优先级,KEY0>KEY1>KEY2>KEY3!!
u8 KEY_Scan(u8 mode)
{
        static u8 key_up=1;//按键按松开标志
        if(mode)key_up=1;//支持连按
        if(key_up&&(KEY0==0||KEY1==0||KEY2==0||KEY3==1))
        {
          delay_ms(10);//去抖动
          key_up=0;
          if(KEY0==0)return 1;
          else if(KEY1==0)return 2;
          else if(KEY2==0)return 3;
          else if(KEY3==1)return 4;
        }else if(KEY0==1&&KEY1==1&&KEY2==1&&KEY3==0)key_up=1;
        return 0;//无按键按下
}
```

4)编辑 timer.c 文件

该源文件涉及代码的主要作用是:提供 timer 的驱动初始化以及中断服务功能。对通用定时器 3 进行中断初始化,时钟选择为 APB1 的 2 倍(APB1 为 36 MHz 时钟频率)。另外,通过使能指定的 TIM3 中断,并允许中断更新。根据 NVIC_InitStruct 中指定的参数初始化外设 NVIC 寄存器,进而开发定时器 3 中断服务程序(包括检查指定的 TIM 中断发生与否,TIM3 PWM 部分初始化处理等)。

TIM3_Int_Init(u16 arr,u16 psc)函数的作用是进行通用定时器 3 中断初始化处理。

```
#include "timer.h"
#include "led.h"
#include "usart.h"
```

```
/////////////////////////////////////////////////////////////////////////
//定时器驱动代码
//版本:V1.1
/////////////////////////////////////////////////////////////////////////
//通用定时器 3 中断初始化
//这里的时钟选择为 APB1 的 2 倍,而 APB1 为 36M
//arr:自动重装值
//psc:时钟预分频数
//这里使用的是定时器 3!
void TIM3_Int_Init(u16 arr,u16 psc)
{
  TIM_TimeBaseInitTypeDef TIM_TimeBaseStructure;
    NVIC_InitTypeDef NVIC_InitStructure;
    RCC_APB1PeriphClockCmd(RCC_APB1Periph_TIM3,ENABLE);//时钟使能
    TIM_TimeBaseStructure.TIM_Period=arr;//设置在下一个更新事件装入活动的自
                                         动重装载寄存器周期的值计数到 5000
                                         为 500 ms
    TIM_TimeBaseStructure.TIM_Prescaler=psc;//设置用来作为 TIMx 时钟频率除数
                                            的预分频值 10 kHz 的计数频率
    TIM_TimeBaseStructure.TIM_ClockDivision=0;//设置时钟分割:TDTS=Tck_tim
    TIM_TimeBaseStructure.TIM_CounterMode=TIM_CounterMode_Up;//TIM 向上计
数模式
    TIM_TimeBaseInit(TIM3,&TIM_TimeBaseStructure);
    //根据 TIM_TimeBaseInitStruct 中指定的参数初始化 TIMx 的时间基数单位
    TIM_ITConfig(TIM3,TIM_IT_Update,ENABLE);//使能指定的 TIM3 中断,允许
                                            更新中断
    NVIC_InitStructure.NVIC_IRQChannel=TIM3_IRQn;//TIM3 中断
    NVIC_InitStructure.NVIC_IRQChannelPreemptionPriority=0;//先占优先级 0 级
    NVIC_InitStructure.NVIC_IRQChannelSubPriority=3;//从优先级 3 级
    NVIC_InitStructure.NVIC_IRQChannelCmd=ENABLE;//IRQ 通道被使能
    NVIC_Init(&NVIC_InitStructure);//根据 NVIC_InitStruct 中指定的参数初始化外
                                   设 NVIC 寄存器
    TIM_Cmd(TIM3,ENABLE);//使能 TIMx 外设
}
```

TIM3_IRQHandler(void)函数的作用是进行定时器 3 中断服务。

```
//定时器 3 中断服务程序
void TIM3_IRQHandler(void)//TIM3 中断
```

```
{
        if(TIM_GetITStatus(TIM3,TIM_IT_Update)! =RESET)//检查指定的 TIM 中
                                                       断发生与否:TIM
                                                       中断源
          {
          TIM_ClearITPendingBit(TIM3,TIM_IT_Update);//清除 TIMx 的中断待处理
                                                    位:TIM 中断源
          LED1=! LED1;
          }
}
```

TIM3_PWM_Init(u16 arr,u16 psc)函数的作用是进行 TIM3 PWM 部分初始化。

```
//TIM3 PWM 部分初始化
//PWM 输出初始化
//arr:自动重装值
//psc:时钟预分频数
void TIM3_PWM_Init(u16 arr,u16 psc)
{
        GPIO_InitTypeDef GPIO_InitStructure;
        TIM_TimeBaseInitTypeDef   TIM_TimeBaseStructure;
        TIM_OCInitTypeDef   TIM_OCInitStructure;
        RCC_APB1PeriphClockCmd(RCC_APB1Periph_TIM3,ENABLE);
    //使能定时器 3 时钟
        RCC_APB2PeriphClockCmd(RCC_APB2Periph_GPIOB | RCC_APB2Periph_
AFIO,ENABLE);//使能 GPIO 外设和 AFIO 复用功能模块时钟
        GPIO_PinRemapConfig(GPIO_PartialRemap_TIM3,ENABLE);//Timer3 部分
重映射 TIM3_CH2->PB5
  //设置该引脚为复用输出功能,输出 TIM3 CH2 的 PWM 脉冲波形     GPIOB.5
        GPIO_InitStructure.GPIO_Pin=GPIO_Pin_5;//TIM_CH2
        GPIO_InitStructure.GPIO_Mode=GPIO_Mode_AF_PP;//复用推挽输出
        GPIO_InitStructure.GPIO_Speed=GPIO_Speed_50 MHz;
        GPIO_Init(GPIOB,&GPIO_InitStructure);//初始化 GPIO
  //初始化 TIM3
        TIM_TimeBaseStructure.TIM_Period=arr;//设置在下一个更新事件装入活动
                                             的自动重装载寄存器周期的值
        TIM_TimeBaseStructure.TIM_Prescaler=psc;//设置用来作为 TIMx 时钟频率除
                                                数的预分频值
        TIM_TimeBaseStructure.TIM_ClockDivision=0;//设置时钟分割:TDTS=Tck_tim
```

```
    TIM_TimeBaseStructure.TIM_CounterMode=TIM_CounterMode_Up;
    //TIM 向上计数模式
    TIM_TimeBaseInit(TIM3,&TIM_TimeBaseStructure);
    //根据 TIM_TimeBaseInitStruct 中指定的参数初始化 TIMx 的时间基数单位
    //初始化 TIM3 Channel2 PWM 模式
    TIM_OCInitStructure.TIM_OCMode=TIM_OCMode_PWM2;
    //选择定时器模式:TIM 脉冲宽度调制模式 2
    TIM_OCInitStructure.TIM_OutputState=TIM_OutputState_Enable;
    //比较输出使能
    TIM_OCInitStructure.TIM_OCPolarity=TIM_OCPolarity_High;
    //输出极性:TIM 输出比较极性高
    TIM_OC2Init(TIM3,&TIM_OCInitStructure);//根据 T 指定的参数初始化外设
                                              TIM3 OC2
    TIM_OC2PreloadConfig(TIM3,TIM_OCPreload_Enable);//使能 TIM3 在 CCR2
                                                      上的预装载寄存器
    TIM_Cmd(TIM3,ENABLE);//使能 TIM3
}
```

5)编辑 beep.c 文件

该源文件涉及代码的主要作用是:提供板载蜂鸣器驱动的初始化,具体是将 PB8 设置为输出口并使能该端口的时钟,根据参数初始化 GPIOB.8。

BEEP_Init(void)函数的功能是初始化 PB8 为输出口,并使能这个口的时钟。

```
#include "beep.h"
////////////////////////////////////////////////////////////////////
//蜂鸣器驱动代码
//版本:V1.0
////////////////////////////////////////////////////////////////////
//初始化 PB8 为输出口,并使能这个口的时钟
//蜂鸣器初始化
void BEEP_Init(void)
{
  GPIO_InitTypeDef   GPIO_InitStructure;
RCC_APB2PeriphClockCmd(RCC_APB2Periph_GPIOB,ENABLE);//使能 GPIOB 端
                                                      口时钟
GPIO_InitStructure.GPIO_Pin=GPIO_Pin_8;//BEEP-->PB.8 端口配置
GPIO_InitStructure.GPIO_Mode=GPIO_Mode_Out_PP;//推挽输出
GPIO_InitStructure.GPIO_Speed=GPIO_Speed_50 MHz;//速度为 50 MHz
```

```
GPIO_Init(GPIOB,&GPIO_InitStructure);//根据参数初始化 GPIOB.8
GPIO_ResetBits(GPIOB,GPIO_Pin_8);//输出 0,关闭蜂鸣器输出
}
```

6)编辑 main.c 文件

编写 USER 文件夹中的 main.c 文件。该文件主要实现本项目的业务逻辑。其内容包括延时函数初始化,设置 NVIC 中断分组 2:2 位抢占优先级,串口初始化、初始化与 LED 连接的硬件接口、初始化蜂鸣器端口,实现函数的循环延时响应处理等。具体文件如图 3.11所示。

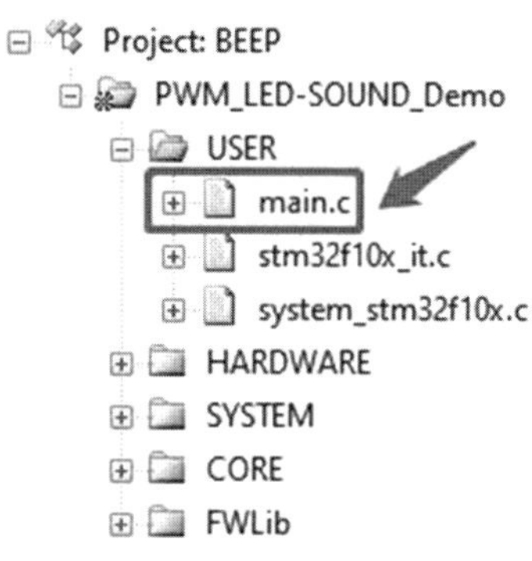

图 3.11　main.c 所在位置示意图

main(void)的主要功能是初始化与 LED 连接的硬件接口,初始化蜂鸣器端口等设置。

```
#include "sys.h"
#include "delay.h"
#include "led.h"
#include "key.h"
#include "usart.h"
#include "beep.h"
#include "timer.h"
int main(void)
{
        u16 led0pwmval=0;
        u8 dir=1;
        delay_init();//延时函数初始化
        NVIC_Configuration();//设置 NVIC 中断分组 2:2 位抢占优先级,2 位响应
                                优先级
        uart_init(9600);//串口初始化为 9600
        LED_Init();//初始化与 LED 连接的硬件接口
        BEEP_Init();//初始化蜂鸣器端口
        TIM3_PWM_Init(899,0);//不分频。PWM 频率=72000/900=8 kHz
```

```
    while(1)
    {
        delay_ms(10);
        if(dir)led0pwmval++;
        else led0pwmval--;
        if(led0pwmval>300)dir=0;
        if(led0pwmval==0)dir=1;
        TIM_SetCompare2(TIM3,led0pwmval);
        LED0=0;
        BEEP=0;
        delay_ms(300);//延时 300 ms
        LED0=1;
        BEEP=1;
        delay_ms(300);//延时 300 ms
    }
}
```

汽车电机系统-PWM 控制模块项目调试与总结

7)部署及运行

(1)工程编译

完成上述配置后，就可以编译工程了。编译的开关(图中①)和编译结果(图中②)，如图3.12所示。

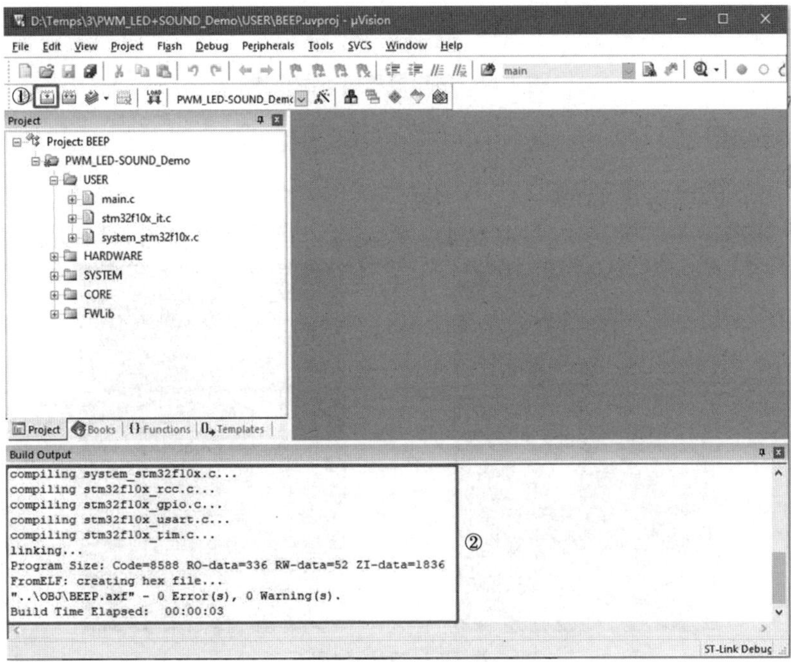

图 3.12　工程编译

(2)下载程序到 MCU

连接 ST-Link 仿真器,如图 3.13 所示。

图 3.13　连接 ST-Link 仿真器

指定仿真器型号选项,并使用 ST-Link 仿真器连接 PC 和实验箱的 MCU 侧。设置好仿真器型号、选项后单击下载程序,如图 3.14 所示。

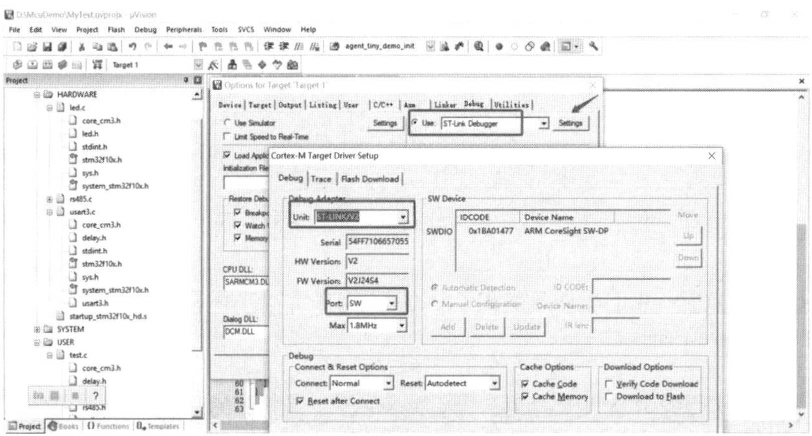

图 3.14　仿真器程序下载设置

(3)运行结果

①操作:烧写完成,重启 MCU。

②现象:BEEP 每鸣动一次,LED 增加一次亮度。实验结果如图 3.15 所示。

图 3.15　实验结果

3.5 任务评价

实战“汽车电机系统:PWM 控制模块”项目评价单

姓名:________ 学号:________ 考核人:________ 总分:________

序号	工作任务	考核技能点	学生自评	小组互评	教师评价	分值/分	得分/分
1	需求分析	产品需求说明文档规范性、完整性、正确性和清晰性				15	
2	系统设计	能进行基本的产品功能设计、组织结构设计、模块划分及接口设计				15	
3	硬件准备	①能搭建硬件环境; ②能正确识读原理图				15	
4	软件设计	①能绘制软件流程图; ②能制定函数结构及变量命令规则; ③会查阅芯片手册; ④编码具体函数接口; ⑤实现完整代码				20	
5	软硬联调	①能正确上电; ②能烧录代码; ③能对错误进行调试; ④功能实现				20	
6	综合素养	①遵守工作时间; ②注重用电安全; ③程序编写规范; ④能够根据任务要求,自主查阅资料; ⑤具有团队意识,小组成员取长补短,相互协作; ⑥具有劳动意识和科技创新精神				15	
总分						100	

[归纳总结]

通过本项目的实践,我们从工程构建开始到 PWM 模块的功能实现,分别学习了:

①PWM 的基本工作原理;

②STM32F10X 系列 MCU 配置参数;

③实现 PWM 功能逻辑;

④工程编译和运行;

⑤实验箱结果确认方法。

通过对上述内容的学习和掌握,为今后使用 PWM 进行相关问题的分析和解决奠定基础。

练习实训

知识过关

1.填空题

(1)多种脉冲宽度调制(Pulse Width Modulation,PWM)技术,其中包括________、________、________和________。

(2)脉冲宽度调制是一种________方式。

(3)从调制脉冲的极性看,PWM 又可分为________与________控制模式。

(4)模拟信号向 PWM 信号高精度转换的功能称其为________。

(5)STM32 中一共有________个定时器。

2.选择题[(1)—(3)为单选题,(4)—(5)为多选题]

(1)STM32 中有(　　)个看门狗定时器。

A.1　　B.2　　C.3　　D.4

(2)STM32 中有(　　)个系统嘀嗒定时器(SysTick)。

A.1　　B.2　　C.3　　D.4

(3)STM32 中(　　)定时器计数器类型只有上类型。

A.TIM1　　B.TIM2　　C.TIM6　　D.TIM8

(4)STM32 中(　　)定时器计数器类型有上、下、上/下类型。

A.TIM1　　B.TIM2　　C.TIM6　　D.TIM8

(5)传统的信号链电路包括(　　)。

A.模数转换器(ADC)　　B.数模转换器(DAC)

C.运算放大器(OpAmp)　　D.比较器(Comparator)

3.简答题

(1)简述 PWM 的基本概念。

(2)简述 PWM 的工作原理。

(3)简述 STM32 的 PWM 实现过程。

(4)简述 STM32 与 ARM 体系关系。

(5)简述 GPIO 的基本概念。

实训任务

1.硬件设计

请描述出项目 3 实战“汽车电机系统:PWM 控制模块”硬件设计方案。

2.程序设计

编写程序 LEDIO 的初始化,使能 PB,PE 端口时钟的处理,将端口配置为推挽输出,并指定 IO 口速度为 60 MHz。

项目4
实战“汽车仪表解决方案：ADC控制模块”

[项目情境]

进阶的难度虽然有,但是新人小李所在的项目组还是不辱使命,顺利完成了“汽车电机解决方案:PWM 控制模块”的开发实践。部长立即又加了码,要求项目组再接受新的项目指令,体验了 GPIO 和 PWM 外设接口模块后,新任务的难度加大了,要求完成“汽车仪表解决方案:ADC 控制模块”。这次,项目组长要求小李按照典型的汽车电子 A-Spice 规定的开发流程从需求分析到系统设计再到编码实现,完成 ADC 控制模块的设计和实现。

本次需要为新车型设计实现汽车仪表解决方案的 ADC 控制模块,ADC 控制模块的作用是将汽车各种相关参数进行数模转换,提供给仪表系统进行呈现。项目组继续使用之前提供的基于 STM32 的 F10X 系列芯片作为主控 MCU 的实验箱,从而完成对应功能的实现。已知该实验箱上的 MCU 模块提供了光敏传感器模块,最后通过遮挡光敏传感器把 ADC 采集电压值对应的光线强度通过串口打印到 PC 机来验证该模块是否正常工作。基于该项目情境,展开如下具体实施过程。

[需求分析]

结合项目情境,针对“汽车仪表解决方案:ADC 控制模块”整个功能实现的要点,对需要完成的需求,梳理如下:

①明确 STM32 的 F10X 系列 MCU 的 ADC 控制引脚编号;
②明确 ADC 需要使用的对应寄存器;
③完成 ADC 控制光线强度数值变化的操作流程;
④完成基于 MDK-KEIL 的开发工程环境构建;
⑤实现使用 ADC 控制光线强度数值变化的具体编码;
⑥完成工程的编译;
⑦完成程序到实验箱的烧写;
⑧完成结果确认。

汽车仪表盘解决方案-ADC 控制模块项目分析

[学习目标]

◇**知识目标**

①认识 ADC;

②理解 ADC 工作原理;

③熟悉 STM32 的 ADC 的特点;

④掌握查阅芯片手册解决实际问题的方法。

◇**能力目标**

①能独立完成实验箱硬件环境的搭建;

②能进行软件开发工程环境的构建;

③能独立完成软件到实验箱的烧写;

④能使用实验箱完成结果验证。

◇**素质目标**

①激发学生软件开发的兴趣;

②感受基于 MCU 进行实际项目开发的整体过程;

③增强学生理论联系实际的能力;

④提升学生的职业素养与劳动意识;

⑤引导学生用不同的视角分析问题。

◇**项目重点**

①完成软件开发工程环境的构建;

②完成软件到实验箱烧写及结果验证。

◇**项目难点**

①实现 ADC 驱动代码配置和修改;

②实现 ADC 控制光线强度数值变化的功能逻辑。

4.1 任务描述

当 MCU 侧接收到由车身传送的 ADC 控制信号时(如油量变化、车速变化、水温变化等),需要根据 ADC 来转换相关的信号,在汽车仪表上显示对应的信息。本任务将通过程序模拟 MCU 收到电压变化的控制信号,通过操控 ADC 的寄存器,控制电压变化的输出,从而实现使用 ADC 控制电压变化模拟汽车仪表的业务逻辑。

实现过程包括以下内容:

1)任务分析

介绍本任务的启动条件、输入、输出和结束条件;并概要说明完成本任务需要的专业技能和专业知识。

2)知识精讲

介绍完成本任务需要的专业技能和专业知识,包括 ADC 的概念、ADC 工作原理以及 STM32 的 ADC 的特点,为实现任务奠定理论基础。

3)任务实施

在明确任务条件和了解理论基础后，按部就班地完成任务，对应步骤包括：
①明确需要用到的设备和软件工具；
②完成工程的创建；
③完成关键代码的编写；
④完成工程的编译和链接；
⑤完成上机验证。

4.2 任务分析

1)本任务的启动条件

①PC 端启动操作系统，正常连接实验箱的 MCU 开发板；
②实验箱 MCU 开发板处于正常工作状态；
③MDK-KEIL 等必要的 IDE 已经安装完成并能正常启动。

2)本任务的输入/输出

①输入：模拟的电压变化相关信号输入 MCU 中(程序实现)；
②输出：通过 ADC 控制电压变化日志输出光线强度数值到 PC 机。

3)本任务的结束条件

将程序正确烧写到实验箱中，并观察串口助手输出的光线强度变化值及相关日志信息。

4)本任务的实现所需知识与技能

为了帮助读者能够尽快上手实践本任务，“知识精讲”列出了 STM32 的 F10X 系列 ADC 的相关技术和基本知识，这些相关技术和基本知识包括：
①ADC 基本概念；
②ADC 工作原理；
③STM32 的 F10X 系列 ADC 实现过程说明。
通过了解上述 ADC 相关技术和原理，对使用 STM32 完成 ADC 控制模块奠定理论基础，同时能够借此完成“汽车仪表解决方案：ADC 控制模块”任务的实施。

4.3 知识精讲

ADC 是 Analog-to-Digital Converter 的缩写，翻译为“模/数转换器”或者“模数转换器”。ADC 是指将连续变化的模拟信号转换为离散的数字信号的器件。现实生活中，模拟信号(如温度、压力、声音或图像等)需要转换成更容易储存、处理和发射的数字形式。模/数转换器可以实现这一功能，在各种不同的产品中都可以找到它的身影。与之相对应的 DAC(Digital-to-Analog Converter)是 ADC 模数转换的逆向过程。ADC 最早用于对无线信号向数字信号转换，如电视信号、长短波电台发接收等。图 4.1 给出 ADC 概述图。

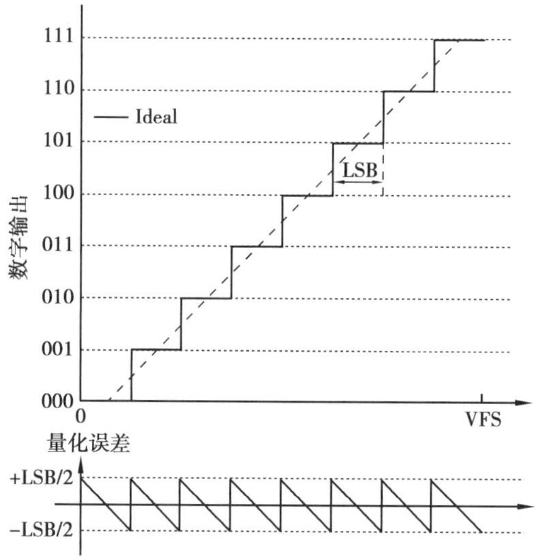

图 4.1　ADC 概述图

量化是通过 ADC 将模拟信号转换为数字信号的过程。因为量化后的数字信号受位数的限制，所以输出的数字信号和采样到的模拟信号会存在误差，被称为量化误差，对于一个 N 位 ADC 来说，如果它的满量程电压为 V_{ref}，则 V_{ref} 会被 ADC 分为 2^N 个区间，区间宽度可以用 LSB 表示，$LSB=V_{ref}/2^N$。

例如，$V_{ref}=8$ V，ADC 为 3 位，LSB=1，所以每个区间为 1V，000 代表电压 $0\leqslant V<1$，001 代表电压 $1\leqslant V<2$，010 代表电压 $2\leqslant V<3$，011 代表电压 $3\leqslant V<4$，100 代表电压 $4\leqslant V<5$，101 代表电压 $5\leqslant V<6$，110 代表电压 $6\leqslant V<7$，111 代表电压 $7\leqslant V<8$，因此，ADC 的分辨率为 1V。

因为 ADC 是将模拟信号转换成数字信号的电路，所以 ADC 的作用是将时间连续、幅值也连续的模拟信号转换为时间离散、幅值也离散的数字信号。因此，A/D 转换一般要经过取样、保持、量化和编码 4 个过程。在实际电路中，这些过程有的是合并进行的，例如，取样和保持、量化和编码往往都是在转换过程中同时实现的。

模拟信号和数字信号是我们使用不同的方法看待同样的信号，从不同的维度可以看到不同的结果。在现实生活中，用不同的视角分析问题的能力是必不可少的。如果只从单方面看待事物，就会成为摸象的“瞎子”，局限在某个角度，却无法理解到事物整体，进而不能理解其本质，更无法更好地应用和发展。人类感知到的通常是持续的变化，例如，温度的上升，色彩的融合，如果这个过程中有许多断点，我们的感受就会失真。试想一下，如果电影中的每一个镜头都要一帧一帧地断电播放，那么电影情节的发展过程就会被拆解得支离破碎，我们就会对内容的了解产生困惑；但从另一个方面讲，在确定的数字点位提供精确信息，在某些环境中却是非常重要的甚至必不可少的。模拟量在传输过程中容易受到干扰，如果用连续值传输，错误的概率几乎无法避免，但是使用精确的数值就可以规避这一问题的产生。

1) ADC 的工作原理

ADC 的工作原理是把输入的模拟信号按规定的时间间隔采样，并与一系列标准的数字信号相比较，数字信号逐次收敛，直至两种信号相等为止。然后显示出代表此信号的二进制数，模拟数字转换器有很多种，如直接的、间接的、高速高精度的、超高速的等。每一种又有许多形式。同模拟数字转换器功能相反的称为数字模拟转换器，也称译码器，它是把数字量转换成连续变化的模拟量的装置，也有很多种形式。图 4.2 给出 STM32 系列 MCU 的 ADC 工作原理示意图。

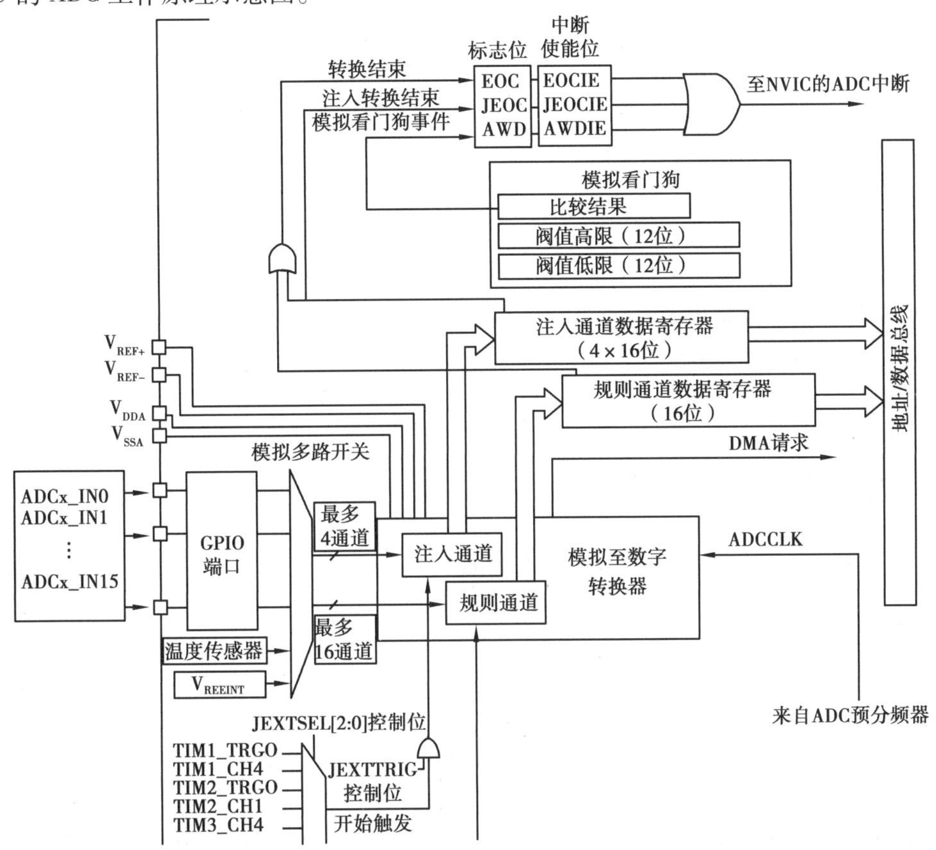

图 4.2　STM32 系列 MCU ADC 工作原理示意图

ADC 工作的基本步骤如下：

(1)采样

用每隔一定时间的信号样值序列来代替原来在时间上连续的信号，也就是在时间上将模拟信号离散化。

(2)量化

用有限个幅度值近似原来连续变化的幅度值，把模拟信号的连续幅度变为有限数量的有一定间隔的离散值。

(3)编码

按照一定的规律，把量化后的值用二进制数字表示，然后转换成二值或多值的数字信号流。

2)STM32 系列 ADC 的特点

STM32 系列 MCU 的 ADC 具有以下特点：

①12 位逐次逼近型模拟数字转换器；

②最多带 3 个 ADC 控制器；

③最多支持 18 个通道，可最多测量 16 个外部和 2 个内部信号源；

④支持单次和连续转换模式；

⑤转换结束，注入转换结果，当发生模拟看门狗事件时产生中断；

⑥通道 0 到通道 n 的自动扫描模式；

⑦自动校准；

⑧采样间隔可按通道编程；

⑨规则通道和注入通道均有外部触发选项；

⑩转换结果支持左对齐或右对齐方式，存储在 16 位数据存储器中；

⑪ADC 转换时间：最大转换速率 1 μs（最大转换速度为 1 MHz，在 ADCCLK = 14 M，采样周期为 1.5 个 ADC 时钟下得到）；

⑫ADC 供电要求：2.4~3.6 V；

⑬ADC 输入范围：$V_{REF-} \leqslant V_{IN} \leqslant V_{REF+}$。

4.4 任务实施

汽车仪表盘解决方案-ADC 控制模块项目实施

1)需要用到的设备和软件工具

为了完成本任务，需要用到的设备和软件包括：

(1)硬件环境准备

①工程搭建、编译和构建用的 PC 1 台，包括与 ST-Link 连接用的 USB 线缆 1 条；

②ST-Link 仿真调试器，包括与 PC 连接用的 USB 线缆 1 条（和 PC 共用）；

③实验箱“智能网联系统开发平台”1 台、电源线 1 条、串口线 1 条、与 ST-Link 连接用的排线 1 条。

连接关系示意图，如图 4.3 所示。

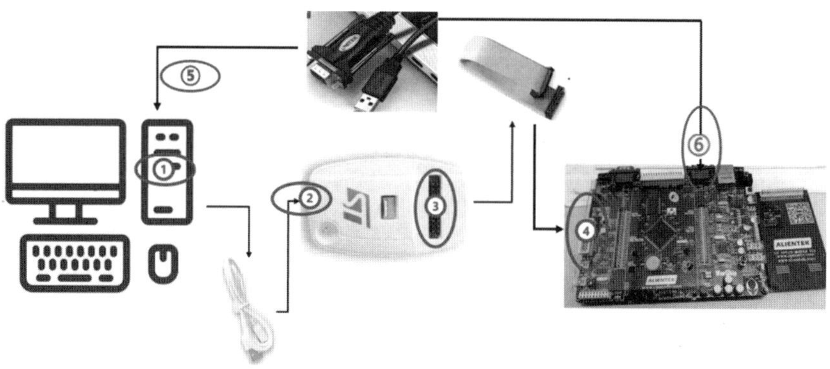

图 4.3　连接关系示意图

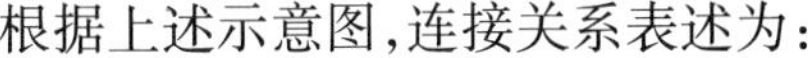

根据上述示意图，连接关系表述为：

①通过 USB 线缆连接 PC 和 ST-Link（图中①→②）；

②通过排线连接 ST-Link 和实验箱中的 STM32 MCU 开发板（图中③→④）；

③通过串口线连接 PC 和实验箱中的 STM32 MCU 开发板（图中⑤→⑥）。

（2）软件环境准备

根据本书“1.7 搭建开发环境”中的任务 1.7.1，在 PC 上安装 MDK-KEIL 集成开发环境。

准备好上述软硬件环境后，就可以开启后续的任务了。

①工程解压。解压 ADC_Demo.zip 文件到非系统盘的根目录下（如 D 盘），注意不要包含中文路径即可，如图 4.4 所示。

ADC_Demo	2023-01-17 14:52	文件夹

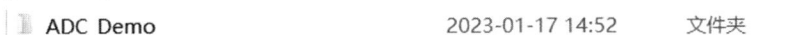

图 4.4　ADC_Demo 文件夹

双击解压后的工程文件，可以一览工程文件目录全貌，如图 4.5 所示。

› 此电脑 › DATA (D:) › Temps › 3 › ADC_Demo

名称	修改日期	类型
CORE	2022/4/3 14:35	文件夹
HARDWARE	2022/4/3 14:35	文件夹
OBJ	2022/4/3 14:35	文件夹
STM32F10x_FWLib	2022/4/3 14:35	文件夹
SYSTEM	2022/4/3 14:35	文件夹
USER	2022/4/3 14:35	文件夹

图 4.5　ADC_Demo 工程文件目录全貌

②工程加载。双击解压后的工程文件，打开 USER 文件夹，使用 MDK-KEIL 加载工程，如图 4.6 和图 4.7 所示。

名称	修改日期	类型	大小
DebugConfig	2022-11-28 17:55	文件夹	
JLinkSettings.ini	2015-03-12 22:49	配置设置	1 KB
LSENS.map	2022-11-13 14:31	VisualStudio.ma...	106 KB
LSENS.uvguix.28560	2022-12-01 14:14	28560 文件	71 KB
LSENS.uvguix.86136	2022-11-13 14:35	86136 文件	71 KB
LSENS.uvguix.Administrator	2015-08-13 11:09	ADMINISTRATO...	69 KB
LSENS.uvoptx	2022-11-28 18:09	UVOPTX 文件	16 KB
LSENS.uvprojx	2022-11-28 18:09	礦ision5 Project	20 KB
main.c	2022-11-13 14:31	C Source File	1 KB
startup_stm32f10x_hd.lst	2022-11-13 14:31	VisualStudio.lst....	50 KB
stm32f10x.h	2011-03-10 10:51	C Header File	620 KB
stm32f10x_conf.h	2015-03-12 21:09	C Header File	4 KB
stm32f10x_it.c	2011-11-13 1:28	C Source File	3 KB
stm32f10x_it.h	2011-04-04 18:57	C Header File	2 KB
system_stm32f10x.c	2011-04-04 18:57	C Source File	36 KB
system_stm32f10x.h	2011-03-10 10:51	C Header File	3 KB

图 4.6　工程配置文件说明

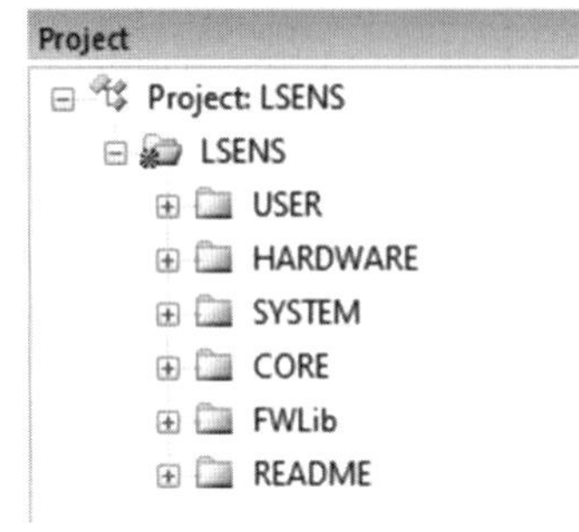

图 4.7　使用 MDK-KEIL 加载工程文件

③工程目录详细分析。如图 4.7 所示为加载后的工程,对整个工程目录依次进行注解如下:

a.USR:包含 3 个文件,即 main.c,stm32f10x_it.c 和 system_stm32f10x.c。这 3 个文件包含了 STM32F10X 系列 MCU 的中断向量附表的实现(stm32f10x_it.c,芯片厂商提供,没有特殊需求无须修改)、STM32F10X 系列 MCU 的基本系统设置(system_stm32f10x.c,芯片厂商提供,没有特殊需求无须修改),以及整个工程实现的主体入口(main.c)。

b.HARDWARE:包含 4 个文件,即 led.c,key.c,timer.c 和 adc.c。主要作用是提供 LED 的驱动初始化功能、key 的驱动初始化等功能、timer 的驱动初始化等功能、ADC 的驱动初始化功能。

c.SYSTEM:包含 3 个文件,即 delay.c,sys.c 和 usart.c。主要作用是为 MCU 提供延时功能、中断向量设置功能以及通用同步/异步串行接收/发送功能。

d.CORE:包含两个文件,即 core_cm3.c 和 startup_stm32f10x_hd.s。主要作用 STM32F103 系列 MCU 的核心功能实现(core_cm3.c)和启动控制功能(startup_stm32f10x_hd.s),是由 ARM 提供的开源模块(不需用户做任何修改)。

e.FWLib:包含 6 个文件,即 misc.c,stm32f10x_gpio.c,stm32f10x_rcc.c,stm32f10x_tim.c,stm32f10x_usart.c 和 stm32f10x_adc.c。主要作用是为不同外设提供对应的驱动支持。这些驱动包括 misc(杂项设备)控制驱动、GPIO 驱动、RCC 驱动、定时器控制驱动、USART 驱动以及 ADC 驱动等(由 ST 公司提供的标准库,无须修改)。

④应用开发实操。在上述工程既有的基础上,针对 MCU 的应用层程序进行理解和修改,使其满足目前项目的需求。编写 HARDWARE 文件夹中的 led.c 文件、key.c 文件、timer.c文件和 adc.c 文件,作用参考上述工程目录注解中的 HARDWARE 部分。

如图 4.8 方框所示,需要编写的目标源文件是:led.c,key.c,lcd.c,adc.c 和 lsens.c。

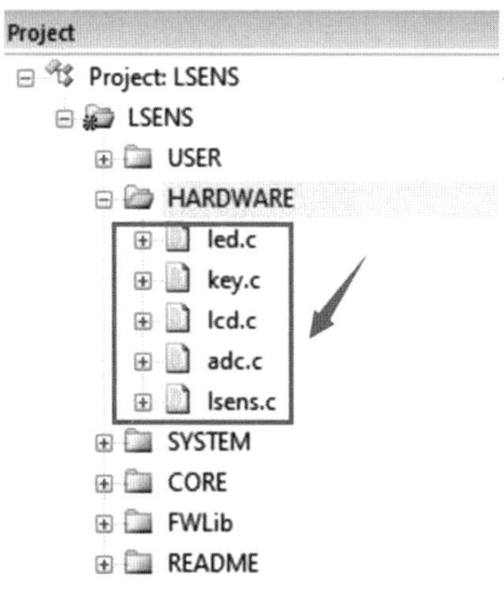

图 4.8　需要编写的目标源文件示意图

2）编辑 led.c 文件

该源文件涉及代码的主要作用是：提供板载 LED 的驱动初功能，主要负责 LED 设备的初始化。初始化目标包括：LEDIO 的初始化，使能 PB 和 PE 端口时钟的处理，将端口配置为推挽输出，并指定 IO 口速度为 50 MHz，然后，根据设定参数初始化 GPIOB.5，将 LED1-->PE.5 端口配置为推挽输出。

LED_Init(void)函数的主要作用是提供 LED 驱动代码，初始化 PB5 和 PE5 为输出口，并使能这两个口的时钟，根据设定参数初始化等设置。

```
#include "led.h"
//LED 驱动代码
//版本：V1.0
//初始化 PB5 和 PE5 为输出口，并使能这两个口的时钟
//LED IO 初始化
void LED_Init(void)
{
GPIO_InitTypeDef  GPIO_InitStructure;
RCC_APB2PeriphClockCmd(RCC_APB2Periph_GPIOB|RCC_APB2Periph_GPIOE,
ENABLE);//使能 PB 和 PE 端口时钟
GPIO_InitStructure.GPIO_Pin=GPIO_Pin_5;//LED0-->PB.5 端口配置
GPIO_InitStructure.GPIO_Mode=GPIO_Mode_Out_PP;//推挽输出
GPIO_InitStructure.GPIO_Speed=GPIO_Speed_50 MHz;//IO 口速度为 50 MHz
GPIO_Init(GPIOB,&GPIO_InitStructure);//根据设定参数初始化 GPIOB.5
GPIO_SetBits(GPIOB,GPIO_Pin_5);//PB.5 输出高
GPIO_InitStructure.GPIO_Pin=GPIO_Pin_5;//LED1-->PE.5 端口配置，推挽输出
GPIO_Init(GPIOE,&GPIO_InitStructure);//推挽输出，IO 口速度为 50 MHz
GPIO_SetBits(GPIOE,GPIO_Pin_5);//PE.5 输出高
}
```

3）编辑 adc.c 文件

该源文件涉及代码的主要作用是：提供 ADC 外设接口的驱动初始化以及获取当前 ADC 数据的功能。具体为使能 ADC 的通道时钟，并设置 ADC 为 6 分频（12 MHz，最大不能超过 14 MHz）。PA1 作为模拟通道输入引脚，将 ADC 的工作模式设置为独立工作模式，同时还支持 ADC 校准。

T_Adc_Init(void)函数的主要功能是初始化 ADC，以规则通道为例，默认只开启通道 0~3。

```
#include "delay.h"
#include "sys.h"
```

```
//////////////////////////////////////////////////////////////////////////
//ADC 代码
//版本:V1.0
//////////////////////////////////////////////////////////////////////////
//初始化 ADC
//这里仅以规则通道为例
//我们默认将开启通道 0~3
void T_Adc_Init(void)//ADC 通道初始化
{
        ADC_InitTypeDef ADC_InitStructure;
        RCC_APB2PeriphClockCmd(RCC_APB2Periph_GPIOA |RCC_APB2Periph_
ADC1,ENABLE);//使能 GPIOA,ADC1 通道时钟
        RCC_ADCCLKConfig(RCC_PCLK2_Div6);//分频因子 6 时钟为 72 M/6=12 MHz
        ADC_DeInit(ADC1);//将外设 ADC1 的全部寄存器重设为缺省值
        ADC_InitStructure.ADC_Mode=ADC_Mode_Independent;
        //ADC 工作模式:ADC1 和 ADC2 工作在独立模式
        ADC_InitStructure.ADC_ScanConvMode=DISABLE;
        //模数转换工作在单通道模式
        ADC_InitStructure.ADC_ContinuousConvMode=DISABLE;
        //模数转换工作在单次转换模式
        ADC_InitStructure.ADC_ExternalTrigConv=ADC_ExternalTrigConv_None;
        //转换由软件而不是外部触发启动
        ADC_InitStructure.ADC_DataAlign=ADC_DataAlign_Right;//ADC 数据右对齐
        ADC_InitStructure.ADC_NbrOfChannel=1;//顺序进行规则转换的 ADC 通道的
                                              数目
        ADC_Init(ADC1,&ADC_InitStructure);//根据 ADC_InitStruct 中指定的参数初
                                          始化外设 ADCx 的寄存器
        ADC_TempSensorVrefintCmd(ENABLE);//开启内部温度传感器
        ADC_Cmd(ADC1,ENABLE);//使能指定的 ADC1
        ADC_ResetCalibration(ADC1);//重置指定的 ADC1 的复位寄存器
    while(ADC_GetResetCalibrationStatus(ADC1));//获取 ADC1 重置校准寄存器的
                                                状态,设置状态则等待
        ADC_StartCalibration(ADC1);
        while(ADC_GetCalibrationStatus(ADC1));//获取指定 ADC1 的校准程序,设
                                              置状态则等待
}
u16 T_Get_Adc(u8 ch)
        {
```

```
        ADC_RegularChannelConfig(ADC1,ch,1,ADC_SampleTime_239Cycles5);
        //ADC1,ADC 通道 3,第一个转换,采样时间为 239.5 周期
        ADC_SoftwareStartConvCmd(ADC1,ENABLE);//使能指定的 ADC1 的软件转
                                              换启动功能
        while(!ADC_GetFlagStatus(ADC1,ADC_FLAG_EOC));//等待转换结束
        return ADC_GetConversionValue(ADC1);//返回最近一次 ADC1 规则组的转换
                                          结果
        }
//得到 ADC 采样内部温度传感器的值
//取 10 次,然后平均
u16 T_Get_Temp(void)
        {
        u16 temp_val=0;
        u8 t;
        for(t=0;t<10;t++)
          {
          temp_val+=T_Get_Adc(ADC_Channel_16);//TampSensor
          delay_ms(5);
          }
        return temp_val/10;
        }
//获取通道 ch 的转换值
//取 times 次,然后平均
u16 T_Get_Adc_Average(u8 ch,u8 times)
{
        u32 temp_val=0;
        u8 t;
        for(t=0;t<times;t++)
        {
          temp_val+=T_Get_Adc(ch);
          delay_ms(5);
        }
        return temp_val/times;
}
//得到温度值
//返回值:温度值(扩大了 100 倍,单位:℃)
short Get_Temprate(void)//获取内部温度传感器温度值
{
```

```
    u32 adcx;
    short result;
    double temperate;
    adcx=T_Get_Adc_Average(ADC_Channel_16,20);//读取通道 16,20 次取平均
    temperate=(float)adcx * (3.3/4096);//电压值
    temperate=(1.43-temperate)/0.0043+25;//转换为温度值
    result=temperate * =100;//扩大 100 倍
    return result;
}
//初始化 ADC3
//这里仅以规则通道为例
//开启通道 6
void Adc3_Init(void)
{
    ADC_InitTypeDef ADC_InitStructure;
    RCC_APB2PeriphClockCmd(RCC_APB2Periph_ADC3,ENABLE);
    //使能 ADC3 通道时钟
    RCC_APB2PeriphResetCmd(RCC_APB2Periph_ADC3,ENABLE);//ADC 复位
    RCC_APB2PeriphResetCmd(RCC_APB2Periph_ADC3,DISABLE);//复位结束
    ADC_DeInit(ADC3);//复位 ADC3,将外设 ADC3 的全部寄存器重设为缺省值
    ADC_InitStructure.ADC_Mode=ADC_Mode_Independent;//ADC 工作模式:独立
                                                    模式
    ADC_InitStructure.ADC_ScanConvMode=DISABLE;//模数转换工作在单通道
                                               模式
    ADC_InitStructure.ADC_ContinuousConvMode=DISABLE;
    //模数转换工作在单次转换模式
    ADC_InitStructure.ADC_ExternalTrigConv=ADC_ExternalTrigConv_None;
    //转换由软件而不是外部触发启动
    ADC_InitStructure.ADC_DataAlign=ADC_DataAlign_Right;//ADC 数据右对齐
    ADC_InitStructure.ADC_NbrOfChannel=1;//顺序进行规则转换的 ADC 通道的
                                         数目
    ADC_Init(ADC3,&ADC_InitStructure);//根据 ADC_InitStruct 中指定的参数初
                                      始化外设 ADCx 的寄存器
    ADC_Cmd(ADC3,ENABLE);//使能指定的 ADC3
    ADC_ResetCalibration(ADC3);//使能复位校准
    while(ADC_GetResetCalibrationStatus(ADC3));//等待复位校准结束
    ADC_StartCalibration(ADC3);//开启 AD 校准
    while(ADC_GetCalibrationStatus(ADC3));//等待校准结束
```

```
}
```

Get_Adc3(u8 ch)函数的功能是获得 ADC3 的值,ch:通道值为 0~16。

```
//获得 ADC3 的某个通道值
//ch:通道值为 0~16
//返回值:转换结果
u16 Get_Adc3(u8 ch)
{
  //设置指定 ADC 的规则组通道,一个序列,采样时间
      ADC_RegularChannelConfig(ADC3,ch,1,ADC_SampleTime_239Cycles5);
      //ADC3,ADC 通道,采样时间为 239.5 个周期
      ADC_SoftwareStartConvCmd(ADC3,ENABLE);//使能指定的 ADC3 的软件转
                                              换启动功能
      while(!ADC_GetFlagStatus(ADC3,ADC_FLAG_EOC));//等待转换结束
      return ADC_GetConversionValue(ADC3);//返回最近一次 ADC3 规则组的转换
                                          结果
}
```

4)编辑 Lsens.c 文件

该源文件涉及代码的主要作用是:提供光敏传感器的驱动初始化以及读取光敏传感器值的功能。初始化包括:使能 PORTF 时钟、PF8 输入和模拟输入引脚。读取光敏传感器值包括:读取 ADC 的值和得到平均值并返回结果。

Lsens_Init(void)函数的作用是初始化光敏传感器。Lsens_Get_Val(void)的作用是读取光敏传感器的值。

```
#include "lsens.h"
#include "delay.h"
///////////////////////////////////////////////////////////////////////
//Lsens 驱动代码
//版本:V1.0
///////////////////////////////////////////////////////////////////////
//初始化光敏传感器
void Lsens_Init(void)
{
      GPIO_InitTypeDef GPIO_InitStructure;
      RCC_APB2PeriphClockCmd(RCC_APB2Periph_GPIOF,ENABLE);
      //使能 PORTF 时钟
      GPIO_InitStructure.GPIO_Pin=GPIO_Pin_8;//PF8 anolog 输入
      GPIO_InitStructure.GPIO_Mode=GPIO_Mode_AIN;//模拟输入引脚
      GPIO_Init(GPIOF,&GPIO_InitStructure);
```

```
        Adc3_Init( );
}
//读取 Light Sens 的值
//0~100:0,最暗;100,最亮
u8 Lsens_Get_Val(void)
{
        u32 temp_val=0;
        u8 t;
        for(t=0;t<LSENS_READ_TIMES;t++)
        {
            temp_val+=Get_Adc3(LSENS_ADC_CHX);//读取 ADC 值
            delay_ms(5);
        }
        temp_val/=LSENS_READ_TIMES;//得到平均值
        if(temp_val>4000)temp_val=4000;
        return(u8)(100-(temp_val/40));
}
```

5)编辑 main.c 文件

编写 USER 文件夹中的 main.c 文件。该文件主要实现本项目的业务逻辑。具体文件如图 4.9 所示。

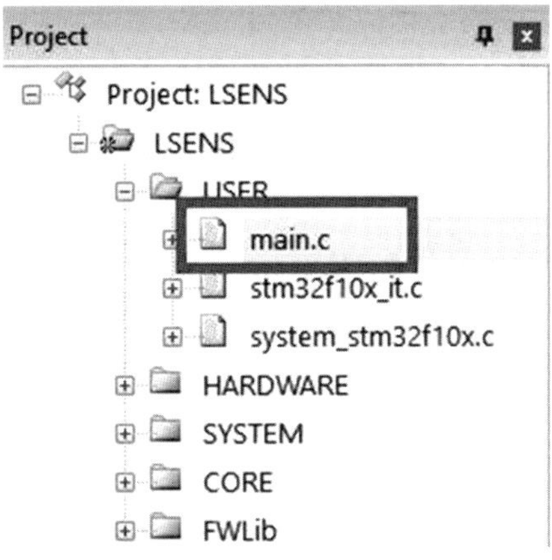

图 4.9　main.c 所在位置示意图

main(void)函数为主运行函数,主要实现了延时函数初始化、设置 NVIC 中断分组 2：2位抢占优先级(2 位响应优先级),调用 PWM 初始化接口,从而实现整个业务逻辑。

```
#include "led.h"
#include "delay.h"
#include "sys.h"
#include "usart.h"
```

```
#include "adc.h"
#include "lsens.h"
////////////////////////////////////////////////////////////////////////////////
//main 代码
//版本:V1.0
////////////////////////////////////////////////////////////////////////////////
int main(void)
 {
       u8 adcx;
       delay_init();//延时函数初始化
       NVIC_PriorityGroupConfig(NVIC_PriorityGroup_2);
       //设置中断优先级分组为组2:2位抢占优先级,2 位响应优先级
       RS485_Init(115200);//串口初始化为 115200
       LED_Init();//初始化与 LED 连接的硬件接口
       Lsens_Init();//初始化光敏传感器
       //显示提示信息
       while(1)
       {
           adcx=Lsens_Get_Val();
           printf("light=%d\r\n",adcx);
           LED0=!LED0;
           delay_ms(1000);
       }
}
```

6)部署及运行

汽车仪表盘解决方案-ADC 控制模块项目调试与总结

(1)工程编译

完成上述配置后,就可以编译工程了。编译的开关(图中①)和编译结果(图中②),如图 4.10 所示。

(2)下载程序到 MCU

连接 ST-Link 仿真器,在 COM2 口连接串口线,如图 4.11 所示。

指定仿真器型号选项,并使用 ST-Link 仿真器及串口线连接 PC 和实验箱的 MCU 侧。设置好仿真器型号和选项后,单击下载程序,如图 4.12 所示。

(3)打开串口助手

打开串口助手,设置波特率为 115 200,如图 4.13 所示。

```
//初始化光敏传感器
void Lsens_Init(void)
{
  GPIO_InitTypeDef GPIO_InitStructure;

  RCC_APB2PeriphClockCmd(RCC_APB2Periph_GPIOF,ENABLE);//使能PORTF时钟

  GPIO_InitStructure.GPIO_Pin = GPIO_Pin_8;//PF8 anolog输入
  GPIO_InitStructure.GPIO_Mode = GPIO_Mode_AIN;   //模拟输入引脚
  GPIO_Init(GPIOF, &GPIO_InitStructure);
  Adc3_Init();
}
//读取Light Sens的值
//0~100:0,最暗;100,最亮
u8 Lsens_Get_Val(void)
{
  u32 temp_val=0;
  u8 t;
  for(t=0;t<LSENS_READ_TIMES;t++)
  {
    temp_val+=Get_Adc3(LSENS_ADC_CHX);  //读取ADC值
    delay_ms(5);
  }
  temp_val/=LSENS_READ_TIMES;//得到平均值
  if(temp_val>4000)temp_val=4000;
  return (u8)(100-(temp_val/40));
}
```

```
Build target 'LSENS'
"..\OBJ\LSENS.axf" - 0 Error(s), 0 Warning(s).
Build Time Elapsed:  00:00:00
```

图 4.10　工程编译

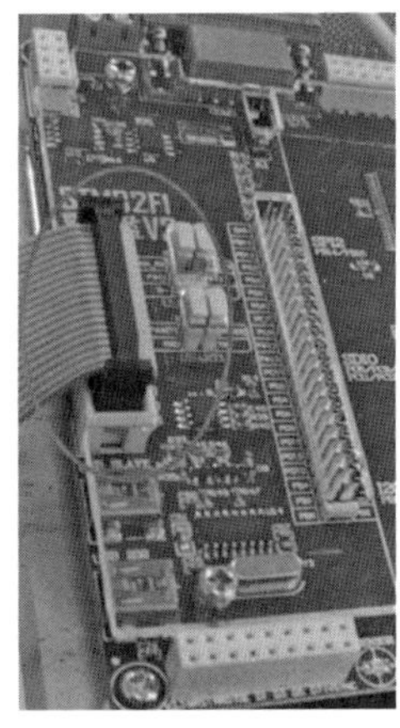

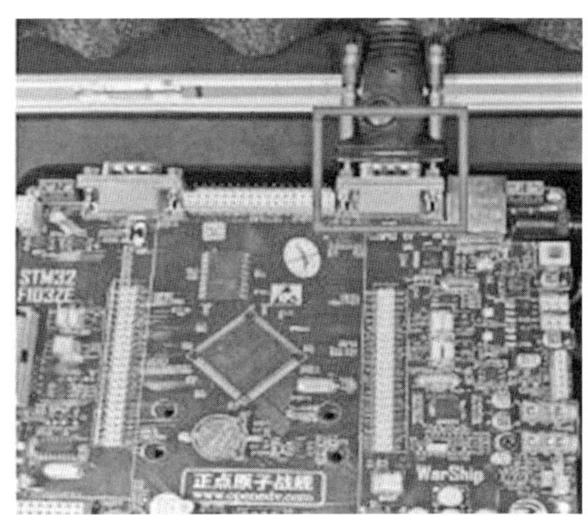

图 4.11　连接 ST-Link 仿真器及串口线

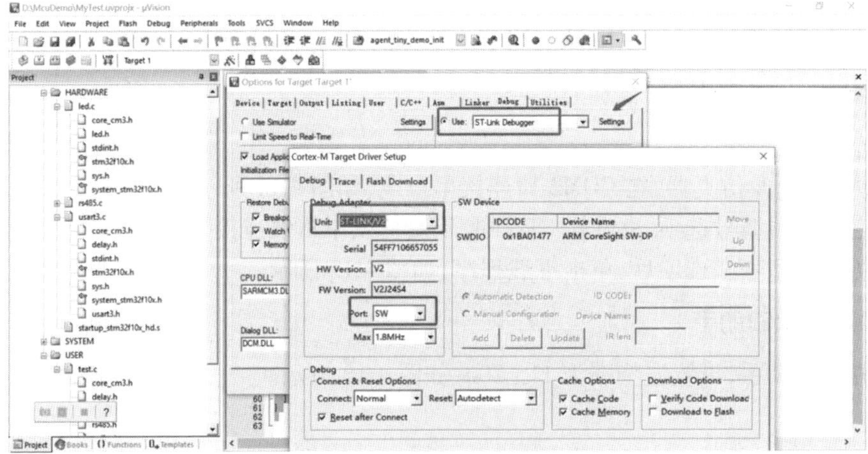

图 4.12　设置仿真器程序下载

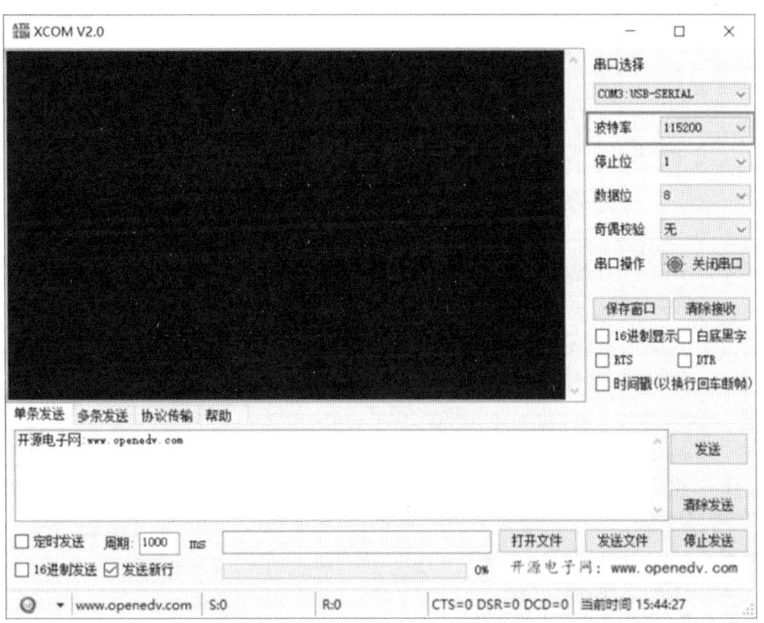

图 4.13 设置串口助手波特率

(4)运行结果

①操作:烧写代码,并重启 MCU。用手遮挡光敏传感器,查看 PC 端 XCOM 接收到传感器模拟电压值 ADC 转换后的光线强度是否改变。

②现象:在未遮挡的情况下,XCOM 接收到的 ADC 转换后的光线强度数值较高;在有遮挡的情况下,XCOM 中接收到的光线强度数值较低(值越大,当前环境的亮度就越高,最高为 100,最低为 0)。

运行结果如图 4.14 所示。

图 4.14 运行结果

4.5 任务评价

实战“汽车仪表解决方案:ADC 控制模块”项目评价单

姓名:________ 学号:________ 考核人:________ 总分:________

序号	工作任务	考核技能点	学生自评	小组互评	教师评价	分值/分	得分/分
1	需求分析	产品需求说明文档规范性、完整性、正确性和清晰性				15	
2	系统设计	能进行基本的产品功能设计、组织结构设计、模块划分及接口设计				15	
3	硬件准备	①能搭建硬件环境; ②能正确识读原理图				15	
4	软件设计	①能绘制软件流程图; ②能制定函数结构及变量命令规则; ③会查阅芯片手册; ④编码具体函数接口; ⑤实现完整代码				20	
5	软硬联调	①能正确上电; ②能烧录代码; ③能对错误进行调试; ④功能实现				20	
6	综合素养	①遵守工作时间; ②注重用电安全; ③注意程序编写规范; ④能够根据任务要求,自主查阅资料; ⑤具有团队意识,小组成员取长补短,相互协作; ⑥具有劳动意识和创新意识				15	
总分						100	

[归纳总结]

通过本项目的实践,从工程构建开始到PWM模块的功能实现,分别学习了：

①ADC的基本工作原理；

②STM32的F10X系列MCU配置参数；

③实现ADC功能逻辑；

④工程编译和运行；

⑤实验箱结果确认方法。

通过对上述内容的学习和掌握,为今后使用ADC进行相关问题的分析和解决奠定基础。

练习实训

知识过关

1.填空题

(1)被称为模/数转换器或者模数转换器的是:________。

(2)A/D转换一般要经过________、________、________、________4个过程。

(3)STM32系列MCU的ADC供电要求________。

(4)STM32系列MCU的ADC输入范围________。

(5)STM32系列MCU的ADC采样间隔可以按________编程。

2.选择题[(1)—(3)为单选题,(4)—(5)为多选题]

(1)STM32系列最多带(　　)个ADC控制器。

A.1　　B.2　　C.3　　D.4

(2)STM32系列ADC转换时间最大转换速率为(　　)。

A.2 μs　　B.1 μs　　C.5 μs　　D.4 μs

(3)STM32系列MCU的ADC最多支持(　　)个通道。

A.18　　B.14　　C.10　　D.16

(4)STM32系列MCU的ADC支持(　　)模式。

A.单次　　B.连续　　C.3次　　D.8次

(5)ADC工作步骤包括(　　)。

A.采样　　B.量化　　C.编码　　D.测试

3.简答题

(1)简述ADC的基本概念。

(2)简述ADC的工作原理。

(3)简述STM32系列ADC的转换时间。

实训任务

1.硬件设计

请描述项目 3 实战“汽车仪表解决方案:ADC 控制模块”的硬件设计方案。

2.程序设计

编写程序 Get_Adc(u8 ch)函数的功能是获得 ADC 值,ch:通道值为 0~3。

项目5
实战“汽车外接诊断系统：USB控制模块”

[项目情境]

随着前三个项目的磨炼，小李所在的项目组的技术能力和项目开发能力取得了长足进步。部长看在眼里，乐在心里。这种循序渐进式的项目训练，能使新人短时间内在技术能力和项目实施能力上得到飞速提升。部长又提升了难度，继续要求项目组完成“汽车外接诊断系统：USB 控制模块”。这次，项目组长还是要求小李按照典型的汽车电子 A-Spice 规定的开发流程从需求分析到系统设计再到编码实现，完成 USB 控制模块的设计和实现。

本次需要为新车型设计实现的汽车外接诊断系统的 USB 控制模块，通过 USB 控制模块来模拟连接汽车外接的诊断系统。目前，汽车上的主要外接诊断接口有 OBD 接口和 USB 接口等，各类车型均相应地提供了 OBD 向 USB 接口的转换，未来，汽车外接诊断系统的接口趋于转向 USB 接口类型。项目组继续使用之前提供的基于 STM32 的 F10X 系列芯片作为主控 MCU 的实验箱，从而完成对应功能的实现。已知该实验箱上的 MCU 模块提供了 USB 控制模块。除了使用实验箱上的 LED 灯来表示 USB 设备的接续情况，本项目的验证结果也会通过在 XCOM 中打印对应日志来验证，进而展开如下具体实施过程。

[需求分析]

结合项目情境，针对“汽车外接诊断系统：USB 控制模块”整个功能实现的要点，对需要完成的需求，梳理如下：

①明确 STM32 的 F10X 系列 MCU 的 USB 控制引脚编号；
②明确 USB 需要使用的对应寄存器；
③完成 USB 控制外接 I/O 设备的操作流程；
④完成基于 MDK-KEIL 的开发工程环境构建；
⑤实现使用 USB 串口通信的具体编码；
⑥完成工程的编译；
⑦完成程序到实验箱的烧写；
⑧完成结果确认。

汽车外接诊断系统-USB 控制模块项目分析

[学习目标]

◇知识目标

①认识 USB;

②理解 USB 电气特性;

③熟悉 USB 设备分类;

④理解 USB 工作原理;

⑤掌握查阅芯片手册解决实际问题的方法。

◇能力目标

①能独立完成实验箱硬件环境的搭建;

②能进行软件开发工程环境的构建;

③能独立完成软件到实验箱的烧写;

④能使用实验箱完成结果验证。

◇素质目标

①激发学生学习软件开发的兴趣;

②感受基于 MCU 进行实际项目开发的整体过程;

③增强学生理论联系实际的能力;

④提升学生学以致用的水平;

⑤提升学生对压力与情绪管理的认识。

◇项目重点

①完成软件开发工程环境构建;

②完成软件到实验箱烧写以及结果验证。

◇项目难点

①实现 USB 驱动代码配置和修改;

②实现 USB 控制外接 I/O 设备的功能逻辑;

③实现使用第三方 USB 库对接 USB 的功能。

5.1 任务描述

当有外接 USB 设备接入 STM32 的 F10X 系列 MCU 开发板上时,将触发 USB 外接设备中断。本任务将通过程序实现外接 USB 设备接入开发板,通过操控 USB 寄存器,完成外接 USB 设备识别和使用业务逻辑,从而实现使用 USB 控制外接 USB 设备来模拟汽车外接诊断系统对接 USB 设备模块的工作。

实现过程包括以下内容:

1)任务分析

介绍本任务的启动条件,输入和输出、结束条件;并概要说明完成本任务需要的专业技能和专业知识。

2）知识精讲

介绍完成本任务需要的专业技能和专业知识，包括 USB 的概念、USB 的工作原理、USB 的电器特性以及 USB 的设备分类，为实现任务奠定理论基础。

3）任务实施

在明确任务条件和了解理论基础后，按部就班地完成任务，对应步骤包括：
①明确需要用到的设备和软件工具；
②完成工程的创建；
③完成关键代码的编写；
④完成工程的编译和链接；
⑤完成上机验证。

5.2 任务分析

1）本任务的启动条件

①PC 端启动操作系统，正常连接实验箱的 MCU 开发板；
②实验箱 MCU 开发板处于正常工作状态；
③MDK-KEIL 等必要的 IDE 已经安装完成并能正确启动。

2）本任务的输入/输出

①输入：USB 外接设备插入 STM32 的 MCU 开发板；

②输出：USB 控制外接 USB 设备的拔插等业务，通过日志输出到串口助手以及 LED 的亮灭表示。

3）本任务的结束条件

将程序正确烧写到实验箱中，并观察串口助手输出的相关信息和 LED 亮灭状态。

4）本任务的实现所需技能与知识

①USB 基本概念；
②USB 电器特性；
③USB 设备分类；
④USB 工作原理。

5.3 知识精讲

1）USB 的概念

USB 是 Universal Serial Bus 的缩写，中文名为通用串行总线。USB 设备最显著的优点是具有热插拔功能、传输速率快。USB 是主从结构的系统,具有主机和设备这两个角色,即 Host 和 Device。此外,还有两类特殊的 USB 设备,分别是 USB 集线器设备(USB Hub)和 USB OTG 设备。

USB 目前的协议版本有 USB1.0,USB1.1,USB2.0,USB3.0。USB1.0 和 USB1.1 只有低速模式(Low-Speed Mode)和全速模式(Full-Speed Mode)。理论上,最大传输速率分别为 1.5 MB/s和 12 MB/s。USB2.0 引入了传输速度更快的高速模式(High-Speed Mode),理论上最大传输速率为 480 MB/s。而 USB3.0 在速度的提升上,实现了重大飞跃,最大传输速率理论值高达 5 GB/s。需要注意的是,这些都是理论值,在实际开发过程中,很难达到这些理论值(需要自己去做性能上的优化)。

在实际开发过程中,不同的传输类型有不同的传输速率,每一次数据交互,都是一个相当复杂的过程,有令牌包的解析、数据包的传输、握手包的回应等,这些都是额外的消耗,因此,传输速度是不可能达到理论值的。USB 有 4 种传输类型,分别是控制传输、中断传输、块传输、等时传输。图 5.1 给出 USB 标准接口图。

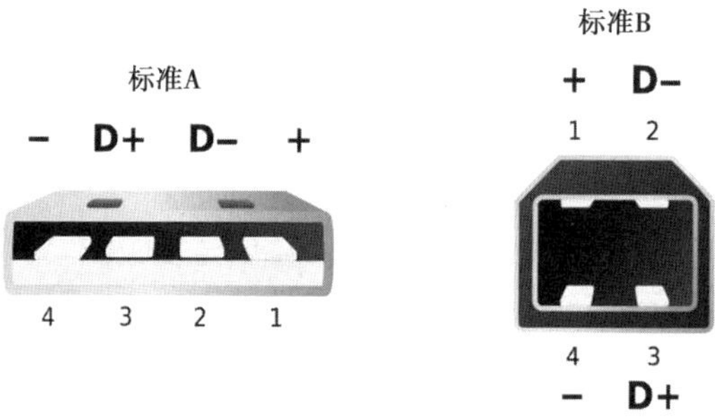

图 5.1 USB 标准接口图

2) USB 电气特性

如图 5.1 所示,根据不同的接口定义,USB 使用差分传输模式,有两条数据线,分别是 USB 数据正信号线和 USB 数据负信号线。

①USB 数据正信号线,USB Data Positive,即 USB-DP 线,简写为 D+。

②USB 数据负信号线,USB Data Minus,即 USB-DM 线,简写为 D−。

③剩下的就是电源线(5 V-Vbus)和地线(GND)。

主机的 D+和 D−都接有 15 kΩ 的下拉电阻;全速 USB 设备的数据线 D+接有 1.5 kΩ 的上拉电阻,一旦接入主机,主机的 D+将被拉高;低速 USB 设备的数据线 D−接有 1.5 kΩ 的上拉电阻,一旦接入主机,主机的 D−也会被拉高。因此,主机就可以根据检测到自己的 D+为高还是 D−为高,从而判断接入的设备是一个全速设备还是低速设备。硬件结构图如图 5.2 所示。

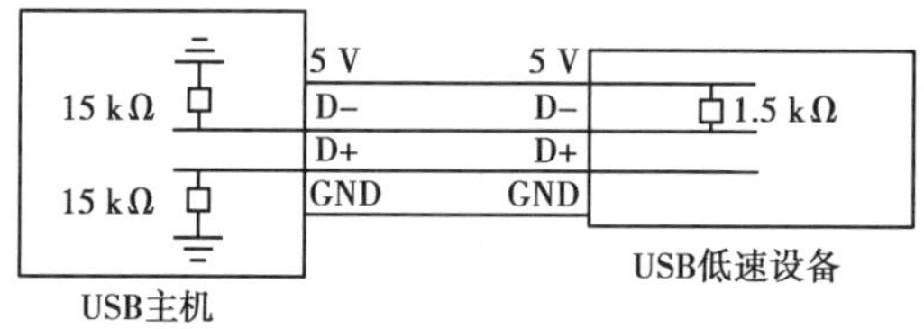

图 5.2 USB 识别结构图

全速设备/高速设备：硬件部分能区分低速和全速设备，软件协议上能区分高速和全速设备，刚开始接入设备时，识别为全速模式，但是设备支持高速，此时会通过某个协议向主机通告，如果主机也支持高速，那么两者就会工作在高速模式下；反之，则工作在全速模式下。

3) USB 设备分类

不同的类有不同的用途，不同的应用场合对应不同的产品形态。有自己特殊的描述符，如对 HID 类，有报告描述符。有自己特殊的类请求，如 UAC 的设置音量请求。具体的 USB 设备分类如图 5.3 所示。

Base Class	Descriptor Usage	Description
00h	Device	Use class information in the Interface Descriptors
01h	Interface	Audio
02h	Both	Communications and CDC Control
03h	Interface	HID (Human Interface Device)
05h	Interface	Physical
06h	Interface	Image
07h	Interface	Printer
08h	Interface	Mass Storage
09h	Device	Hub
0Ah	Interface	CDC-Data
0Bh	Interface	Smart Card
0Dh	Interface	Content Security
0Eh	Interface	Video
0Fh	Interface	Personal Healthcare
DCh	Both	Diagnostic Device
E0h	Interface	Wireless Controller
EFh	Both	Miscellaneous
FEh	Interface	Application Specific
FFh	Both	Vendor Specific

图 5.3　USB 设备分类

4) USB 工作原理

具体的 USB 工作原理主要体现在其识别过程上。其实还要从图 5.1 展开。在 USB 的原理图设计时，必须给 D+端和 D−端接上两个电阻，如图 5.4 所示。

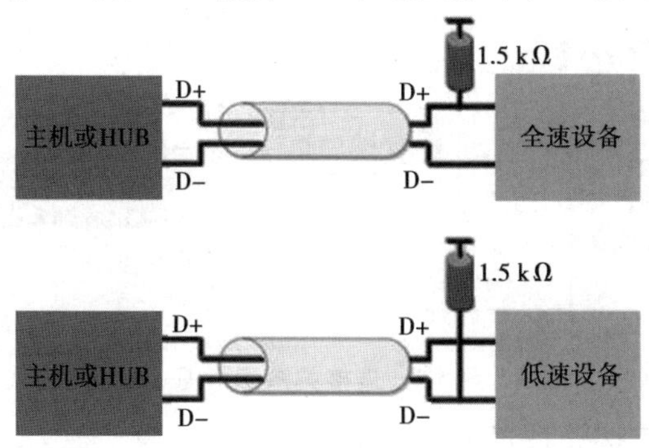

图 5.4　USB 电路原理图

D+和 D−是两个差分信号线,用 D+减 D−进行区分,可以看到 D+和 D−区分度还是比较大。当设备连接主机时,会检测设备电平,如果检测到在 D+上有上拉电阻说明为全速设备,如果检测到在 D−上有上拉电阻说明为低速设备。识别过程是一个枚举过程。

首先设备上电——USB 设备会自动复位[将自己的地址初始化为 0(包括设备地址和端口地址)]——主机检测到复位(检测到地址为 0 的设备)——主机要求 USB 提供设备地址,此时,USB 设备会将自己的一些描述符发送给主机(计算机),在这些描述符中包括生产厂商、名字、干什么、属于什么类别(如 U 盘、鼠标等),接着主机会查找自己当前没有占用的地址分配给设备,包括端口地址、设备地址/想要分配的地址发送索取信息/包括描述符(若是 U 盘,则索取 U 盘的大小、品牌等),然后进行其他通信。

在枚举完成后,主机会给设备安装驱动程序,这也是我们经常看到的,刚买的鼠标、键盘或 U 盘插入计算机后会提示正在安装驱动,当驱动程序安装完成后就可以进行相关操作。

在 USB 枚举过程中,主机要求设备提供描述符,描述符主要有以下几种:

①设备描述符:设备类型等信息。

②配置描述符:设备配置等信息。

③接口描述符:设备接口类型等信息。

④端口描述符:端口个数信息。

⑤字符串描述符:U 盘的名字,如 KingSton(金士顿)。

5.4 任务实施

汽车外接诊断系统-USB 控制模块项目实施

1)需要用到的设备和软件工具

为了完成本任务,需要用到的设备和软件工具包括:

(1)硬件环境准备

①工程搭建、编译和构建用的 PC 1 台,包括与 ST-Link 连接用的 USB 线缆 2 条。

②ST-Link 仿真调试器,包括和 PC 连接用的 USB 线缆 1 条(和 PC 共用)。

③实验箱“智能网联系统开发平台”1 台,电源线 1 条,与 ST-Link 连接用的排线 1 条。

连接关系示意图,如图 5.5 所示。

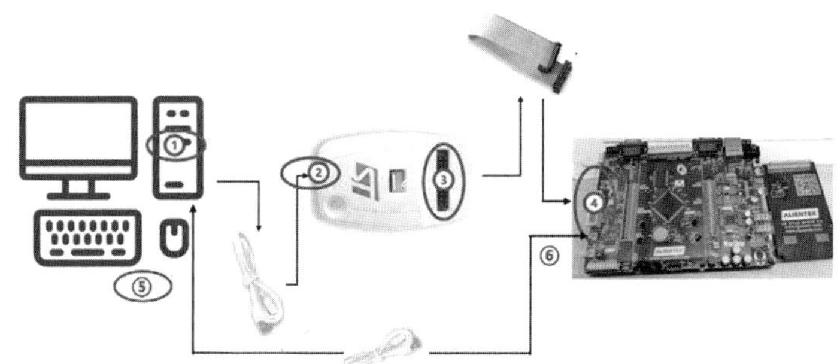

图 5.5 连接关系示意图

根据上述示意图,连接关系表述为:

①通过 USB 线缆连接 PC 和 ST-Link(图中①→②);

②通过排线连接 ST-Link 和实验箱中的 STM32 MCU 开发板(图中③→④)；

③通过 USB 转 OTG 连接线将实验箱 USB SLAVE 端口连接到 PC 的 USB 端口(图中⑤→⑥)。

(2)软件环境准备

根据本书“1.7 搭建开发环境”中的任务 1.7.1,在 PC 上安装 MDK-KEIL 集成开发环境。

准备好上述软硬件环境后,就可以开启后续任务了。

2)工程解压

解压 USB_MOUSE_Demo.zip 文件到非系统盘的根目录下(如 D 盘),注意不要包含中文路径即可,如图 5.6 所示。

USB_MOUSE_Demo	2022/4/3 15:03	文件夹

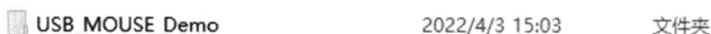

图 5.6 USB_MOUSE_Demo 文件夹

双击解压后的工程文件,可以一览工程文件目录全貌,如图 5.7 所示。

此电脑 › DATA (D:) › Temps › 3 › USB_MOUSE_Demo ›

名称	修改日期	类型
CORE	2022/4/3 15:03	文件夹
HARDWARE	2022/4/3 15:03	文件夹
OBJ	2022/4/3 15:37	文件夹
STM32F10x_FWLib	2022/4/3 15:03	文件夹
SYSTEM	2022/4/3 15:03	文件夹
USB	2022/4/3 15:03	文件夹
USER	2022/4/3 15:37	文件夹

图 5.7 USB_MOUSE_Demo 工程文件目录全貌

3)工程加载

双击解压后的工程文件,使用 MDK-KEIL 加载工程,如图 5.8 和图 5.9 所示。

DATA (D:) › Temps › 3 › USB_MOUSE_Demo › USER　　在 USER 中搜索

名称	修改日期	类型	大小
JLinkSettings.ini	2015/3/12 22:20	配置设置	1 KB
main.c	2015/3/24 21:32	C 文件	3 KB
startup_stm32f10x_hd.lst	2022/11/13 13:56	LST 文件	50 KB
stm32f10x.h	2011/3/10 10:51	H 文件	620 KB
stm32f10x_conf.h	2015/3/12 21:09	H 文件	4 KB
stm32f10x_it.c	2011/11/13 1:28	C 文件	3 KB
stm32f10x_it.h	2011/4/4 18:57	H 文件	2 KB
system_stm32f10x.c	2011/4/4 18:57	C 文件	36 KB
system_stm32f10x.h	2011/3/10 10:51	H 文件	3 KB
USB_VIRTUAL_COM.uvguix.86136	2022/11/13 14:02	86136 文件	69 KB
USB_VIRTUAL_COM.uvguix.Administra...	2015/8/13 11:21	ADMINISTRATOR...	69 KB
USB_VIRTUAL_COM.uvoptx	2022/11/13 14:02	UVOPTX 文件	20 KB
USB_VIRTUAL_COM.uvprojx	2022/11/13 14:02	Vision5 Project	22 KB
USB_VIRTURAL_COM.map	2022/11/13 13:56	MAP 文件	167 KB

图 5.8 工程配置文件说明

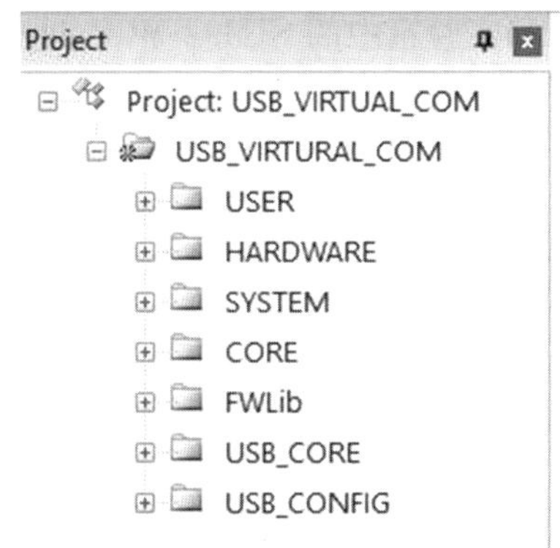

图 5.9　使用 MDK-KEIL 加载工程文件

4)工程目录详细分析

如图 5.9 所示为加载后的工程,对整个工程目录依次进行注解如下:

①USER:包含 3 个文件,即 main.c,stm32f10x_it.c 和 system_stm32f10x.c。这 3 个文件包含了 STM32F10X 系列 MCU 的中断向量附表的实现(stm32f10x_it.c,芯片厂商提供,没有特殊需求无须修改)、STM32F10X 系列 MCU 的基本系统设置(system_stm32f10x.c,芯片厂商提供,没有特殊需求无须修改),以及整个工程实现的主体入口(main.c)。

②HARDWARE:包含 4 个文件,即 led.c,key.c 和 myiic.c。主要作用是提供 LED 的驱动初始化功能、key 的驱动初始化等功能以及自定义 I^2C 的驱动初始化等功能(其余 3 个源文件可用于基于 spi 接口的 flash 设备的业务实现)。

③SYSTEM:包含 3 个文件,即 delay.c,sys.c 和 usart.c。主要作用是为 MCU 提供延时功能、中断向量设置功能以及通用同步/异步串行接收/发送功能。

④CORE:包含两个文件,即 core_cm3.c 和 startup_stm32f10x_hd.s。主要作用 STM32F103 系列 MCU 的核心功能实现(core_cm3.c)和启动控制功能(startup_stm32f10x_hd.s),是由 ARM 提供的开源模块(不需要用户做任何修改)。

⑤FWLib:包含 7 个文件,即 misc.c,stm32f10x_fsmc.c,stm32f10x_gpio.c,stm32f10x_rcc.c,stm32f10x_spi.c,stm32f10x_usart.c 和 stm32f10x_exti.c。主要作用是为不同外设提供对应的驱动支持。这些驱动包括 misc(杂项设备)控制驱动、fsmc 控制驱动、GPIO 驱动、RCC 驱动、SPI 接口控制驱动、USART 驱动以及外部中断服务驱动等(由 ST 公司提供的标准库,无须修改)。

⑥USB:包含 5 个文件,即 usb_core.c,usb_init.c,usb_int.c,usb_mem.c 和 usb_regs.c。主要作用是提供 USB 设备的主要功能实现、初始化、中断控制、内存管理以及寄存器操作等功能(由 ST 提供的标准库,无须修改)。

⑦USBCFG:包含 5 个文件,即 usb_config.c,usb_desc.c,usb_istr.c,usb_prop.c 和 usb_pwr.c。主要作用是提供 USB 设备的配置、设备描述符、中断服务、属性控制以及电源管理等功能(由 ST 提供的标准库,无须修改)。

5)应用开发实操

在上述工程既有的基础上,针对 MCU 的应用层程序进行理解和修改。满足目前项目的需求。编写 HARDWARE 文件夹中的 led.c 文件,如图 5.10 所示,其作用参考上述工程目录注解中的 HARDWARE 部分。

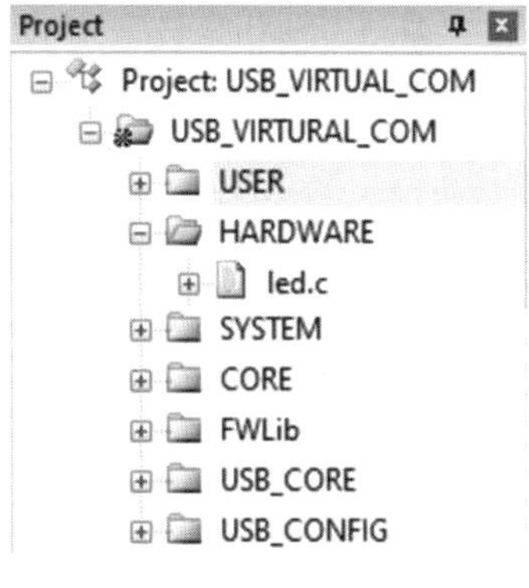

图 5.10 led.c 目标源文件

6)编辑 led.c 文件

该源文件涉及代码的主要作用是:提供板载 LED 的驱动初始化功能,主要负责 LED 设备的初始。初始化目标包括:LEDIO 的初始化,使能 PB 和 PE 端口时钟的处理,将端口配置为推挽输出,并指定 IO 口速度为 50 MHz,然后,根据设定参数初始化 GPIOB.5,将 LED1-->PE.5 端口配置为推挽输出。

LED_Init(void)函数的功能是初始化 PB5 和 PE5 为输出口,并使能这两个端口的时钟。

```
#include "led.h"
//////////////////////////////////////////////////////////////////////
//LED 驱动代码
//版本:V1.0
//////////////////////////////////////////////////////////////////////
//初始化 PB5 和 PE5 为输出口,并使能这两个口的时钟
//LED IO 初始化
void LED_Init(void)
{
  GPIO_InitTypeDef  GPIO_InitStructure;
  RCC_APB2PeriphClockCmd(RCC_APB2Periph_GPIOB | RCC_APB2Periph_GPIOE,
  ENABLE);//使能 PB,PE 端口时钟
  GPIO_InitStructure.GPIO_Pin=GPIO_Pin_5;//LED0-->PB.5 端口配置
  GPIO_InitStructure.GPIO_Mode=GPIO_Mode_Out_PP;//推挽输出
  GPIO_InitStructure.GPIO_Speed=GPIO_Speed_50 MHz;//IO 口速度为 50 MHz
  GPIO_Init(GPIOB,&GPIO_InitStructure);//根据设定参数初始化 GPIOB.5
  GPIO_SetBits(GPIOB,GPIO_Pin_5);//PB.5 输出高
  GPIO_InitStructure.GPIO_Pin=GPIO_Pin_5;//LED1-->PE.5 端口配置,推挽输出
  GPIO_Init(GPIOE,&GPIO_InitStructure);//推挽输出,IO 口速度为 50 MHz
  GPIO_SetBits(GPIOE,GPIO_Pin_5);//PE.5 输出高
}
```

7)编辑 main.c 文件

编写 USER 文件夹中的 main.c 文件。该文件主要实现本项目的业务逻辑。具体文件如图 5.11 所示。

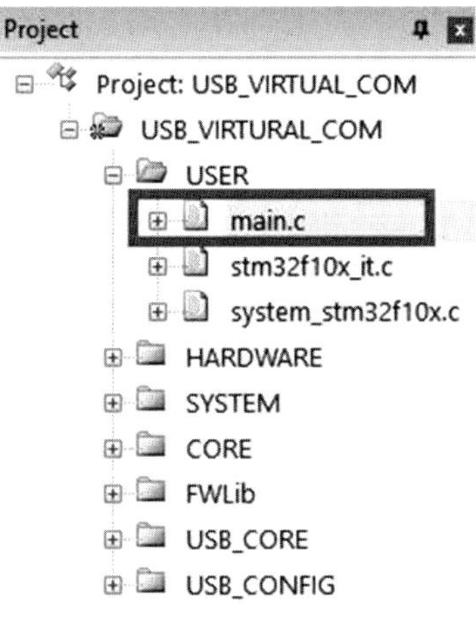

图 5.11 main.c 文件

main(void)函数作为程序运行的主函数,进行了延时函数初始化,设置 NVIC 中断分组,串口初始化,LED 端口初始化,按键初始化等功能的设定。

```
#include "sys.h"
#include "delay.h"
#include "usart.h"
#include "led.h"
#include "usb_lib.h"
#include "hw_config.h"
#include "usb_pwr.h"
  int main(void)
{
      u16 t;
      u16 len;
      u16 times=0;
      u8 usbstatus=0;
      delay_init();//延时函数初始化
      NVIC_PriorityGroupConfig(NVIC_PriorityGroup_2);//设置 NVIC 中断分组 2:2
                                                     位抢占优先级,2 位响应
                                                     优先级
      uart_init(115200);//串口初始化为 115200
      LED_Init();//初始化与 LED 连接的硬件接口
      delay_ms(1800);
```

```
        USB_Port_Set(0);//USB 先断开
        delay_ms(700);

        USB_Port_Set(1);//USB 再次连接
        Set_USBClock();
        USB_Interrupts_Config();
        USB_Init();
        while(1)
        {
          if(USB_USART_RX_STA&0x8000)
          {
            len=USB_USART_RX_STA&0x3FFF;//得到此次接收的数据长度
            usb_printf("\r\n 您发送的消息为:%d\r\n\r\n",len);
            for(t=0;t<len;t++)
            {
              USB_USART_SendData(USB_USART_RX_BUF[t]);//以字节方式,发
                                                        送给 USB
            }
            usb_printf("\r\n\r\n");//插入换行
            USB_USART_RX_STA=0;
          }else
          {
            times++;
            if(times%5000==0)
            {
              usb_printf("\r\n 战舰 STM32 开发板 USB 虚拟串口实验\r\n");
            }
            if(times%200==0)usb_printf("请输入数据\r\n");
            if(times%30==0)LED0=! LED0;//闪烁 LED,提示系统正在运行
            delay_ms(10);
          }
        }
}
```

汽车外接诊断系统-USB控制模块项目调试与总结

8)部署与运行

(1)工程编译

完成上述配置后,就可以编译工程了。编译的开关(图中①)和编译结

果(图中②)如图5.12所示。

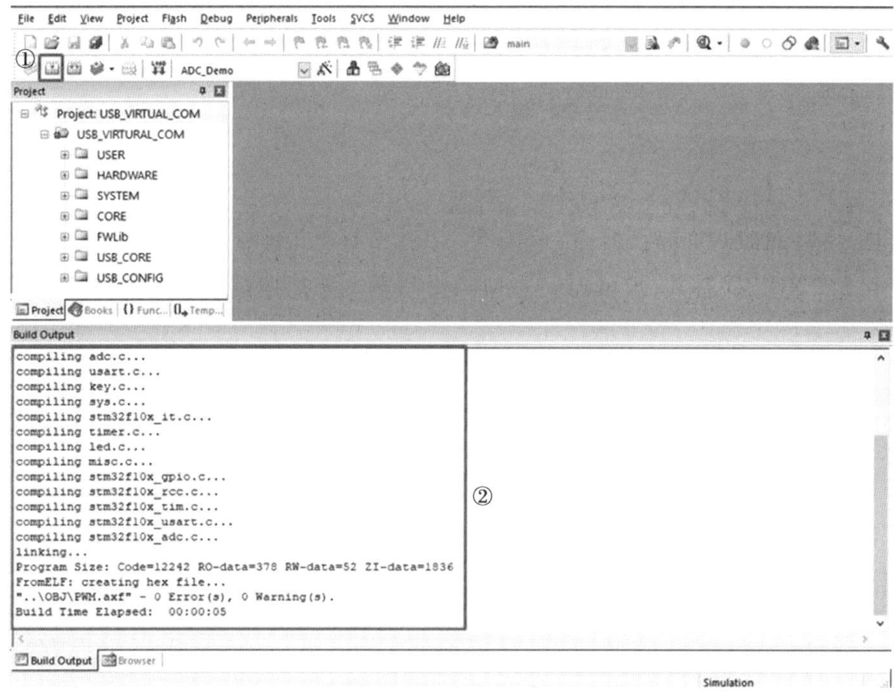

图 5.12　工程编译

(2)下载程序到 MCU

连接 ST-Link 仿真器,如图 5.13 所示,将跳线帽切换到 USB 模式下:上为 CAN,下为 USB。

图 5.13　连接 ST-Link 仿真器

指定仿真器型号选项,并使用 ST-Link 仿真器连接 PC 和实验箱的 MCU 侧。设置好仿真器型号、选项后单击下载程序,如图 5.14 所示。

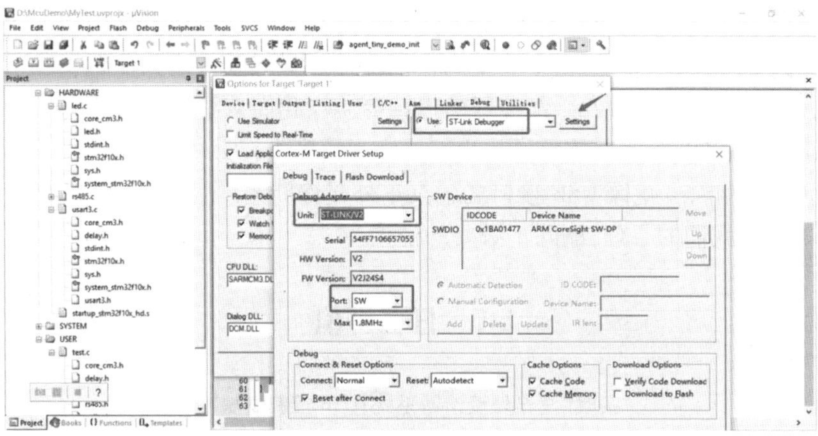

图 5.14 设置仿真器程序下载

连接 PC 和到实验箱上 MCU 侧的 USB_SLAVE 接口，如图 5.15 所示，可以看到开发板上的绿灯常亮（表示正常接入 USB 模式），红灯闪烁（表示程序正在运行）。

图 5.15 连接 PC 和 USB_SLAVE 接口

（3）运行结果

打开串口助手，选择对应的 COM 口，将波特率设置为 115 200，发送新消息，查看运行结果，如图 5.16 所示。

图 5.16 运行结果

在本项目中，我们通过开发 USB 控制模块来模拟连接汽车外接的诊断系统。有时汽车就像我们人类一样，也会受伤，也会生病，有些可能是外部的，比如擦剐、凹痕；有些可能是内部的，比如中控系统的紊乱、触控屏的迟钝等。当我们有了情绪或者因压力致生活迟滞不前时，往往可以借助他人的力量帮我们从客观角度进行分析，也可以找一个适当的宣泄口将烦恼统统删除。就像 USB 接口之于汽车外接诊断系统，我们每个人都需要找到这种“接口”来疏导我们的心理，删除不必要的情绪。

5.5 任务评价

实战“汽车外接诊断系统：USB 控制模块”

姓名：________ 学号：________ 考核人：________ 总分：________

序号	工作任务	考核技能点	学生自评	小组互评	教师评价	分值/分	得分/分
1	需求分析	产品需求说明文档规范性、完整性、正确性和清晰性				15	
2	系统设计	能进行基本的产品功能设计、组织结构设计、模块划分及接口设计				15	
3	硬件准备	①能搭建硬件环境； ②能正确识读原理图				15	
4	软件设计	①能绘制软件流程图； ②能制定函数结构及变量命令规则； ③会查阅芯片手册； ④编码具体函数接口； ⑤实现完整代码				20	
5	软硬联调	①能正确上电； ②能烧录代码； ③能对错误进行调试； ④功能实现				20	
6	综合素养	①遵守工作时间； ②注重用电安全； ③程序编写规范； ④能够根据任务要求，自主查阅资料； ⑤具有团队意识，小组成员取长补短，相互协作； ⑥具有劳动意识和创新意识				15	
总分						100	

[归纳总结]

通过本项目的实践,我们从工程构建开始到 USB 模块的功能实现,分别学习了:

①USB 的基本工作原理;

②STM32 的 F10X 系列 MCU 配置参数;

③实现 USB 功能逻辑;

④工程编译和运行;

⑤实验箱结果确认方法。

对上述内容的学习和掌握,为今后使用 USB 进行相关问题的分析和解决奠定了基础。

练习实训

知识过关

1.填空题

(1)USB 设备最显著的优点是具有________、________。

(2)USB2.0 理论上最大传输速率为________。

(3)USB3.0 理论上最大传输速率为________。

(4)USB 使用差分传输模式,有两条数据线:________和________。

(5)设备链接主机时,检测到在 D+上有上拉电阻,说明是________设备。

2.选择题[(1)—(3)为单选题,(4)—(5)为多选题]

(1)USB 电气特性主机的 D+和 D-都接有(   )下拉电阻。

A.11 kΩ　B.10 kΩ　C.15 kΩ　D.17 kΩ

(2)USB1.0 理论上最大传输速率为(   )。

A.1.0 MB/s　B.1.5 MB/s　C.1.9 MB/s　D.1.3 MB/s

(3)USB3.0 理论上最大传输速率为(   )。

A.5 GB/s　B.1.5 GB/s　C.2 GB/s　D.10 GB/s

(4)USB 目前的协议版本有(   )。

A.USB1.0　B.USB1.1　C.USB2.0　D.USB3.0

(5)USB 有 4 种传输类型(   )。

A.控制传输　B.中断传输　C.块传输　D.等时传输

3.简答题

(1)简述全速设备/高速设备的基本概念。

(2)简述 USB 的工作原理。

实训任务

1.硬件设计

请描述出项目 5 实战“汽车外接诊断系统:USB 控制模块”的硬件设计方案。

2.程序设计

编写程序实现 LEDIO 的初始化,使能 PB 和 PE 端口时钟的处理,将端口配置为推挽输出,并指定 IO 口速度为 30 MHz。

项目6
实战“车载娱乐系统OTA：WatchDog控制模块”

[项目情境]

经历过 4 个项目的锻炼后，小李所在的项目组基本上已对 STM32 的外设开发有了一个相对全面的掌握。部长打算继续这种循序渐进式的项目训练，其目标是最后一个单个模块的训练——看门狗(WatchDog)。这次，部长下达的指令是，要求小李继续利用之前的设备，完成“车载娱乐系统 OTA：WatchDog 控制模块”。项目组长要求小李复习典型的 V 字形开发流程，从需求分析到系统设计再到编码实现，完成 WatchDog 控制模块的设计和实现。

本次需要为新车型设计实现的车载娱乐系统 OTA 的 WatchDog 控制模块。WatchDog 控制模块用来模拟控制车载娱乐系统的升级过程是否正常运行，如果系统异常，长时间无响应，则触发 WatchDog 控制模块，中断并安全结束升级过程。项目组按照指令，继续使用之前提供的基于 STM32 的 F10X 系列芯片作为主控 MCU 的实验箱，从而完成对应功能的实现。已知该实验箱上的 MCU 模块提供了 WatchDog 控制模块。使用实验箱上的 LED 灯来表示 WatchDog 控制 OTA 升级业务的验证。基于该项目情境，展开如下具体实施过程。

[需求分析]

结合项目情境，针对“车载娱乐系统 OTA：WatchDog 控制模块”整个功能实现的要点，对需要完成的需求，梳理如下：

车载娱乐系统
OTA-WatchDog
控制模块
项目分析

①明确 STM32 的 F10X 系列 MCU 的 WatchDog 控制引脚编号；
②明确 WatchDog 需要用到的对应寄存器；
③完成 WatchDog 控制 OTA 升级状态的操作流程；
④完成基于 MDK-KEIL 的开发工程环境构建；
⑤实现使用 WatchDog 控制 OTA 升级状态的具体编码；
⑥完成工程的编译；
⑦完成程序到实验箱的烧写；
⑧完成结果确认。

[学习目标]

◇**知识目标**

①认识 WatchDog;

②理解 WatchDog 的工作原理;

③掌握 STM32 系列芯片的 WatchDog;

④掌握查阅芯片手册解决实际问题的方法。

◇**能力目标**

①能独立完成实验箱硬件环境的搭建;

②能进行软件开发工程环境的构建;

③能独立完成软件到实验箱的烧写;

④能使用实验箱完成结果验证。

◇**素质目标**

①激发学生软件开发的兴趣;

②感受基于 MCU 进行实际项目开发的整体过程;

③增强学生理论联系实际的能力;

④提升学生学以致用的水平;

⑤培养学生的危机意识。

◇**项目重点**

①完成软件开发工程环境的构建;

②完成软件到实验箱烧写以及结果验证。

◇**项目难点**

①实现 WatchDog 驱动代码配置和修改;

②实现 WatchDog 控制 OTA 升级状态的功能逻辑。

6.1 任务描述

当对车载娱乐系统的 OTA 升级时,需要使用 STM32 的 F10X 系列 MCU 开发板上的 WatchDog 监控升级过程。升级开始,WatchDog 被启动:

场景 1:在正常升级过程中,如果升级状态正常,会定时"喂狗",即给 WatchDog 进行 REST,定时 REST,这样保证升级能够持续进行。

场景 2:如果在升级过程中,超过响应时间,没有按时喂狗,那么,升级就会被中断,以保证系统可能正常运行;否则,升级失败后系统则无法继续正确执行。

实现过程包括以下内容:

1)任务分析

介绍本任务的启动条件,输入、输出和结束条件;并概要说明完成本任务需要的专业技能和专业知识。

2）知识精讲

介绍完本任务需要的专业技能和专业知识，包括 WatchDog 的概念、WatchDog 的工作原理以及 STM32 系列芯片的 WatchDog，为实现任务奠定理论基础。

3）任务实施

在明确任务条件和了解理论基础后，按部就班地完成任务，对应步骤包括：
①明确需要用到的设备和软件工具；
②完成工程的创建；
③完成关键代码的编写；
④完成工程的编译和链接；
⑤完成上机验证。

6.2 任务分析

1）本任务的启动条件

①PC 端启动操作系统，正常连接实验箱的 MCU 开发板；
②实验箱 MCU 开发板处于正常工作状态；
③MDK-KEIL 等必要的 IDE 已经安装完成并能正确启动。

2）本任务的输入/输出

①输入：模拟车载娱乐系统 OTA 升级（程序实现）；
②输出：通过 WatchDog 控制车载娱乐系统 OTA 升级状态的业务，通过 LED 的亮灭和闪烁表示。

3）本任务的结束条件

①LED 闪烁，模拟看门狗启动；
②LED 停止闪烁（常亮）；
③LED 继续闪烁，本任务实现所需专业技能/知识引述。

4）本任务的实现所需知识与技能

①WatchDog 的基本概念；
②WatchDog 的工作原理；
③STM32 的 WatchDog。

6.3 知识精讲

1)什么是 WatchDog

在由单片机构成的微型计算机系统中,由于单片机的工作常常会受到来自外界电磁场的干扰,造成各种寄存器和内存数据混乱,会导致程序指针错误,不在程序区,取出错误的程序指令等,都有可能会陷入死循环,程序的正常运行被打断,由单片机控制的系统无法继续正常工作,导致整个系统陷入停滞状态,产生不可预料的后果。

WatchDog 又叫看门狗,从本质上讲,就是一个定时器电路,一般有一个输入和一个输出,其中输入叫作喂狗,输出一般连接到另一个部分的复位端,一般是连接到单片机上。看门狗的功能是定期查看芯片内部的情况,一旦发生错误就向芯片发出重启信号。看门狗命令在程序中断中拥有最高优先级。图 6.1 给出通用 WatchDog 电路图。

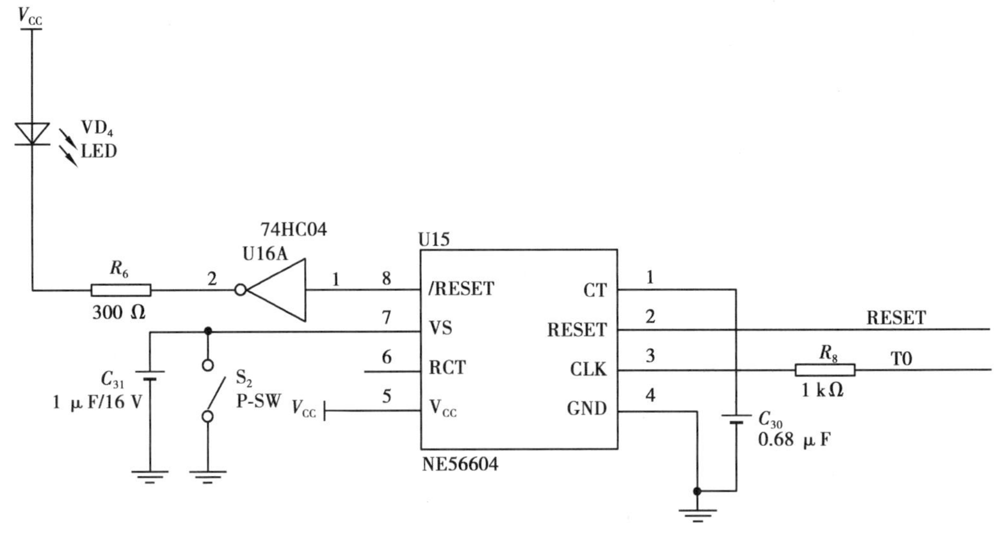

图 6.1 通用 WatchDog 电路图

2)WatchDog 工作原理

WatchDog 的基本工作原理其实就是一个定时器重置装置。它是监控系统运行状况的一种手段,通过软硬件结合的方式实现对系统运行状况的监控。稳定运行的软件会在执行完特定指令后进行喂狗,若在一定周期内看门狗没有收到来自软件的喂狗信号,则认为是系统故障,会进入中断处理程序或强制系统复位。系统上电后根据不同的工作模式可以选择使能看门狗的时机,若看门狗被使能则计数器开始计数,如果在设定的时间内没有及时喂狗则会发生看门狗超时。看门狗主要由寄存器、计数器和狗叫模块构成:通过寄存器对看门狗进行基本设置,计数器计算狗叫时间,狗叫模块决定看门狗超时后发出的中

断或复位方式。

由于 WatchDog 又分为硬件看门狗和软件看门狗，所以在实际工作原理上，还是有些许差异。

(1)硬件看门狗

硬件看门狗利用一个定时器来监控主程序的运行，也就是说，在主程序的运行过程中，要在定时时间结束前对定时器进行复位。如果出现死循环，或者说 PC 指针不能回位，那么定时时间结束后就能使单片机复位。常用的 WDT 芯片有 MAX813，5045，IMP813 等。

(2)软件看门狗

在某些情况下，也会采用纯软件的方法来设置看门狗，如在单片机系统中，利用闲置的定时器/计数器就可以设计一个软件看门狗。具体实现步骤如下：

①在初始化程序中设置定时器/计数器的方式以控制寄存器和定时时间的初值，并且打开中断。

②根据定时器的时间，在主程序中按照一定的时间间隔插入复位定时器的指令(喂狗)，两条喂狗指令之间的时间间隔可以根据系统时钟与指令周期计算出来，而且该时间周期应小于定时器的定时时间。

③在定时器的中断服务程序中，设置一条无条件转移指令，将程序计数器 PC 转移到初始化程序的入口。

在非单片机系统(如 PowerPC 系统)中，也可采用多线程的方式来设置软件狗，其主要步骤如下所述：

①新建一个看门狗线程，该线程维护一个全局变量数组，该数组相当于每个工作线程的计数器。看门狗线程为一个死循环，每隔一段时间就会循环一次，并将全局变量数组的每一个值都加 1 后判断是否超过预定义的上限值，若发现某个线程对应的变量数值超过最大值，则看门狗线程会重置该线程。

②每个工作线程中，每隔一段时间就会将对应的全局变量置 0(喂狗)。

软件看门狗的优点是无须额外的硬件支持，但当系统存在严重错误时(如中断服务出错)，则有可能导致软件看门狗失效。

3)STM32 的 WatchDog

在本任务描述中，我们已经知道，STM32 系列 MCU 有两种 WatchDog：独立看门狗(IWatchDog)和窗口看门狗(WWatchDog)。

(1)独立看门狗(IWatchDog)

独立看门狗是由专门的低速总线进行驱动的，即 LSI 总线(时钟频率 40 kHz)，它可以在主时钟故障的情况下继续工作(或许这就是把这只狗称为独立看门狗的原因)。独立看门狗适用于需要看门狗作为一个在主程序之外，能够完全独立工作，并且对时间精度要求低的场合。

在键值寄存器(IWDG_KR)中写入 0xCCCC，开始启用独立看门狗。此时计数器开始从其复位值 0xFFF 递减，当计数器值计数到尾值 0x000 时会产生一个复位信号（IWDG_RESET）。无论何时，只要在键值寄存器 IWDG_KR 中写入 0xAAAA（通常说的喂狗，但是 0XAAAA 并不是装入计数器中的值，真正装入计数器中的值是根据分频系数和需要的超时时间来计算的），自动重装载寄存器 IWDG_RLR 的值就会重新加载到计数器，从而避免看门狗复位。如果程序异常，就无法正常喂狗，从而系统复位。图 6.2 为独立看门狗的功能框图。

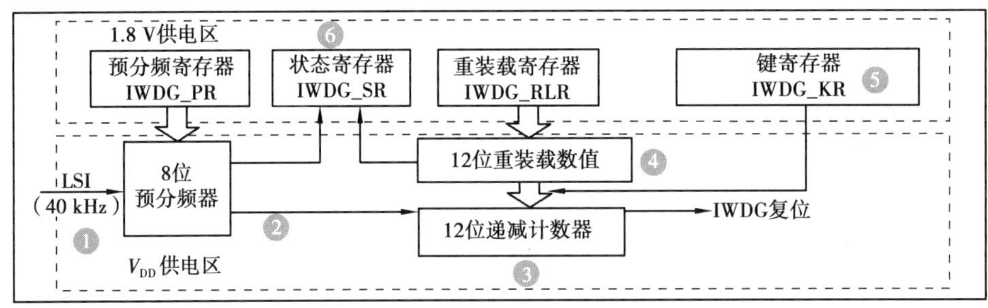

图 6.2　独立看门狗的功能框图

（2）窗口看门狗（WWatchDog）

窗口看门狗是用 APB1 总线驱动的，时钟频率最大为 36 MHz。说起窗口看门狗，其实它的基本原理与独立看门狗是一样的，只不过是在喂狗时间上做了改变，在独立看门狗中，可以从计数器的值一直减到 0 的中间的任何时刻都可以进行喂狗，但是在窗口看门狗中，我们规定只能在某一个时间段内进行喂狗，举个例子，假如说，计数器是从 100 减到 0，我们现在规定只能在计数器为 80~30 这个时间段内进行喂狗（这也就是“窗口”这个名词的来源），否则看门狗就会产生一个复位信号，从而使单片机复位，由此可以看出，窗口看门狗的安全性比独立看门狗要高些，毕竟它喂狗的时间段缩短了，从而降低了由于程序跑飞而误打误撞地去执行喂狗操作的概率。

对窗口看门狗，我们不能太早喂狗，也不能太晚喂狗，最晚喂狗时间所对应的计数器值为 0X3FH。

图 6.3 为窗口看门狗的功能框图。

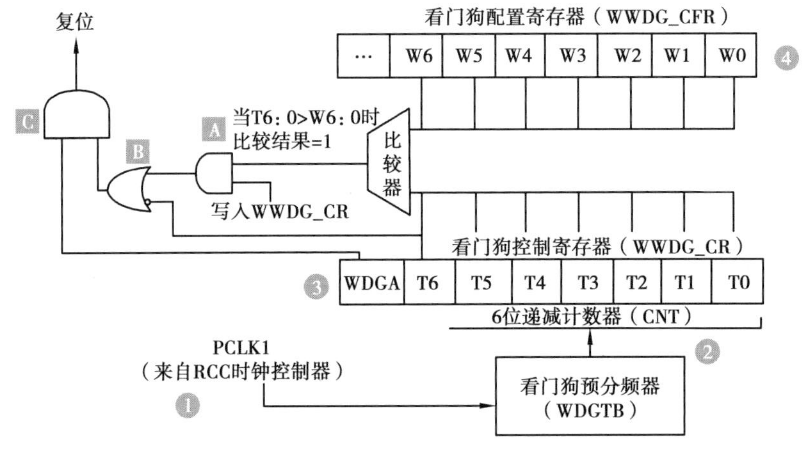

图 6.3　窗口看门狗的功能框图

(3)IWatchDog 和 WWatchDog 的相同点

①软件代码在某处一直死循环,无法喂狗,导致产生复位。
②代码运行超时,或外部一直触发中断,将导致无法喂狗产生复位。
③喂狗时间限制可以自定义。

(4)IWatchDog 和 WWatchDog 的异同点

①计数器时钟源不同,IWatchDog 有内部专门的 40 kHz 的 LSI 时钟,使用前不需要使能。WWatchDog 使用 PCLK1 时钟,使用前需要使能。

②中断不同,IWatchDog 不产生中断,超时直接复位。WWatchDog 有中断,超时可在中断中做复位前的函数操作或者重新喂狗。

③计数方式不同。IWatchDog 的寄存器是 12 位递减。WWatchDog 的寄存器是 7 位递减,窗口最大值为 0x7F。

④超时复位时间范围不同。IWatchDog:计数值 < IWDG 重装载值时喂狗。WWatchDog:0x40<计数器值<窗口值 W_t 期间喂狗,0x40 是固定的。

⑤使用条件推荐。IWatchDog 一般用于避免程序跑飞或陷入死循环。WWatchDog 则用于避免不按预定逻辑执行,若先于理想环境完成,或后于极限时间超时。

6.4 任务实施

1)需要用到的设备和软件工具

为了完成本任务,需要用到的设备和软件包括:

(1)硬件环境准备

①工程搭建、编译和构建用的 PC 1 台,包括与 ST-Link 连接用的 USB 线缆 1 条;
②ST-Link 仿真调试器,包括和 PC 连接用的 USB 线缆 1 条(和 PC 共用);
③实验箱“智能网联系统开发平台”1 台,电源线 1 条,与 ST-Link 连接用的排线 1 条。
连接关系示意图,如图 6.4 所示。

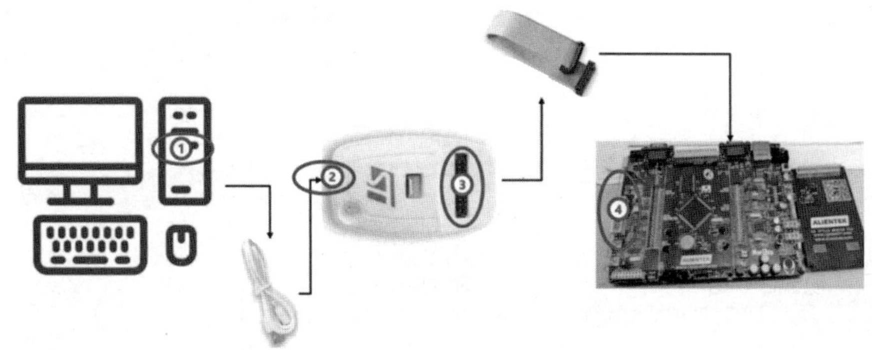

图 6.4 连接关系示意图

根据上述示意图,连接关系表述为:

①通过 USB 线缆连接 PC 和 ST-Link(图中①→②);

②通过排线连接 ST-Link 和实验箱中的 STM32 MCU 开发板(图中③→④)。

(2)软件环境准备

根据本书“1.7 搭建开发环境”中的任务 1.7.1,在 PC 上安装 MDK-KEIL 集成开发环境。

准备好上述软硬件环境后,就可以开启后续任务了。

2)工程解压

解压 WatchDog_Demo.zip 文件到非系统盘的根目录下(如 D 盘),注意不要包含中文路径即可,如图 6.5 所示。

WatchDog_Demo	2022/3/26 12:03	文件夹

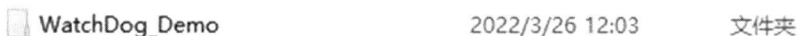

图 6.5　WatchDog_Demo 文件夹

双击解压后的工程文件,可一览工程文件目录全貌,如图 6.6 所示。

› 此电脑 › DATA (D:) › Temps › 3 › WatchDog_Demo ›

名称	修改日期	类型
CORE	2022/3/26 12:03	文件夹
HARDWARE	2022/3/26 12:03	文件夹
OBJ	2022/3/26 12:03	文件夹
STM32F10x_FWLib	2022/3/26 12:03	文件夹
SYSTEM	2022/3/26 12:03	文件夹
USER	2022/3/26 12:03	文件夹

图 6.6　WatchDog_Demo 工程文件目录全貌

3)工程加载

双击解压后的工程文件,使用 MDK-KEIL 加载工程,如图 6.7 和图 6.8 所示。

› 此电脑 › DATA (D:) › Temps › 3 › WatchDog_Demo › USER

名称	修改日期	类型	大小
IWDG.map	2022/3/26 12:00	Linker Address ...	75 KB
IWDG.uvgui.Administrator	2022/3/26 12:00	ADMINISTRATO...	89 KB
IWDG.uvopt	2022/3/26 12:00	UVOPT 文件	17 KB
IWDG.uvproj	2022/3/26 12:00	礦ision4 Project	19 KB
main.c	2012/9/13 22:02	C 文件	1 KB
startup_stm32f10x_hd.lst	2022/3/26 12:00	MASM Listing	50 KB
stm32f10x.h	2011/3/10 10:51	C/C++ Header	620 KB
stm32f10x_conf.h	2012/9/13 21:54	C/C++ Header	4 KB
stm32f10x_it.c	2011/11/13 1:28	C 文件	3 KB
stm32f10x_it.h	2011/4/4 18:57	C/C++ Header	2 KB
system_stm32f10x.c	2011/4/4 18:57	C 文件	36 KB
system_stm32f10x.h	2011/3/10 10:51	C/C++ Header	3 KB

图 6.7　工程配置文件说明

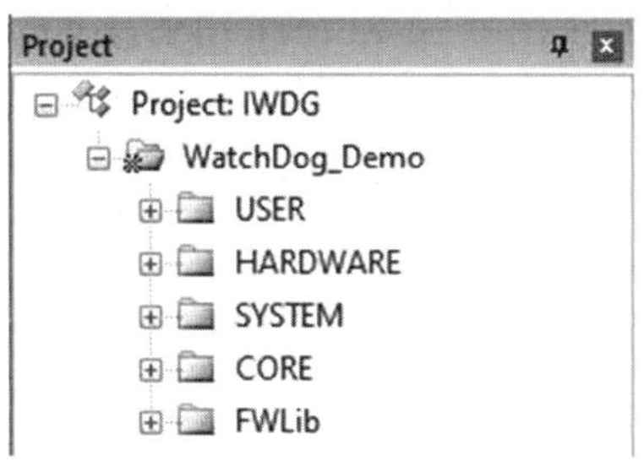

图 6.8　使用 MDK-KEIL 加载工程文件

4)工程目录详细分析

如图 6.8 所示为加载后的工程,对整个工程目录依次进行注解如下:

①USR:包含 3 个文件,即 main.c,stm32f10x_it.c 和 system_stm32f10x.c。这 3 个文件包含 STM32F10X 系列 MCU 的中断向量附表的实现(stm32f10x_it.c,芯片厂商提供,没有特殊需求无须修改)、STM32F10X 系列 MCU 的基本系统设置(system_stm32f10x.c,芯片厂商提供,没有特殊需求无须修改),以及整个工程实现的主体入口(main.c)。

②HARDWARE:包含 4 个文件,即 led.c,key.c,exti.c 和 wdg.c。主要作用是提供 LED 的驱动初始化功能、key 的驱动初始化等功能、外部中断的驱动初始化等功能、独立看门狗的驱动初始化和喂狗功能。

③SYSTEM:包含 3 个文件,即 delay.c,sys.c 和 usart.c。主要作用是为 MCU 提供延时功能、中断向量设置功能以及通用同步/异步串行接收/发送功能。

④CORE:包含两个文件,即 core_cm3.c 和 startup_stm32f10x_hd.s。主要作用是 STM32F103 系列 MCU 的核心功能实现(core_cm3.c)和启动控制功能(startup_stm32f10x_hd.s),由 ARM 提供开源模块(无须用户做任何修改)。

⑤FWLib:包含 6 个文件,即 misc.c,stm32f10x_exti.c,stm32f10x_gpio.c,stm32f10x_iwdg.c,stm32f10x_rcc.c 和 stm32f10x_usart.c。主要作用是为不同外设提供对应的驱动支持。这些驱动包括 misc(杂项设备)控制驱动、外部中断控制驱动、GPIO 驱动、独立看门狗控制驱动、RCC 驱动、USART 驱动等(由 ST 公司提供的标准库,无须修改)。

5)应用开发操作

在上述工程既有的基础上,针对 MCU 的应用层程序进行理解和修改。满足目前的项目需求。编写 HARDWARE 文件夹中的 led.c,key.c,exti.c 和 wdg.c 文件,其作用参考上述工程目录注解中的 HARDWARE 部分。

6)编辑 led.c 文件

如图 6.9 中方框所示,需要编写的目标源文件是led.c,key.c,exti.c 和 wdg.c。

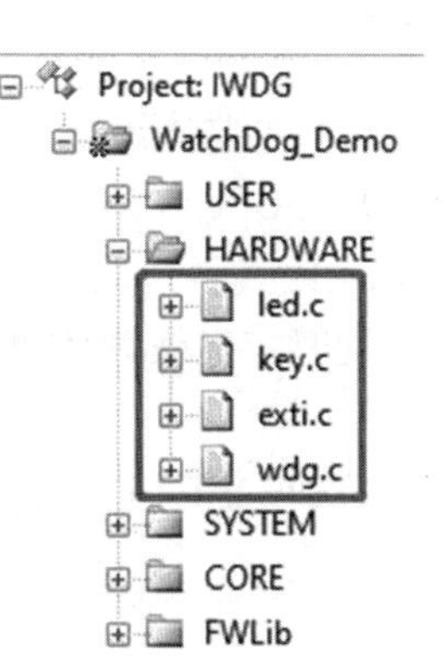

图 6.9　led.c,key.c,exti.c 和 wdg.c

车载娱乐系统 OTA-WatchDog 控制模块项目代码分析

该源文件涉及代码的主要作用是:提供板载 LED 的驱动初始化功能,主要负责 LED 设备的初始化。初始化目标包括:LEDIO 的初始化,使能 PB 和 PE 端口时钟的处理,将端口配置为推挽输出,并指定 IO 口速度为 50 MHz;然后,根据设定参数初始化 GPIOB.5,将 LED1-->PE.5 端口配置为推挽输出。

LED_Init(void)函数的主要功能是 LED 驱动代码,LED IO 初始化等功能设定。

```
#include "led.h"
//////////////////////////////////////////////////////////////////////////////////
//LED 驱动代码
//版本:V1.0
//////////////////////////////////////////初始化 PB5 和 PE5 为输出口,并使能
这两个口的时钟
//LED IO 初始化
void LED_Init(void)
{
  GPIO_InitTypeDef   GPIO_InitStructure;
  RCC_APB2PeriphClockCmd(RCC_APB2Periph_GPIOB|RCC_APB2Periph_GPIOE,
  ENABLE);//使能 PB,PE 端口时钟
  GPIO_InitStructure.GPIO_Pin=GPIO_Pin_5;//LED0-->PB.5 端口配置
  GPIO_InitStructure.GPIO_Mode=GPIO_Mode_Out_PP;//推挽输出
  GPIO_InitStructure.GPIO_Speed=GPIO_Speed_50 MHz;//IO 口速度为 50 MHz
  GPIO_Init(GPIOB,&GPIO_InitStructure);//根据设定参数初始化 GPIOB.5
  GPIO_SetBits(GPIOB,GPIO_Pin_5);//PB.5 输出高
  GPIO_InitStructure.GPIO_Pin=GPIO_Pin_5;//LED1-->PE.5 端口配置,推挽输出
  GPIO_Init(GPIOE,&GPIO_InitStructure);//推挽输出,IO 口速度为 50 MHz
  GPIO_SetBits(GPIOE,GPIO_Pin_5);//PE.5 输出高
}
```

7)编辑 key.c 文件

该源文件涉及代码的主要作用是:提供板载按键的驱动功能,包括端口初始化、按键监测等。初始化 KEY0-->GPIOA.13 和 KEY1-->GPIOA.15 置为上拉输入;使能 PORTA 和 PORTE 的时钟,将 GPIO 模式设置成上拉输入,初始化 GPIOE2/3/4。初始化 WK_UP-->GPIOA.0 为下拉输入,同时定义按键监测功能(注意此函数有响应优先级,KEY0>KEY1>KEY2>KEY3)。

KEY_Init(void)函数的主要功能是进行 IO 初始化,按键初始化等设定。

```
#include "key.h"
#include "sys.h"
#include "delay.h"
//////////////////////////////////////////////////////////////////////////////////
```

```
//按键驱动代码
//版本:V1.0
////////////////////////////////////////////////////////////////////
//按键初始化函数
void KEY_Init(void)//IO 初始化
{
        GPIO_InitTypeDef GPIO_InitStructure;
        //初始化 KEY0-->GPIOA.13,KEY1-->GPIOA.15 上拉输入
        RCC_APB2PeriphClockCmd(RCC_APB2Periph_GPIOA|RCC_APB2Periph_
        GPIOE,
ENABLE);//使能 PORTA,PORTE 时钟
        GPIO_InitStructure.GPIO_Pin=GPIO_Pin_2|GPIO_Pin_3|GPIO_Pin_4;//PE2~4
        GPIO_InitStructure.GPIO_Mode=GPIO_Mode_IPU;//设置成上拉输入
        GPIO_Init(GPIOE,&GPIO_InitStructure);//初始化 GPIOE2,3,4
        //初始化 WK_UP-->GPIOA.0 下拉输入
        GPIO_InitStructure.GPIO_Pin=GPIO_Pin_0;
        GPIO_InitStructure.GPIO_Mode=GPIO_Mode_IPD;//PA0 设置成输入,默认下拉

        GPIO_Init(GPIOA,&GPIO_InitStructure);//初始化 GPIOA.0
}
```

KEY_Scan(u8 mode)函数的主要功能是提供按键处理函数,并返回按键的值。

```
//按键处理函数
//返回按键值
//mode:0,不支持连续按;1,支持连续按;
//0,没有任何按键按下
//1,KEY0 按下
//2,KEY1 按下
//3,KEY2 按下
//4,KEY3 按下 WK_UP
//注意此函数有响应优先级,KEY0>KEY1>KEY2>KEY3!!
u8 KEY_Scan(u8 mode)
{         static u8 key_up=1;//按键按松开标志
          if(mode)key_up=1;//支持连按
          if(key_up&&(KEY0==0||KEY1==0||KEY2==0||KEY3==1))
     {     delay_ms(10);//去抖动
           key_up=0;
           if(KEY0==0)return 1;
           else if(KEY1==0)return 2;
           else if(KEY2==0)return 3;
```

```
        else if(KEY3==1)return 4;
    }else if(KEY0==1&&KEY1==1&&KEY2==1&&KEY3==0)key_up=1;
    return 0;//无按键按下
}
```

8)编辑 exit.c 文件

该源文件涉及代码的主要作用是:提供外部中断响应接口的驱动功能,包括外部中断响应初始化和中断服务函数定义等。将按键端口进行初始化,并将 GPIOE.2/3/4/A.0 中断线以及中断初始化配置下降沿触发,同时根据 EXTI_InitStruct 中指定的参数初始化外设 EXTI 寄存器。另外,定义了外部中断 0 服务程序。

EXTIX_Init(void)函数的主要作用是外部中断驱动、中断线以及中断初始化配置下降沿触发。

```
#include "exti.h"
#include "led.h"
#include "key.h"
#include "delay.h"
#include "usart.h"
//////////////////////////////////////////////////////////////////////
//外部中断驱动代码
//版本:V1.0
//////////////////////////////////////////////////////////////////////
//外部中断 0 服务程序
//初始化 PA0,PA13,PA15 为中断输入
void EXTIX_Init(void)
{
        EXTI_InitTypeDef EXTI_InitStructure;
        NVIC_InitTypeDef NVIC_InitStructure;
      KEY_Init();//按键端口初始化
         RCC_APB2PeriphClockCmd(RCC_APB2Periph_GPIOA|RCC_APB2Periph_
GPIOE,ENABLE);
        //GPIOE.2 中断线以及中断初始化配置下降沿触发
        GPIO_EXTILineConfig(GPIO_PortSourceGPIOE,GPIO_PinSource2);

        EXTI_InitStructure.EXTI_Line=EXTI_Line2;
        EXTI_InitStructure.EXTI_Mode=EXTI_Mode_Interrupt;
        EXTI_InitStructure.EXTI_Trigger=EXTI_Trigger_Falling;
        EXTI_InitStructure.EXTI_LineCmd=ENABLE;
        EXTI_Init(&EXTI_InitStructure);//根据 EXTI_InitStruct 中指定的参数初始化
```

```
                                   外设 EXTI 寄存器
    //GPIOE.3 中断线以及中断初始化配置下降沿触发
    GPIO_EXTILineConfig(GPIO_PortSourceGPIOE,GPIO_PinSource3);

    EXTI_InitStructure.EXTI_Line=EXTI_Line3;
    EXTI_InitStructure.EXTI_Mode=EXTI_Mode_Interrupt;
    EXTI_InitStructure.EXTI_Trigger=EXTI_Trigger_Falling;
    EXTI_InitStructure.EXTI_LineCmd=ENABLE;
    EXTI_Init(&EXTI_InitStructure);//根据 EXTI_InitStruct 中指定的参数初始化
                                   外设 EXTI 寄存器
    //GPIOE.4 中断线以及中断初始化配置下降沿触发
    GPIO_EXTILineConfig(GPIO_PortSourceGPIOE,GPIO_PinSource4);
    EXTI_InitStructure.EXTI_Line=EXTI_Line4;
    EXTI_InitStructure.EXTI_Mode=EXTI_Mode_Interrupt;
    EXTI_InitStructure.EXTI_Trigger=EXTI_Trigger_Falling;
    EXTI_InitStructure.EXTI_LineCmd=ENABLE;
    EXTI_Init(&EXTI_InitStructure);//根据 EXTI_InitStruct 中指定的参数初始化
外设 EXTI 寄存器
    //GPIOA.0 中断线以及中断初始化配置上升沿触发
    GPIO_EXTILineConfig(GPIO_PortSourceGPIOA,GPIO_PinSource0);
    EXTI_InitStructure.EXTI_Line=EXTI_Line0;
    EXTI_InitStructure.EXTI_Mode=EXTI_Mode_Interrupt;
    EXTI_InitStructure.EXTI_Trigger=EXTI_Trigger_Rising;
    EXTI_InitStructure.EXTI_LineCmd=ENABLE;
    EXTI_Init(&EXTI_InitStructure);//根据 EXTI_InitStruct 中指定的参数初始化
                                   外设 EXTI 寄存器
    NVIC_InitStructure.NVIC_IRQChannel=EXTI0_IRQn;//使能按键所在的外部
中断通道
    NVIC_InitStructure.NVIC_IRQChannelPreemptionPriority=0x02;//抢占优先级 2
    NVIC_InitStructure.NVIC_IRQChannelSubPriority=0x03;//子优先级 3
    NVIC_InitStructure.NVIC_IRQChannelCmd=ENABLE;//使能外部中断通道
    NVIC_Init(&NVIC_InitStructure);
    NVIC_InitStructure.NVIC_IRQChannel=EXTI2_IRQn;//使能按键所在的外部
                                                  中断通道
    NVIC_InitStructure.NVIC_IRQChannelPreemptionPriority=0x02;//抢占优先级 2
    NVIC_InitStructure.NVIC_IRQChannelSubPriority=0x02;//子优先级 2
    NVIC_InitStructure.NVIC_IRQChannelCmd=ENABLE;//使能外部中断通道
    NVIC_Init(&NVIC_InitStructure);
    NVIC_InitStructure.NVIC_IRQChannel=EXTI3_IRQn;//使能按键所在的外部
```

```
                                         中断通道
    NVIC_InitStructure.NVIC_IRQChannelPreemptionPriority=0x02;//抢占优先级 2
    NVIC_InitStructure.NVIC_IRQChannelSubPriority=0x01;//子优先级 1
    NVIC_InitStructure.NVIC_IRQChannelCmd=ENABLE;//使能外部中断通道
    NVIC_Init(&NVIC_InitStructure);//根据 NVIC_InitStruct 中指定的参数初始化
                                 外设 NVIC 寄存器
    NVIC_InitStructure.NVIC_IRQChannel=EXTI4_IRQn;//使能按键所在的外部
                                         中断通道
    NVIC_InitStructure.NVIC_IRQChannelPreemptionPriority=0x02;//抢占优先级 2
    NVIC_InitStructure.NVIC_IRQChannelSubPriority=0x00;//子优先级 0
    NVIC_InitStructure.NVIC_IRQChannelCmd=ENABLE;//使能外部中断通道
    NVIC_Init(&NVIC_InitStructure);//根据 NVIC_InitStruct 中指定的参数初始化
                                 外设 NVIC 寄存器
}
```

EXTI0_IRQHandler(void)函数的主要功能是外部中断 0 服务程序的设定。

```
//外部中断 0 服务程序
void EXTI0_IRQHandler(void)
{       delay_ms(10);//消抖
        if(KEY3==1)//按键 2
        {
            LED1=! LED1;
        }
        EXTI_ClearITPendingBit(EXTI_Line0);//清除 EXTI0 线路挂起位
}
```

EXTI2_IRQHandler(void)函数的主要功能是外部中断 2 服务程序的设定。

```
//外部中断 2 服务程序
void EXTI2_IRQHandler(void)
{       delay_ms(10);//消抖
        if(KEY2==0)//按键 2
        {
            LED0=! LED0;
        }
        EXTI_ClearITPendingBit(EXTI_Line2);//清除 EXTI2 线路挂起位
}
```

EXTI3_IRQHandler(void)函数的主要功能是外部中断 3 服务程序的设定。

```
//外部中断 3 服务程序
void EXTI3_IRQHandler(void)
```

```
{
        delay_ms(10);//消抖
        if(KEY1==0)//按键 2
        {
          LED1=! LED1;
        }
        EXTI_ClearITPendingBit(EXTI_Line3);//清除 EXTI2 线路挂起位
}
```

EXTI4_IRQHandler(void)函数的主要功能是清除 EXTI0 线路挂起位。

```
void EXTI4_IRQHandler(void)
{
        delay_ms(10);//消抖
        if(KEY0==0)//按键 2
        {
          LED0=! LED0;
        }
        EXTI_ClearITPendingBit(EXTI_Line4);//清除 EXTI0 线路挂起位
}
```

9)编辑 wdg.c 文件

该源文件涉及代码的主要作用是:提供看门狗的驱动功能,包括看门狗初始化和喂狗操作等。针对独立看门狗进行相关端口和中断服务的初始化,同时使能喂狗计数器接口。

IWDG_Init(u8 prer,u16 rlr)函数的主要功能是初始化独立看门狗。

```
#include "wdg.h"
//////////////////////////////////////////////////////////////////////
//看门狗驱动代码
//版本:V1.0
//////////////////////////////////////////////////////////////////////
//初始化独立看门狗
//prer:分频数:0~7(只有低 3 位有效!)
//分频因子=4*2^prer.但最大值只能是 256!
//rlr:重装载寄存器值:低 11 位有效
//时间计算(大概):Tout=((4*2^prer)*rlr)/40(ms)
void IWDG_Init(u8 prer,u16 rlr)
{
IWDG_WriteAccessCmd(IWDG_WriteAccess_Enable);//使能对寄存器 IWDG_PR 和 IWDG_RLR 的写操作
      IWDG_SetPrescaler(prer);//设置 IWDG 预分频值:设置 IWDG 预分频值为 64
      IWDG_SetReload(rlr);//设置 IWDG 重装载值
```

```
        IWDG_ReloadCounter();//按照 IWDG 重装载寄存器的值重装载 IWDG 计数器
        IWDG_Enable();//使能 IWDG
}
```

IWDG_Feed(void)函数的主要功能是喂独立看门狗。

```
//喂独立看门狗
void IWDG_Feed(void)
{
        IWDG_ReloadCounter();//reload
}
```

10)编辑 main.c 文件

车载娱乐系统OTA-WatchDog控制模块项目实施解析与项目总结

编写 USER 文件夹中的 main.c 文件,该文件主要实现本项目的业务逻辑。

具体文件如图 6.10 所示。

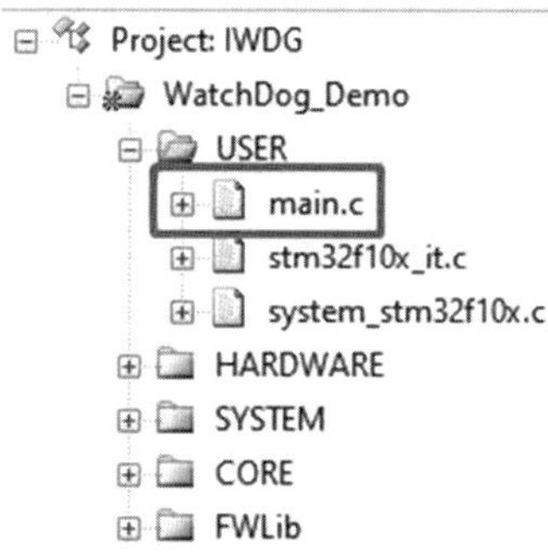

图 6.10 main.c 文件

main(void)作为主函数,提供了延时函数初始化、置 NVIC 中断分组 2:2 位抢占优先级,2 位响应优先级。同时,初始化窗口功能。通过按钮检测 WK_UP 按下,判定是否存在有效操作(此时喂狗)。另外,通过设置 LED 灯的亮、灭来判断看门狗工作逻辑是否正常。

```
#include "led.h"
#include "delay.h"
#include "key.h"
#include "sys.h"
#include "usart.h"
#include "wdg.h"
int main(void)
{
        delay_init();//延时函数初始化
        NVIC_Configuration();//设置 NVIC 中断分组 2:2位抢占优先级,2 位响应优
                              先级
        uart_init(9600);//串口初始化为 9600
```

```
    LED_Init( );//初始化与 LED 连接的硬件接口
    KEY_Init( );//按键初始化
    delay_ms(500);//让人看得见灯灭
    IWDG_Init(4,625);//分频数为 64,重载值为 625,溢出时间为 1 s
    LED0=0;//点亮 LED0
    while(1)
    {
      if(KEY_Scan(0)==KEY_UP)
      {
        IWDG_Feed( );//如果 WK_UP 按下,则喂狗
      }
      delay_ms(10);
    };
}
```

11)部署与运行

(1)工程编译

完成上述配置后,就可以编译工程了。编译开关(图中①)和编译结果(图中②),如图6.11所示。

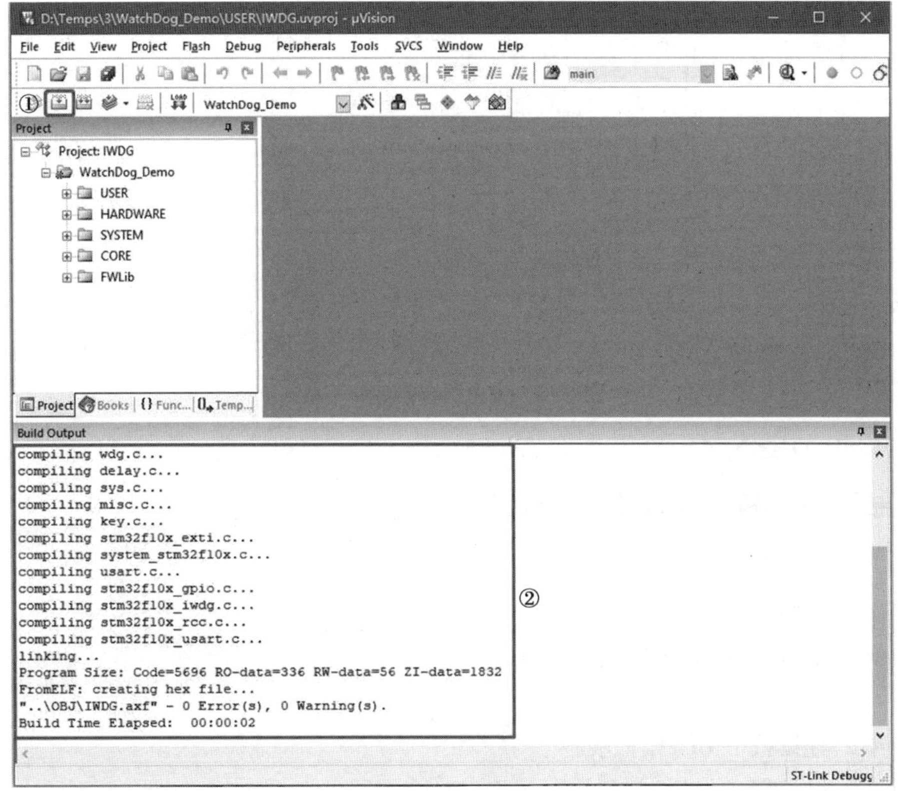

图 6.11　工程编译

(2)下载程序到 MCU

连接 ST-Link 仿真器,如图 6.12 所示。

图 6.12　连接 ST-Link 仿真器

指定仿真器型号选项,并使用 ST-Link 仿真器连接 PC 和实验箱的 MCU 侧。设置好仿真器型号、选项后单击下载程序,如图 6.13 所示。

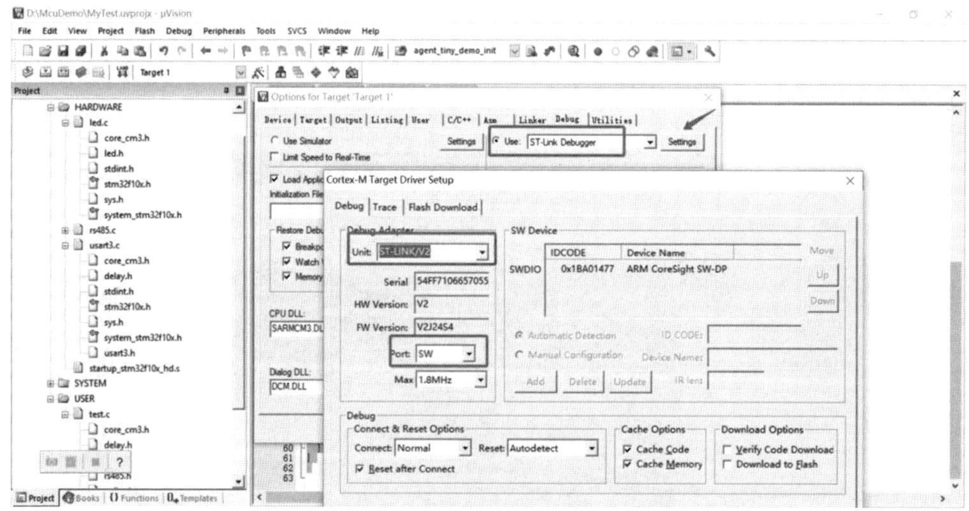

图 6.13　设置仿真器程序下载

(3)部署及运行

连接 PC 和实验箱,完成最后结果的确认。

(4)项目实验结果

操作 1:烧写完成后,重启 MCU
现象 1:LED 闪烁,启动模拟看门狗

操作 2:连续按下 UP,模拟喂狗
现象 2:LED 停止闪烁(常亮)

操作 3:停止按下 UP,模拟完成喂狗

现象 3:LED 继续闪烁

项目实验结果,如图 6.14 所示。

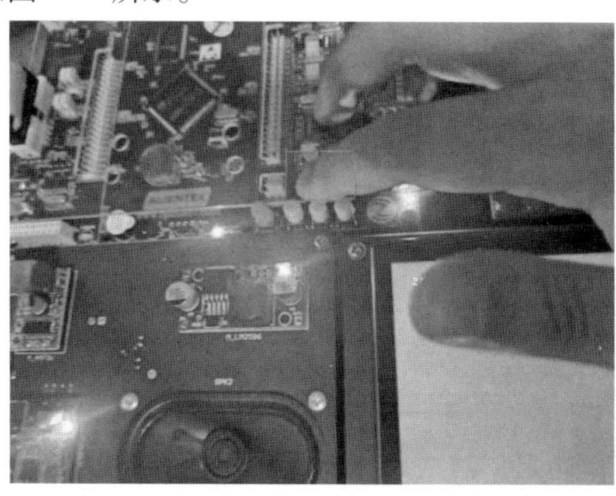

图 6.14 实验结果

本项目利用了 WatchDog 控制模块来实时监控车载娱乐系统的升级过程是否正常运行,如果系统异常就会触发 WatchDog 的中断机制,从而安全结束升级过程。那么,在平日繁杂的生活中,通常也会遇到这样那样的突发情况,我们是否应该培养一只属于我们自己的 WatchDog 呢? 古人云“生于忧患,死于安乐”,倘若个人没有危机意识,那么遇到突如其来的紧急状况就会措手不及;倘若企业没有危机意识,那么在市场萎缩、政策变化、资金短缺、金融危机等情况面前将毫无应对之力。

6.5 任务评价

实战“车载娱乐系统 OTA:WatchDog 控制模块”

姓名:________ 学号:________ 考核人:________ 总分:________

序号	工作任务	考核技能点	学生自评	小组互评	教师评价	分值/分	得分/分
1	需求分析	产品需求说明文档规范性、完整性、正确性和清晰性				15	
2	系统设计	能进行基本的产品功能设计、组织结构设计、模块划分和接口设计				15	
3	硬件准备	①能搭建硬件环境; ②能正确识读原理图				15	

续表

序号	工作任务	考核技能点	学生自评	小组互评	教师评价	分值/分	得分/分
4	软件设计	①能绘制软件流程图； ②能制定函数结构及变量命令规则； ③会查阅芯片手册； ④编码具体函数接口； ⑤实现完整代码				20	
5	软硬联调	①能正确上电； ②能烧录代码； ③能对错误进行调试； ④功能实现				20	
6	综合素养	①遵守工作时间； ②注重用电安全； ③程序编写规范； ④能根据任务要求，自主查阅资料； ⑤具有团队意识，小组成员取长补短、相互协作； ⑥具有劳动意识和创新意识				15	
总分						100	

[归纳总结]

通过本项目的实践，从工程构建开始到 WatchDog 模块的功能实现，分别学习了：

①WatchDog 的基本工作原理；

②STM32 的 F10X 系列 MCU 配置参数；

③实现 WatchDog 的功能逻辑；

④工程编译和运行；

⑤实验箱结果确认方法。

对上述内容的学习和掌握，为今后使用 WatchDog 进行相关问题的分析和解决奠定了基础。

练习实训

知识过关

1.填空题

(1) WatchDog 又分________看门狗和________看门狗。

(2)硬件看门狗利用一个________来监控主程序的运行。

(3)硬件看门狗如果出现死循环,定时时间到后就会使单片机________。

(4)STM32 系列的 MCU 有两种 WatchDog:________看门狗和________看门狗。

(5)窗口看门狗是用 APB1 总线驱动的,时钟频率最大为________。

2.选择题[(1)—(3)为单选题,(4)—(5)为多选题]

(1)独立看门狗的寄存器是(　　)位递减。

A.11　　B.12　　C.18　　D.24

(2)独立看门狗有内部专门的(　　)的 LSI 时钟,使用前不需使能。

A.40 kHz　　B.20 kHz　　C.30 kHz　　D.10 kHz

(3)窗口看门狗的寄存器是 7 位递减,窗口最大值为(　　)。

A.0x5F　　B.0x2F　　C.0x7F　　D.0x3F

(4)以下(　　)属于独立看门狗的寄存器。

A.预分频寄存器　　B.状态寄存器　　C.重装载寄存器　　D.键寄存器

(5)下列属于窗口看门狗的寄存器的是(　　)。

A.配置寄存器　　B.计算寄存器　　C.控制寄存器　　D.输入寄存器

3.简答题

(1)简述什么是 WatchDog。

(2)简述 IWatchDog 和 WWatchDog 的相同点。

实训任务

1.硬件设计

请描述出项目 6 实战“车载娱乐系统 OTA:WatchDog 控制模块”的硬件设计方案。

2.程序设计

编写程序实现 EXTI0_IRQHandler(void)函数的主要功能是外部中断 0 服务程序的设定。

提升篇

项目7
实战“AI智能语音控制系统”

[项目情境]

在经历了前述5个典型项目的洗礼后，新人小李的技术能力和业务能力得到了长足发展，也逐渐成长起来。部长为了进一步锻炼小李以及与他一批进来的新人，在之前的5个项目的基础上，给他所在的实践项目组下达了又一个任务。这次任务难度较前5个单独的功能模块分析实现而言，有了重大升级。他们需要完成“AI智能语音控制开发”。项目组长依旧要求小李按照标准的V字形软件开发流程从需求分析到系统设计再到编码实现，完成AI智能语音控制的设计和实现。

本次需要为新车型设计的这套AI智能语音控制，目标是打通车载娱乐系统和行车电脑之间的功能通道。通过AI智能语音给汽车发出相关指令，完成汽车功能的使能。车厂依旧给项目组提供了基于STM32的F10X系列芯片作为主控MCU，以及使用RK3399芯片作为主控SoC的综合实验箱，从而完成对应功能的实现。已知该实验箱上的MCU模块能通过以太网和SoC模块进行数据交互；同时，该项目的实现需要借助百度人工智能云语音引擎实现语音识别基本功能。基于该项目情境，展开以下具体实施过程。

[需求分析]

结合项目情境，针对“AI智能语音控制”整个功能实现的要点，为了完成AI智能语音控制，需要同时用到实验箱的SoC侧和MCU侧。使用STM32系列的MCU的相关模块及其外设进行相关功能，同时借助百度的Tegine人工智能框架完成本项目的设计和实现。综合运用所学的所有技术和业务逻辑，实现具体的功能系统。

实现AI智能语音控制SoC侧的开发操作项目分析

实现AI智能语音控制MCU侧的开发操作项目分析-1

SoC通过Wi-Fi连接到互联网、访问百度人工智能云语音引擎或者设置成离线语音引擎，同时运行Android平台的App，访问百度智能语音SDK，接收用户的语音控制命令，将命令通过JNI的方式，使用UDP协议的网络通信，控制驱动程序，St-Link将RPC命令发送给MCU端。MCU端通过UDP协议的网络通信获取来自SoC端的RPC命令，进而通过Led驱动控制LED的动作，产生动作结果与动作码，作为车机其他系统的输入指令。

对需要完成的需求，梳理如下：

①明确STM32的F10X系列MCU的LED控制引脚编号；

②明确控制LED需要用到的对应寄存器；

③完成 LED 驱动控制的功能;
④完成基于 MDK-KEIL 开发工程环境的构建;
⑤明确百度人工智能云语音引擎的配置和相关接口;
⑥实现借助上述引擎完成 SoC 侧控制 App 的编写;
⑦完成工程的编译;
⑧完成程序到实验箱烧写;
⑨完成结果确认。

[学习目标]

◇知识目标

①认识什么是 Tegine 人工智能框架;
②理解 Tegine 人工智能框架的工作原理;
③熟悉语音识别的工作原理;
④熟悉常用语音识别的算法说明。

◇能力目标

①掌握配置实验箱环境;
②掌握集成百度 AI 语音 SDK,开发智能控制应用;
③掌握开发调试 JNI 层 UDP 协议的网络通信程序;
④掌握开发调试 MCU 串口驱动和 LED 驱动;
⑤掌握连接 ST-Link 仿真器并设置相关参数;
⑥掌握连接 SoC 部分和 MCU 部分并实施整体联调。

◇素养目标

①认识具有团队协作精神的重要性;
②培养勇于创新、严谨负责的职业态度和习惯;
③提高学生对未来劳动的认识水平。

◇项目重点

①百度智能框架的使用;
②百度语音框架的集成;
③SoC 和 MCU 侧的整体联调;
④AI 智能语音引擎的工作原理。

◇项目难点

①AI 语音 SDK 的开发工作;
②SoC 侧的核心类的开发工作;
③MCU 侧的主要代码开发;
④AI 语音引擎的使用。

7.1 任务描述

用户发出语音命令,智能网联平台接收到用户的语音命令,执行相关操作。用户发出如下自然语言指令:“打开百度车机助手”“打开双闪紧急灯”“关闭双闪紧急灯”,智能网联平台给出相应动作码和相关提示,此动作码作为其他车机系统的输入代码备用。

实现过程包括以下内容:

1)任务分析

介绍本任务的启动条件,输入、输出和结束条件;并概要说明完成本任务需要的专业技能和专业知识。

2)知识精讲

介绍完成本任务需要的专业技能和专业知识,包括人工智能框架、设备分类和工作原理,为实现任务奠定理论基础。

3)任务实施

在明确任务条件和了解理论基础后,按部就班地完成任务,对应步骤包括:
①明确需要用到的设备和软件工具;
②完成工程的创建;
③完成工程的参数配置;
④完成工程参数配置项的检查;
⑤完成代码分析;
⑥完成工程的编译和链接;
⑦完成上机验证。

7.2 任务分析

1)本任务的启动条件

①PC 端启动操作系统,正常连接实验箱;
②实验箱 SoC 与 MCU 端处于正常工作状态;
③相关集成开发环境搭建完成。

2)本任务的输入/输出

①输入:驾驶员通过智能网联汽车声音外设,在智能座舱中输入自然语音;
②输出:智能网联汽车接收到经过自然语言转换而形成的状态码。

3)本任务的结束条件

①SoC 端输出经过自然语言转化后的消息提示;
②MCU 端对自然语言的指令进行正确或错误的响应,并产生动作码。

4)本任务的实现所需技能与知识

①语音识别技术的基本概念;
②人工智能框架的基本概念;
③SoC 的基本概念;
④STM32 系列 MCU 的相关技术知识。

7.3 知识精讲

实现 AI 智能语音控制 MCU 侧的开发操作代码解析-2

1)什么是 Tengine 人工智能框架

Tengine 是 OPEN AI LAB(开放智能)推出的 AI 推理框架,致力于解决 AIoT 应用场景下多厂家、多种类的边缘 AI 芯片与多样的训练框架、算法模型之间的相互兼容适配,同时提升算法在芯片上的运行性能,将从云端完成训练后的算法高效迁移到异构的边缘智能芯片上执行,缩短 AI 应用开发与部署周期,助力加速 AI 产业化落地。

为了解决 AIoT 应用落地问题,Tengine 重点关注嵌入式设备上的边缘 AI 计算推理,为大量 AIoT 应用和设备提供高性能 AI 推理的技术支持。一方面,可通过异构计算技术同时调用 CPU,GPU,DSP,NPU 等不同计算单元来完成 AI 网络计算;另一方面,它支持 PaddlePaddle,PyTorch,TensorFlow,Caffe,MXNet,DarkNet,One Flow,ONNX 等主流训练框架及网络模型格式。ONNX 是官方认证的战略合作伙伴之一。

随着 AI 技术向各行业加速落地,AI 能力也从云端向边缘设备快速扩展,特别是 AI 推理在边缘设备上运行。为解决算法在云端训练后生成的推理模型能够在不同架构的边缘(嵌入式)芯片上执行,Tengine 向上支持多种主流训练框架,向下兼容各种异构的边缘(嵌入式)AI 芯片,并通过对 ARM/RISC-V/GPU/DSP/NPU 等各种指令架构做高效适配,充分挖掘芯片算力,加速算法执行效率。

在实际生产中,需要 Tengine 解决的一些痛点如下:
①应用问题场景多样性,工业/医疗/智慧城市/智能家居等。
②嵌入式平台多样性,单片机/DSP/处理器/FPGA 等。
③对于应用开发而言,AI 曲高和寡、高深莫测,无法落地。
④很多框架都侧重在算法训练,针对嵌入式部署比较好的方案则相对较少。
为了解决以上这些痛点,Tengine 发展出了以下特点:
①定位于嵌入式平台推理计算框架。
②支持 TensorFlow,Caffe,PyTorch,MXNet,ONNX,PaddlePaddle 等流行训练框架。

③跨芯片平台适配。

④超轻量无依赖,甚至可以在 MCU 上部署。

⑤全栈部署移植支持。

根据 Tengine 架构手册的说明,图 7.1 给出了 Tengine 框架图。

由图 7.1 可知,Tengine 由六大模块组成:core,operator,serializer,executor,driver,wrapper。其中:

①core:提供系统的基本组件和功能。

②operator:在此处定义了基本的 operators 框架,如 convolution(卷积)、relu、pooling 池化等。

③serializer:用来导入已保存的模型。该 serializer 框架可扩展以支持不同的框架模型,包括自定义模型格式。Tengine 可直接导入 Caffe,ONNX,Tensorflow,MXNet 模型或者 Tengine 自己的模型。

④executor:实现运行 graph 和 operators 的代码。

⑤driver:实际硬件的适配器,并通过 HAL API 向设备执行器提供服务。单个 driver 可以创建多个设备。

⑥wrapper:为不同的框架提供 API 封装。目前,caffe API wrapper 和 tensorflow API wrapper 都可以工作。

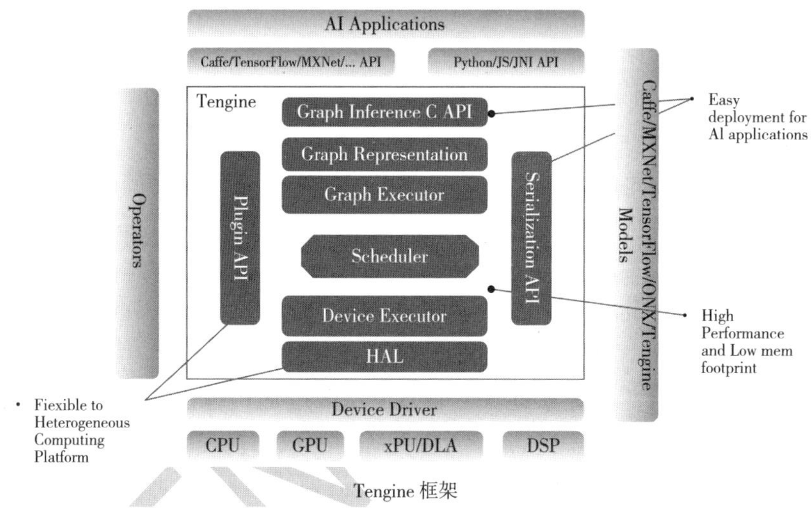

图 7.1　Tengine 框架图

2)Tengine 人工智能框架工作原理

详细解剖 Tengine 的框架结构,可以得出如图 7.2 所示的架构细节图。

Tengine 内部详细架构如图 7.2 所示,最上面是 API 接口,针对 API 接口,我们进行了仔细研究,因为要构建一个 Tengine 的 AI 应用生态,API 的稳定性是第一位的,这样才能保证整个生态持续发展。

下面是模型转换层,可以把各种各样主流的训练框架模型转换成 Tengine 模型,然后再端上运行,接着会提供一些配套工具,包括图的编译、压缩、调优,以及进行仿真的工具。我们还提供了一些常用算法库,包括前处理、后处理,以及面向一些特定领域的算法库。

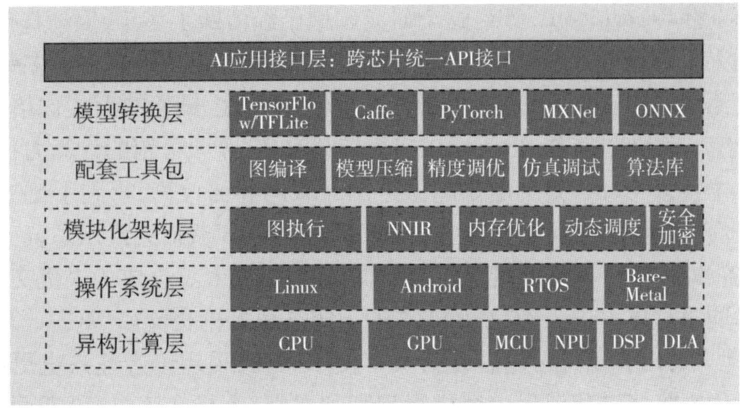

图 7.2 Tengine 内部详细架构图

接着是真正的执行层，包括图的执行、NNIR。NNIR 是 Tengine 图的一个表示，包括内存优化、调度和加密等。再下面是对操作系统的适配。Tengine 目前已经支持 RTOS 和 Bare-Metal 场景，这些都是为了支持特别低端 CPU 去做的。在异构计算层，能支持 CPU，GPU，MCU，NPU 等。

3)什么是语音识别技术

根据本项目的实现需求，在描述完 Tengine 的架构和工作原理后，还需向大家交代语音识别的概念。语音识别技术也称为自动语音识别(Automatic Speech Recognition，ASR)，其目标是将人类语音中的词汇内容转换为计算机可读的输入，如按键、二进制编码或者字符序列。与说话人识别及说话人确认不同，后者尝试识别或确认发出语音的说话人而非其中所包含的词汇内容。

随着数据处理技术的进步以及移动互联网的快速普及，计算机技术被广泛运用到社会的各个领域，随之而来的则是海量数据的产生。其中，语音数据受到越来越多的重视。语音识别是一门交叉学科。近 20 年来。语音识别技术取得显著进步，开始从实验室走向市场。人们预计，未来 10 年内，语音识别技术将进入工业、家电、通信、汽车电子、医疗、家庭服务、消费电子产品等各个领域。语音识别听写机在一些领域的应用被美国新闻界评为 1997 年计算机发展十件大事之一。很多专家都认为语音识别技术是 2000—2010 年信息技术领域十大重要的发展技术之一。语音识别技术所涉及的领域包括信号处理、模式识别、概率论和信息论、发声机理和听觉机理、人工智能等。语音识别较语音合成而言，技术上要复杂些，但应用却更加广泛。语音识别 ASR(Automatic Speech Recognition)的最大优势在于使得人机用户界面更加自然和容易使用。

语音识别系统提示客户在新的场合使用新的口令密码，这样使用者不需要记住固定的口令，系统也不会被录音欺骗。文本相关的语音识别方法可分为动态时间伸缩或隐马尔可夫模型方法。文本无关语音识别已经被研究很长时间了，不一致环境造成的性能下降是应用中的一个很大障碍。

4)语音识别工作原理

在明白语音识别概念后，接下来需要了解语音识别的工作原理。自动语音识别

(Automatic Speech Recognition,ASR)这个研究领域已经活跃了多年,但一直并没有真正成为一种重要的人机交流形式,一个是缘于当时技术的落后,语音技术在大多数用户实际使用的场景下还不大可用;另一个是在很多情况下使用键盘、鼠标的形式比语音更有效、更准确、约束更小。近年来,首先,由于摩尔定律持续有效,今天可用的计算力仅仅相比十几年前就高了几个量级;其次,借助越来越先进的互联网和云计算,得到了比先前多得多的数据资源。最后,移动设备、可穿戴设备、智能家居设备、车载信息娱乐系统变得越来越流行,在这些设备和系统上,鼠标和键盘不再便捷,而对话交互将会成为人机交互的未来。

语音技术同时可以促进人类之间的交流(HHC)和人机交流(HMC)。人类之间的交流,如发送给他人的语音消息可以转化为文字便于阅读,采用语音输入也更为便捷,语音识别技术还可用来将演讲和课程内容进行识别和索引;人机交流,如语音搜索、个人智能助理、声控游戏、智能家居等。

一个语音对话系统一般包含 4 个主要组成部分中的一个或多个:语音识别系统将语音转化为文本、语义理解系统提取用户说话的语义信息、文字转语音系统将内容转化为语音、对话管理系统连接其他 3 个系统并完成与实际应用场景的沟通,如图 7.3 所示。

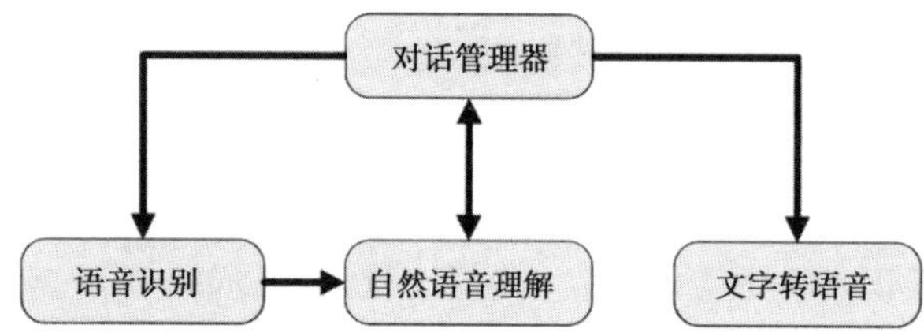

图 7.3 语音对话系统工作流程图

具体而言,语音识别系统的架构主要由 4 个部分组成:信号处理和特征提取、声学模型(AM)、语言模型(LM)和解码搜索部分,如图 7.4 所示。

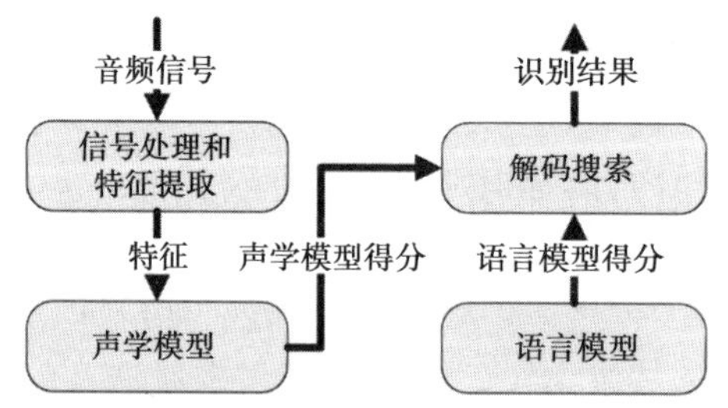

图 7.4 语音识别系简略统架构图

信号处理和特征提取是语音识别系统的第一部分,接受最原始的音频信号,通过消除噪声和信道失真对语音进行增强,将信号从时域转化到频域,并为后面的声学模型提取合适的有代表性的特征向量。声学模型以特征提取部分生成的特征为输入,为可变长特征序列生成声学模型分数。

语言模型估计通过训练语料学习词与词之间的相互关系来估计假设词序列的可能性,又称语言模型分数。如果了解领域或任务相关的先验知识,语言模型的分数通常可以估计的更准确。解码搜索综合声学模型分数与语言模型分数的结果,将总体输出分数最高的词序列当作识别结果。

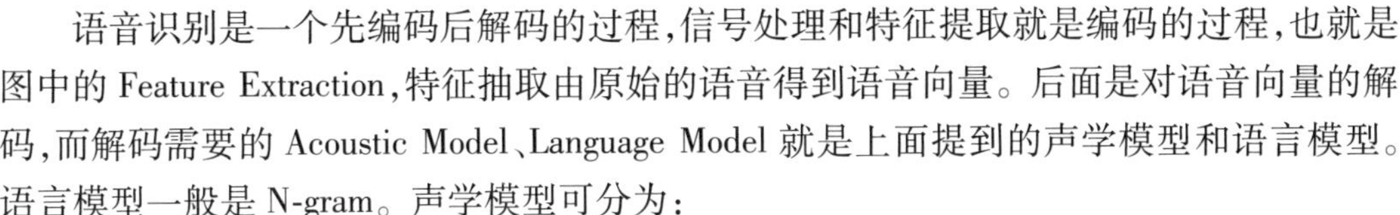

语音识别是一个先编码后解码的过程，信号处理和特征提取就是编码的过程，也就是图中的 Feature Extraction，特征抽取由原始的语音得到语音向量。后面是对语音向量的解码，而解码需要的 Acoustic Model、Language Model 就是上面提到的声学模型和语言模型。语言模型一般是 N-gram。声学模型可分为：

①传统模型（GMM-HMM、DNN-HMM）。

②CTC 模型。

③end-to-end 模型。

声学模型处理的问题主要在于特征向量序列的可变长和音频信号的丰富变化性，因为语音长度是不确定的，所以特征向量序列的长度也是不确定的，我们一般通过动态时间规整方法和隐马尔可夫模型来处理。音频信号的丰富变化性是指音频信号的多样性会由说话人的性别、健康状况、紧张程度、说话风格，以及环境噪声、周围人声、信道扭曲、方言差异、非母语口音等各种原因所引起。

在过去，信号处理和特征抽取一般用 Fbank 或者 MFCC 作为特征向量，然后使用混合高斯模型-隐马尔可夫模型（GMM-HMM）作为声学模型，再用最大似然准则（maximum likelihood，ML）去训练，最后序列鉴别性训练算法，如最小分类错误（Minimum Classification Error，MCE）和最小音素错误（Minimum Phone Error，MPE）等准则被提出来。

5）常用语音识别算法说明

常用语音识别算法包括 MFCC，HMM，GMM 以及 Viterbi 等。接下来，针对这几种算法以及库分别进行说明。

1）MFCC

MFCC 的全称是 Mel-Frequency Cepstral Coefficients，中文名为梅尔频率倒谱系数。梅尔频率是基于人耳听觉特性提出来的，它与 Hz 频率呈非线性对应关系。MFCC 则是利用它们之间的这种关系，计算得到 Hz 频谱特征。MFCC 主要用于语音数据特征提取和降低运算维度。例如，对于一帧有 512 维（采样点）的数据，经过 MFCC 后可以提取出最重要的 40 维（一般而言）数据，同时也达到了降维的目的。

2）HMM

HMM 的全称是 Hidden Markov Model，中文名为隐马尔可夫模型，是统计模型。它用来描述一个含有隐含未知参数的马尔可夫过程。其难点是从可观察的参数中确定该过程的隐含参数。然后利用这些参数来作进一步的分析，如模式识别。HMM 是结构最简单的贝叶斯网，它是一种著名的有向图模型，主要用于时序数据建模（语音识别、自然语言处理等数据在时域有依赖性的问题）。

3）GMM

GMM 的全称是 Gaussian Mixture Model，中文名为高斯混合模型，也可简写成 MOG。GMM 就是用高斯概率密度函数（正态分布曲线）精确地量化事物，将一个事物分解成若干个基于高斯概率密度函数（正态分布曲线）形成的模型。GMM 已经在数值逼近、语音识别、图像分类、图像去噪、图像重构、故障诊断、视频分析、邮件过滤、密度估计、目标识别与跟踪等领域取得了良好的效果。

4）Viterbi

Viterbi 被称为维特比算法。维特比算法是一种动态规划算法，用于寻找最有可能产生观测事件序列的-维特比路径-隐含状态序列，特别是在马尔可夫信息源上下文和隐马尔可夫模型中。术语“维特比路径”和“维特比算法”也被用于寻找观察结果最有可能解释相关的动态规划算法。例如，在统计句法分析中动态规划算法可被用于发现最可能的上下文无关的派生（解析）的字符串，有时被称为“维特比分析”。

维特比算法由安德鲁·维特比（Andrew Viterbi）于 1967 年提出，用于在数字通信链路中解卷积以消除噪声。此算法被广泛用于 CDMA 和 GSM 数字蜂窝网络、拨号调制解调器、卫星、深空通信和 802.11 无线网络中解卷积码。如今也常常用于语音识别、关键字识别、计算语言学和生物信息学中。例如，在语音（语音识别）中，声音信号作为观察到的事件序列，而文本字符串被看作隐含的产生声音信号的原因，因此，可对声音信号应用维特比算法寻找最有可能的文本字符串。它用于寻找最有可能产生观测事件序列的维特比路径——隐含状态序列，特别是在马尔可夫信息源上下文和隐马尔可夫模型中。

7.4 任务实施

1）需要用到的设备和软件工具

为了完成本任务，需要用到的设备和软件工具包括：

（1）硬件环境准备

①工程搭建、编译和构建用的 PC 1 台，包括与 ST-Link 连接用的 USB 线缆 1 条；
②ST-Link 仿真调试器，包括与 PC 连接用的 USB 线缆 1 条（和 PC 共用）；
③实验箱“智能网联系统开发平台”1 台，电源线 1 条，与 ST-Link 连接用的排线 1 条。连接关系示意图，如图 7.5 所示。

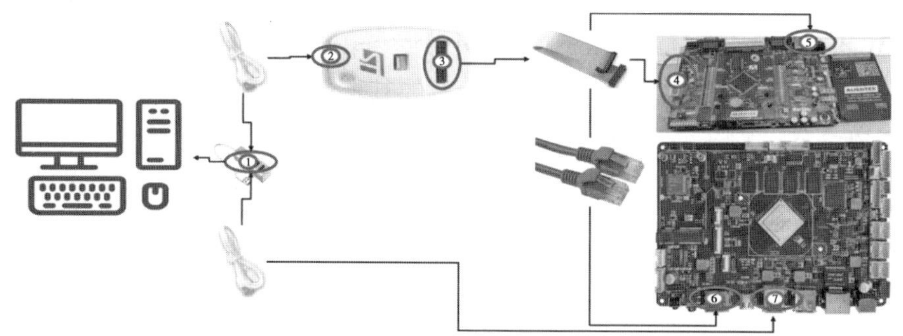

图 7.5　连接关系示意图

由上述示意图可知，连接关系可表述为：

①通过 USB 线缆连接 PC 和 ST-Link（图中①→②）；

②通过排线连接 ST-Link 和实验箱中的 STM32 MCU 开发板（图中③→④）；

③通过 USB 线缆连接 PC 和 SoC 侧开发板（图中①→⑦）；

④通过网线连接 MCU 侧开发板和 SoC 侧开发板（图中⑤→⑥）。

（2）软件环境准备

根据本书“1.7 搭建开发环境”中的任务 1.7.1 和任务 1.7.2，在 PC 上安装 MDK-KEIL 集成开发环境和 Android Studio。

准备好上述软硬件环境后，就可以开启后续任务了。

（3）软件包及算法库

对应的软件包及算法库主要是百度提供的 Tengine 人工智能语音识别引擎，详细介绍请参考本节“知识精讲”部分的介绍说明。

上述设备和软件准备就绪后，就可着手实施后续步骤。

前提说明，由于本项目涉及 MCU 和 SoC 两侧的协作和通信。根据实验箱的具体情况，MCU 和 SoC 两侧的协作主要包括：

①SoC 侧的负责使用 Tengine 人工智能语音识别引擎捕捉用户的语音输入，并将这些语音输入转换成操作码，发送到 MCU 侧。

②MCU 侧负责接收 SoC 侧发送来的操作码，然后分析操作码并驱动外设实现具体功能（LED 灯亮灭）。

③MCU 和 SoC 两侧的通信方式通过以太网的 UDP 协议进行数据交互。

基于上述前提说明，从任务实施上讲，要分为 MCU 侧的开发和 SoC 侧的开发进行操作。

2）MCU 侧的开发操作

在 MCU 侧需进行应用开发。使用提供的 MCUCodeUDP.zip 源码包进行对应开发。开发步骤包括以下内容。

（1）工程解压

解压 MCUCodeUDP.zip 文件到非系统盘的根目录下（如 D 盘），注意不要包含中文路径即可，如图 7.6 所示。

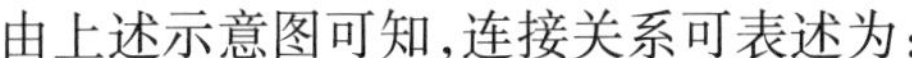

图 7.6 MCUCodeUDP **文件夹**

双击解压后的工程文件，可以一览工程文件目录全貌，如图 7.7 所示。

（2）工程加载

双击解压后的工程文件，使用 MDK-KEIL 加载工程，如图 7.8 和图 7.9 所示。

此电脑 › DATA (D:) › Temps › MCUCodeUDP

名称	修改日期	类型
APP	2021/12/12 16:17	文件夹
CORE	2021/12/12 9:54	文件夹
DRIVER	2021/12/12 10:49	文件夹
HARDWARE	2021/12/12 9:59	文件夹
LWIP	2021/12/12 10:11	文件夹
MALLOC	2021/12/12 9:55	文件夹
OS	2021/12/12 9:54	文件夹
Project	2021/12/17 17:00	文件夹
SYSTEM	2021/12/12 9:54	文件夹
USER	2021/12/12 9:54	文件夹
USMART	2021/12/12 10:26	文件夹

图 7.7　MCUCodeUDP 工程文件目录全貌

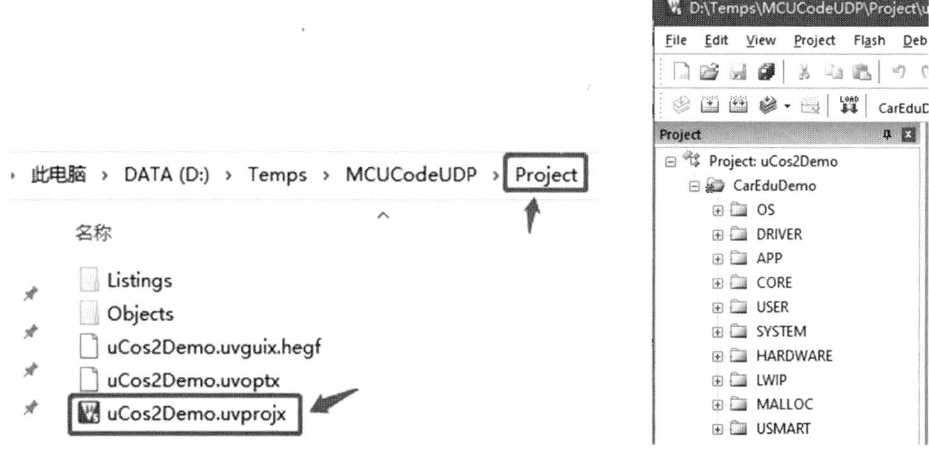

图 7.8　工程配置文件说明　　图 7.9　使用 MDK-KEIL 加载工程文件

(3)工程目录详细分析

如图 7.10 所示为加载后的工程,对整个工程目录依次进行注解如下:

①OS:包含 4 个文件,即 ucos_ii.c,os_cpu_c.c,os_dbg_r.c 和 os_cpu_a.asm。主要作用是为 MCU 侧提供轻量级操作系统功能,使用了实时的 ucos 的基本功能提供操作系统支持。

②DRIVER:包含 7 个文件,即 Driver_Led.c,Driver_LinkList.c,Driver_Managemnt.c,Driver_Uart.c,Driver_Can,Driver_IIC.c 和 Driver_TEA5767.c。主要作用是为不同外设提供对应的驱动支持。这些驱动包括 LED 灯控制驱动、设备链接表驱动、设备链表管理驱动、UART 驱动、CAN 通信设备驱动、I^2C 驱动、TEA5767 驱动。

③APP:包含 6 个文件,即 APP_AirCon.c,APP_AirConFunc.c,APP_CanData.c,APP_Led.c,APP_RPC.c 和 APP_TunnerFunc.c。主要作用是实现不同功能的业务逻辑,并负责和 SoC 侧的应用进行通信。

④CORE:包含 1 个文件,即 core_cm3.c。这是 STM32F103 系列 MCU 的核心功能实现,是由 ARM 提供的开源模块(不需要用户做任何修改)。

⑤USER:包含 1 个文件,即 main.c。这是整个 MCU 侧部分的主体入口。

⑥SYSTEM:包含 4 个文件,即 delay.c,sys.c,startup_stm32f10x_hd.s 和 usart.c。主要作用是为 MCU 提供延时功能、中断向量设置功能、启动控制功能以及通用同步/异步串行接收/发送功能。

⑦HARDWARE:包含 8 个文件,即 led.c,IL193xx.c,key.c,dm9000.c,timer.c,rtc.c,adc.c 和 beep.c。主要作用是提供各部分外设的初始化和基本功能函数,包括 led 初始化、LCD 基本功能(本功能由于实验箱的 MCU 侧没有配置 LCD 屏幕,故未予使用)、key 初始化、dm9000 初始化、定时器初始化、实时时钟初始化和中断配置、adc 初始化、蜂鸣器初始化等功能。

⑧LWIP:是瑞典计算机科学院 Adam Dunkels 开发的一个小型开源的 TCP/IP 协议栈。实现的重点是在保持 TCP 协议主要功能的基础上减少对 RAM 的占用。属于第三方库的使用(除 demo 部分,无特殊情况无须修改)。

⑨MALLOC:包含 1 个文件,即 malloc.c。仿 C 标准库,提供基本的动态内存管理控制功能。

⑩USMART:包含 3 个文件,即 usmart.c,usmart_config.c 和 usmart_str.c。它是第三方的 STM32 开发平台开发串口级终端调试工具(无特殊情况无须修改)。

(4)编辑 Driver_Led.c 文件

在上述工程既有的基础上,针对 MCU 的应用层程序进行理解和修改。满足目前项目的需求。编写 DRIVER 文件夹中的 Driver_Led.c 文件,其作用是提供驱动程序,驱动 LED 灯打开还是关闭。

如图 7.10 中方框所示,需要编写的目标源文件是 Driver_Led。

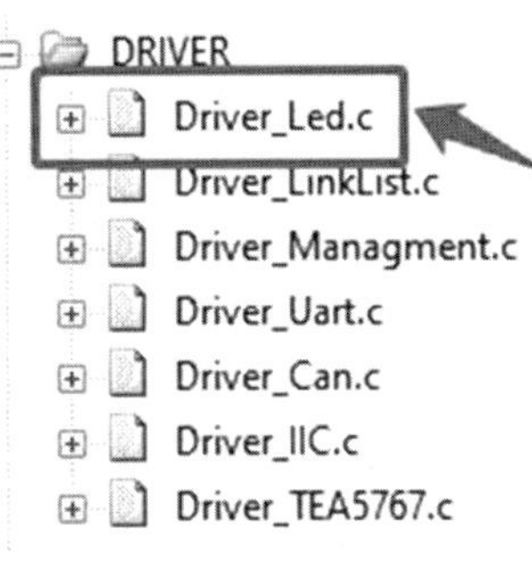

图 7.10 Driver_Led.c

nvdLED_Ctl(const void * cmd,unsigned long arg,void * pout)用来进行内部函数申明。

实现 AI 智能语音控制 MCU 侧的开发操作项目代码解析-3

```
#define LED0 PBout(5)//DS0
#define LED1 PEout(5)//DS1
static void wvdLED_Init(void);
static void wvdLED_Close(void);
static void wvdLED0_Ctl(boolean aubOnOff);
static void wvdLED1_Ctl(boolean aubOnOff);
/* 内部函数申明 */
static void nvdLED_Ctl(const void * cmd,unsigned long arg,void * pout);
/* led 设备文件控制结构体申明 */
Dev_File wcLedDevFile_ts = {
```

```
        wvdLED_Init,
        wvdLED_Close,
        NULL,
        NULL,
        NULL,
        nvdLED_Ctl,
};
```

wvdLED_Init(void)函数的主要功能是 led 设备初始化。

```
/*************************************
*       Function Name       :wvdLED_Init
*       Description         :led 设备初始化
*       Parameter           :argc,argv
*       Return Code         :int
*------------------------------------------------------------
*       Revision History
*       No.     Date        Revised by      Item        Description
**********************************
/
void wvdLED_Init(void)
{
        RCC->APB2ENR|=1<<3;/* RCC 功能设置 */
        RCC->APB2ENR|=1<<6;/* RCC 功能设置 */
        GPIOB->CRL&=0XFF0FFFFF; GPIOB->CRL|=0X00300000;/* GPIOB 清
除指令设定 */
        GPIOB->ODR|=1<<5;/* GPIOB 方向设定 */
        GPIOE->CRL&=0XFF0FFFFF; GPIOE->CRL|=0X00300000;/* GPIOE 清
除指令设定 */
        GPIOE->ODR|=1<<5;/* GPIOE 方向设定 */
}
```

wvdLED_Close(void)函数的功能是关闭 led 设备(定义接口,暂无操作)。

```
/*************************************
*       Function Name       :wvdLED_Close
*       Description         :关闭 led 设备(暂无操作)
*       Parameter           :
*       Return Code         :
*------------------------------------------------------------
*       Revision History
```

```
*          No.       Date              Revised by             Item          Description
* * * * * * * * * * * * * * * * * * * * * * * * * * * * * * * * * * * *
/
void wvdLED_Close(void)
{
}
```

wvdLED0_Ctl(boolean aubOnOff)函数的主要功能是 led0 开关控制。

```
/* * * * * * * * * * * * * * * * * * * * * * * * * * * * * * * * * * * *
*          Function Name          :wvdLED0_Ctl
*          Description            :led0 开关控制
*          Parameter              :aubOnOff TRUE for on FALSE for off
*          Return Code            :void
*--------------------------------------------------------------
*          Revision History
*          No.       Date              Revised by             Item          Description
* * * * * * * * * * * * * * * * * * * * * * * * * * * * * * * * * * * *
/
void wvdLED0_Ctl(boolean aubOnOff)
{
        if(aubOnOff!=TRUE && aubOnOff!=FALSE)
        {
          return;
        }
        LED0=!aubOnOff;/* 开关反转 */
}
```

wvdLED1_Ctl(boolean aubOnOff)函数的功能是 led1 开关控制。

```
/* * * * * * * * * * * * * * * * * * * * * * * * * * * * * * * * * * * *
*          Function Name          :wvdLED1_Ctl
*          Create Date            :
*          Author/Corporation     :DSS
*          Description            :led1 开关控制
*          Parameter              :aubOnOff TRUE for on FALSE for off
*          Return Code            :void
*--------------------------------------------------------------
*          Revision History
*          No.       Date              Revised by             Item          Description
* * * * * * * * * * * * * * * * * * * * * * * * * * * * * * * * * * * *
```

```
/void wvdLED1_Ctl(boolean aubOnOff)
{
        if(aubOnOff! =TRUE && aubOnOff! =FALSE)
        {
          return;
        }
        LED1=! aubOnOff;/ * 开关反转 * /
}
```

nvdLED_Ctl(const void * cmd,unsigned long arg,void * pout)函数的功能是 led 开关控制的总体控制逻辑。

```
/ * * * * * * * * * * * * * * * * * * * * * * * * * * * * * * * * * * * *
 *        Function Name        :nvdLED_Ctl
 *        Description          :led 开关控制总体控制逻辑
 *        Parameter            :aubOnOff TRUE for on FALSE for off
 *        Return Code          :void
 * ------------------------------------------------------------------
 *        Revision History
 *        No.    Date        Revised by        Item        Description
 * * * * * * * * * * * * * * * * * * * * * * * * * * * * * * * * * * * *
/
void nvdLED_Ctl(const void * cmd,unsigned long arg,void * pout)
{
        switch(arg)/ * led0/1 总体开关控制选项 * /
        {
          case 0:
                if(strcmp(cmd,LED_ON)==0)
                {
                  wvdLED0_Ctl(TRUE);
                }
                else if(strcmp(cmd,LED_OFF)==0)
                {
                  wvdLED0_Ctl(FALSE);
                }
              break;
          case 1:
                if(strcmp(cmd,LED_ON)==0)
                {
```

```
                    wvdLED1_Ctl(TRUE);
                }
                else if(strcmp(cmd,LED_OFF)==0)
                {
                    wvdLED1_Ctl(FALSE);
                }
            break;
        default:
            break;
    }
}
```

(5)编辑 APP_led.c 文件

编写 APP 文件夹中的 APP_Led.c 文件和 APP_RPC.c 文件。这两个文件的功能说明如下：

①APP_Led.c：Led 灯光控制业务逻辑实现，包括 Led 灯的选定，开关等。

②APP_RPC.c：借助 LWIP 提供的以太网基础库功能，实现 MCU 和 SoC 借助 UDP 协议进行数据通信。

具体文件如图 7.11 所示。

APP
APP_AirCon.c
APP_AirConFunc.c
APP_CanData.c
APP_Led.c
APP_RPC.c
APP_TunerFunc.c

图 7.11 APP_Led.c 和 APP_RPC.c

handleLED(u8 * cmd)函数的功能是 LED 控制业务逻辑的实现。

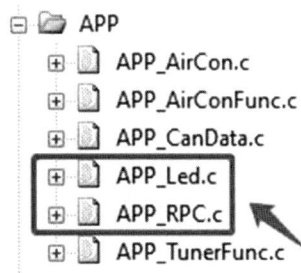

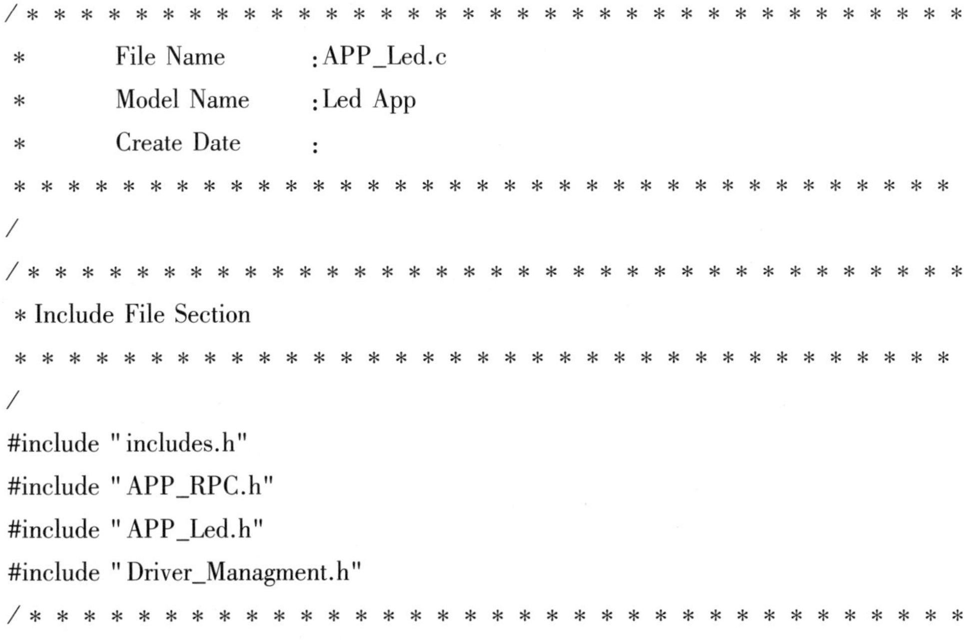

```
/ * * * * * * * * * * * * * * * * * * * * * * * * * * * * * * * * * * *
 *        File Name        :APP_Led.c
 *        Model Name       :Led App
 *        Create Date      :
 * * * * * * * * * * * * * * * * * * * * * * * * * * * * * * * * * * *
/
/ * * * * * * * * * * * * * * * * * * * * * * * * * * * * * * * * * * *
 * Include File Section
 * * * * * * * * * * * * * * * * * * * * * * * * * * * * * * * * * * *
/
#include "includes.h"
#include "APP_RPC.h"
#include "APP_Led.h"
#include "Driver_Managment.h"
/ * * * * * * * * * * * * * * * * * * * * * * * * * * * * * * * * * * *
 *        File Static Variable Define Section
```

```
* * * * * * * * * * * * * * * * * * * * * * * * * * * * * * * * * * * * *
/
static Dev_File * p_Led = NULL;
/* * * * * * * * * * * * * * * * * * * * * * * * * * * * * * * * * * * * *
*         Function Name     :TASK_Led
*         Description       :LED 控制业务逻辑实现
*         Parameter         :
*         Return Code       :void
* ------------------------------------------------------------------------
*         Revision History
*         No.    Date          Revised by          Item          Description
* * * * * * * * * * * * * * * * * * * * * * * * * * * * * * * * * * * * *
/
void handleLED(u8 * cmd)
{
        if(NULL! =cmd)
        {
          if(NULL==p_Led)
          {
            /* 打开 LED 驱动 */
            p_Led=open(DRVNAME_LED);
          }
          switch(cmd[2])
          {
            case 1:
            {
                if(p_Led)
                {
                  p_Led->ioctl(LED_ON,0,NULL);
                  p_Led->ioctl(LED_ON,1,NULL);
                }
            }
            break;
            case 0:
            {
                if(p_Led)
                {
                  p_Led->ioctl(LED_OFF,0,NULL);
```

```
                p_Led->ioctl(LED_OFF,1,NULL);
            }
        }
        break;
        default:
        break;
    }
  }
}
```

(6)编辑 APP_RPC.c 文件

继续编写 APP 文件夹中的 APP_RPC.c 文件,借助 LWIP 提供的以太网基础库功能,实现 MCU 和 SoC,借助 UDP 协议进行数据通信。

全局变量与引入的设置。

```
/*************************************
 *        File Name              :APP_RPC.c
 *        Model Name             :RPC App
 *        Abstract Description   :RPC App
 **************************************
 */
/*************************************
 *        Include File Section
 *************************************
/
#include "APP_RPC.h"
#include "usart.h"
#include "led.h"
#include "lcd.h"
#include "key.h"
#include "usmart.h"
#include "sram.h"
#include "malloc.h"
#include "string.h"
#include "timer.h"
#include "adc.h"
#include "beep.h"
#include "rtc.h"
```

```
#include "dm9000.h"
#include "lwip/netif.h"
#include "lwip_comm.h"
#include "lwipopts.h"
#include "udp_demo.h"
#include "tcp_client_demo.h"
#include "tcp_server_demo.h"
#include "httpd.h"
/**************************************
*          Global Variable Declare Section
***************************************
/
OS_STK RPC_TASK_STK[RPC_STK_SIZE];
Dev_File * p_Uart=NULL;
Dev_File * p_Led=NULL;
Dev_File * p_Can=NULL;
```

lwip_test_ui(u8 mode)函数的主要功能是获取网速。

```
/**************************************
*          Function Definition Section
***************************************
/
extern u8 udp_demo_flag;//UDP 测试全局状态标记变量
//加载 UI
//mode:
//bit0:0,不加载;1,加载前半部分 UI
//bit1:0,不加载;1,加载后半部分 UI
void lwip_test_ui(u8 mode)
{
        if(mode&1<<0)
        {
        }
        if(mode&1<<1)
        {
          DM9000_Get_SpeedAndDuplex();//得到网速
        }
}
```

TASK_RPC(void * pdata)函数的功能是 RPC 通信 Task。

```
/***************************************************************
**
*       Function Name       :TASK_RPC
*       Create Date         :
*       Description         :RPC 通信 Task
*       Parameter           :
*       Return Code         :void
*-------------------------------------------------------------
*       Revision History
*       No.     Date        Revised by      Item       Description
***************************************************************
/
void TASK_RPC(void * pdata)
{
        u8 t;
        uart_init(72,115200);           //串口初始化为 115 200
        usmart_dev.init(72);            //初始化 USMART
        TIM3_Int_Init(1000,719);        //定时器 3 频率为 100 Hz
        LED_Init();                     //初始化与 LED 连接的硬件接口
        KEY_Init();                     //初始化按键
        Adc_Init();                     //ADC 初始化
        BEEP_Init();                    //蜂鸣器初始化
        RTC_Init();                     //初始化 RTC
        lwip_test_ui(1);                //加载前半部分 UI
        while(lwip_comm_init())         //lwip 初始化
        {
          delay_ms(1200);
        }
        lwip_test_ui(2);                //加载后半部分 UI
        httpd_init();                   //Web Server 模式
          open(DRVNAME_LED);
          nvdTEA5767_Init();
        nvdTEA5767_SetMuteOn();
  open(DRVNAME_CAN);
        delay_us(5000);
        while(1)
```

```
        {
          udp_demo_test();
          lwip_periodic_handle();
          lwip_pkt_handle();
          delay_ms(2);
          t++;
          if(t==200)
          {
            t=0;
            LED0=!LED0;
          }
        }
/*
          u8 ret=0;
        u8 cmd[16]={0};
        if(p_Uart==NULL)
        {
          p_Uart=open(DRVNAME_UART);
          p_Uart->ioctl(UART_SETBOD,115200,NULL);
        }
        open(DRVNAME_LED);
        nvdTEA5767_Init();
        nvdTEA5767_SetMuteOn();
  open(DRVNAME_CAN);
        delay_us(5000);
        while(1)
        {
          //读串口 RPC 数据
          memset(cmd,0,16);
          ret=p_Uart->readasync(cmd,sizeof(cmd));
          if(RET_OK==ret)
          {
            switch(cmd[0]<<8 | cmd[1])
            {
                case 0x0001:
                {
                    handleTuner(cmd);
```

```
                }
                break;
                case 0x0002:
                {
                    handleAir(cmd);
                }
                break;
                case 0x0003:
                {
                    handleLED(cmd);
                }
                break;
                default:
                break;
            }
        }
    }
*/
}
```

(7)编辑 udp_demo.c 文件

编写 LWIP 目录下的 udp_demo.c 文件,如图 7.12 所示,目的是适配当前项目的 MCU 侧和 SoC 侧的通信实现。

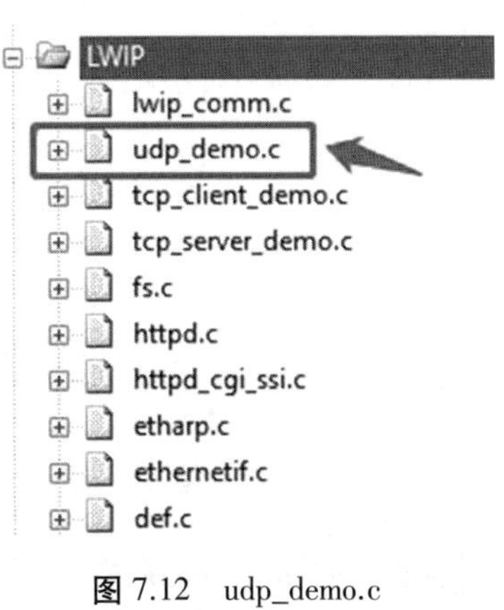

图 7.12 udp_demo.c

udp_demo_test(void)函数的主要功能是进行 UDP 测试连接。

```
#include "udp_demo.h"
#include "delay.h"
#include "usart.h"
```

```
#include "led.h"
#include "key.h"
#include "lcd.h"
#include "malloc.h"
#include "stdio.h"
#include "string.h"
#include "APP_RPC.h"
////////////////////////////////////////////////////////////////////////////////////////
//UDP 接收数据缓冲区
u8 udp_demo_recvbuf[UDP_DEMO_RX_BUFSIZE];//UDP 接收数据缓冲区
//UDP 发送数据内容
const u8 * tcp_demo_sendbuf="WarShip STM32F103 UDP demo send data\r\n";
//UDP 测试全局状态标记变量
//bit7:没有用到
//bit6:0,没有收到数据;1,收到数据
//bit5:0,未连接;1,已连接
//bit4~0:保留
u8 udp_demo_flag;
//UDP 测试
void udp_demo_test(void)
{
	err_t err;
	struct udp_pcb * udppcb;//定义一个 TCP 服务器控制块
	struct ip_addr rmtipaddr;//远端 IP 地址
	u8 * tbuf;
	u8 key;
	u8 res=0;
	u8 t=0;
	udppcb=udp_new();
	if(udppcb)//创建成功
	{
	IP4_ADDR(&rmtipaddr,lwipdev.remoteip[0],lwipdev.remoteip[1],lwipdev.remoteip[2],lwipdev.remoteip[3]);
		err=udp_connect(udppcb,&rmtipaddr,UDP_DEMO_PORT);//UDP 客户端连接到指定 IP 地址和端口号的服务器
		if(err==ERR_OK)
		{
```

```
            err=udp_bind(udppcb,IP_ADDR_ANY,UDP_DEMO_PORT);
            //绑定本地 IP 地址与端口号
            if(err==ERR_OK)//绑定完成
            {
              udp_recv(udppcb,udp_demo_recv,NULL);//注册接收回调函数
              udp_demo_flag |=1<<5;//标记已连接
            }else res=1;
          }else res=1;
        }else res=1;
        while(res==0)
        {
          key=KEY_Scan(0);
          if(key==WKUP_PRES)break;
          if(key==KEY0_PRES)//KEY0 按下,发送数据
          {
            udp_demo_senddata(udppcb);
          }
          if(udp_demo_flag&1<<6)//是否收到数据?
          {
            udp_demo_flag&=~(1<<6);//标记数据已经被处理
          }
          lwip_periodic_handle();
          lwip_pkt_handle();
          delay_ms(2);
          t++;
          if(t==200)
          {
               t=0;
               LED0=!LED0;
          }
        }
        udp_demo_connection_close(udppcb);
        myfree(SRAMIN,tbuf);
}
```

udp_demo_recv(void * arg,struct udp_pcb * upcb,struct pbuf * p,struct ip_addr * addr,u16_t port)的主要功能是 UDP 回调函数,可进行 UDP 的回调触发操作。

```
//UDP 回调函数
```

```
void udp_demo_recv(void * arg,struct udp_pcb * upcb,struct pbuf * p,struct ip_addr *
addr,u16_t port)
{
        u32 data_len=0;
        struct pbuf * q;
        if(p!=NULL)//接收到不为空的数据时
        {
          memset(udp_demo_recvbuf,0,UDP_DEMO_RX_BUFSIZE);
          //数据接收缓冲区清零
          for(q=p;q!=NULL;q=q->next)//遍历整个 pbuf 链表
          {
            //判断要拷贝到 UDP_DEMO_RX_BUFSIZE 中的数据是否大于 UDP_
            DEMO_RX_BUFSIZE 的剩余空间,如果大于就只拷贝 UDP_DEMO_RX_
            BUFSIZE 中剩余长度的数据;否则,就拷贝所有的数据
      if(q->len>(UDP_DEMO_RX_BUFSIZE-data_len))
      memcpy(udp_demo_recvbuf+data_len,q->payload,(UDP_DEMO_RX_BUFSIZE-
data_len));//拷贝数据
            else memcpy(udp_demo_recvbuf+data_len,q->payload,q->len);
            data_len +=q->len;
            if(data_len > UDP_DEMO_RX_BUFSIZE)break;//超出 TCP 客户端接收
                                                    数组,跳出
          }
          switch(udp_demo_recvbuf[0]<<8 | udp_demo_recvbuf[1])
          {
                    case 0x0001:
                    {
                         handleTuner(udp_demo_recvbuf);
                    }
                    break;
                    case 0x0002:
                    {
                         handleAir(udp_demo_recvbuf);
                    }
                    break;
                    case 0x0003:
                    {
                         handleLED(udp_demo_recvbuf);
                    }
```

```
                break;
                default:
                break;
            }
            upcb->remote_ip = * addr;//记录远程主机的 IP 地址
            upcb->remote_port=port;//记录远程主机的端口号
            lwipdev.remoteip[0]=upcb->remote_ip.addr&0xff;//IADDR4
            lwipdev.remoteip[1]=(upcb->remote_ip.addr>>8)&0xff;//IADDR3
            lwipdev.remoteip[2]=(upcb->remote_ip.addr>>16)&0xff;//IADDR2
            lwipdev.remoteip[3]=(upcb->remote_ip.addr>>24)&0xff;//IADDR1
            udp_demo_flag|=1<<6;//标记接收到数据
            pbuf_free(p);//释放内存
        }else
        {
            udp_disconnect(upcb);
            udp_demo_flag &= ~(1<<5);//标记连接断开
        }
}
```

udp_demo_senddata(struct udp_pcb * upcb)函数的作用是 UDP 服务器发送数据。

```
//UDP 服务器发送数据
void udp_demo_senddata(struct udp_pcb * upcb)
{       struct pbuf * ptr;
        ptr=pbuf_alloc(PBUF_TRANSPORT,strlen((char * )tcp_demo_sendbuf),
PBUF_POOL);//申请内存
        if(ptr)
        {
        ptr->payload=(void * )tcp_demo_sendbuf;
        udp_send(upcb,ptr);//udp 发送数据
        pbuf_free(ptr);//释放内存
        }
}
```

udp_demo_connection_close(struct udp_pcb * upcb)函数的作用是关闭 UDP 连接。

```
//关闭 UDP 连接
void udp_demo_connection_close(struct udp_pcb * upcb)
{
        udp_disconnect(upcb);
        udp_remove(upcb);//断开 UDP 连接
```

```
        udp_demo_flag &= ~(1<<5);//标记连接断开
}
```

(8)编辑 main.c 文件

编写 USER 文件夹中的 main.c 文件,其作用是:将功能逻辑启动加入主程序入口,如图 7.13 所示。

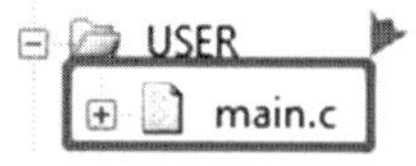

图 7.13 main.c

代码如下:

```
#include "sys.h"
#include "delay.h"
#include "includes.h"
#include "APP_RPC.h"
#include "Driver_Managment.h"
/////////////////////////UCOSII 任务设置///////////////////////
//START 任务
//设置任务优先级
#define START_TASK_PRIO 10 //开始任务的优先级设置为最低
//设置任务堆栈大小
#define START_STK_SIZE 64
//任务堆栈
OS_STK START_TASK_STK[START_STK_SIZE];
//任务函数
void start_task(void * pdata);
int main(void)
{
        Stm32_Clock_Init(9);//系统时钟设置
        delay_init(72);//延时初始化
        RegistAllDrivers();
        OSInit();
        OSTaskCreate(start_task,(void * )0,(OS_STK * )&START_TASK_STK
[START_STK_SIZE-1],START_TASK_PRIO);//创建起始任务
        OSStart();
}
//开始任务
void start_task(void * pdata)
```

```
{
  OS_CPU_SR cpu_sr=0;
      pdata=pdata;
  OS_ENTER_CRITICAL();//进入临界区(无法被中断打断)
      OSTaskCreate(TASK_RPC,(void *)0,(OS_STK *)&RPC_TASK_STK[RPC_
STK_SIZE-1],RPC_TASK_PRIO);
      OSTaskSuspend(START_TASK_PRIO);//挂起起始任务
      OS_EXIT_CRITICAL();//退出临界区(可以被中断打断)
}
```

(9)工程编译

完成上述配置后,就可以编译工程了。编译开关(图中①)和编译结果(图中②),如图7.14所示。

图 7.14　工程编译

(10)下载程序到 MCU

连接 ST-Link 仿真器,如图 7.15 所示。

图 7.15　连接 ST-Link 仿真器

使用 ST-Link 仿真器连接 PC 和实验箱的 MCU 侧。设置好仿真器型号、选项后，单击下载程序，如图 7.16 所示。

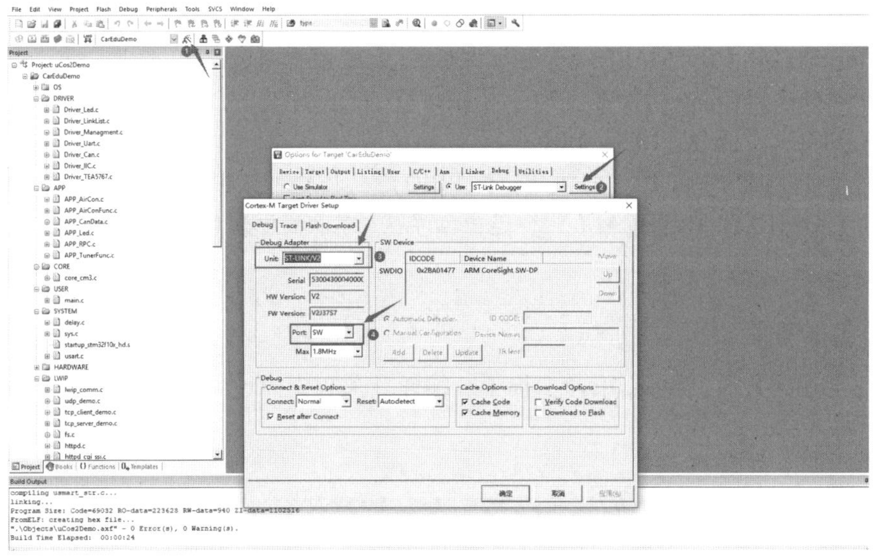

图 7.16　设置仿真器程序下载

这时，MCU 侧的开发就结束了。接下来完成 SoC 侧的开发。

3) SoC 侧的开发操作

本项目 SoC 侧的内容，使用了百度 AI 语音 SDK，用以开发智能控制应用。因此需先下载部署百度 AI 语音 SDK，然后再基于 SDK 进行应用开发。

(1) 注册并下载百度 AI 语音 SDK

①使用链接。单击百度云计算网址进入"控制台"，完成注册，注册后登录百度云账号，如图 7.17 所示。

图 7.17　注册账号并进入

②通过控制台左侧导航，进入“控制台总览”界面，如图 7.18 所示。

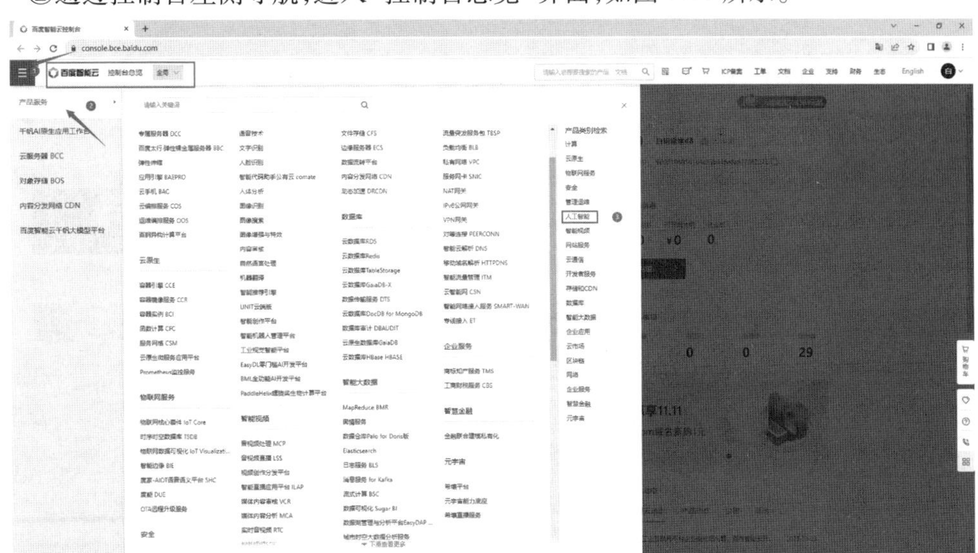

图 7.18　“控制台总览”界面

③进入“产品服务”界面，如图 7.19 所示。

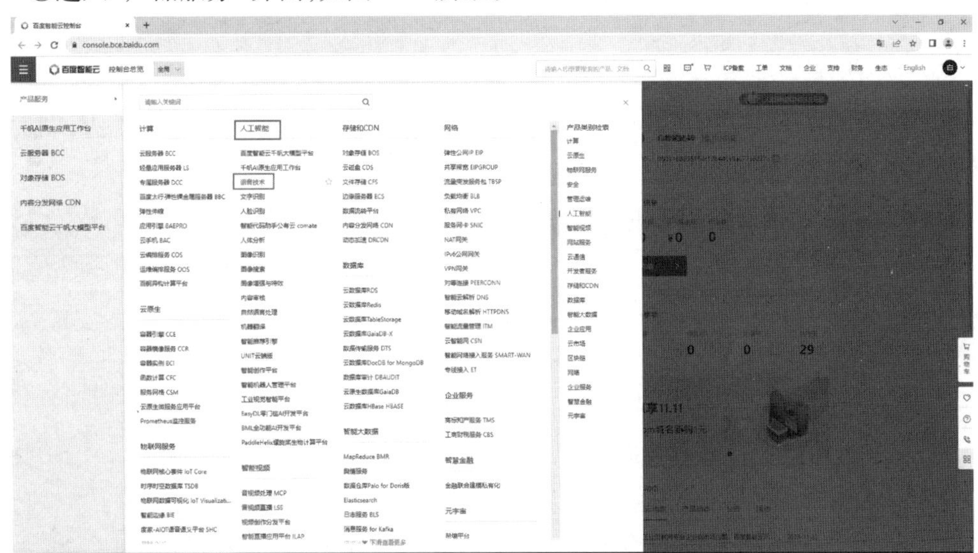

图 7.19　“产品服务”界面

④进入产品服务中的“语音技术”界面，如图 7.20 所示。

⑤进入产品服务中的“语音技术”下的“应用列表”界面，如图 7.21 所示。

⑥进入“创建新应用”界面，如图 7.22 所示。

⑦创建“应用名称”，如图 7.23 所示。

⑧创建“语音包名”和“应用描述”，如图 7.24 所示。

⑨下载完后，SDK 包中有非常详细的集成文档，如图 7.25 所示。参考文档完成 AI 语音的集成即可。

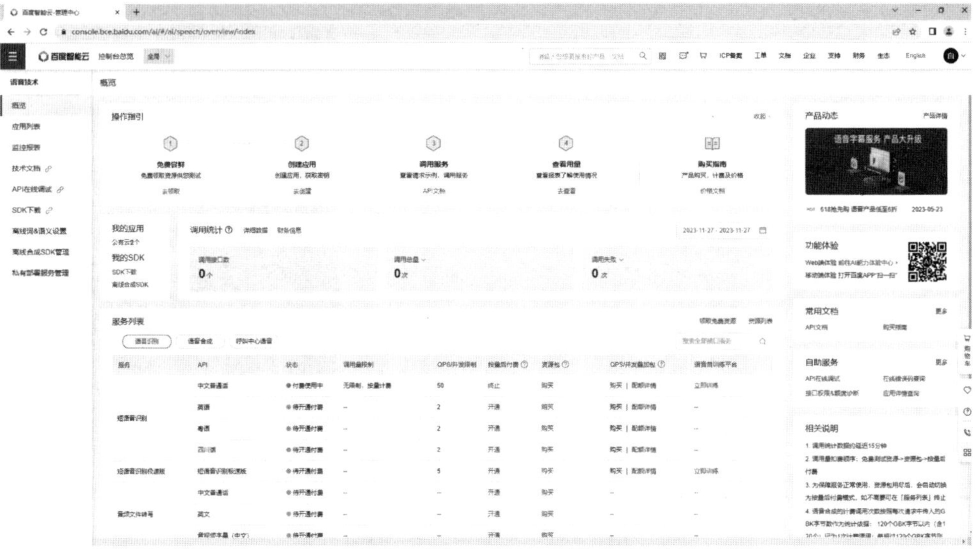

图 7.20　产品服务中的“语音技术”界面

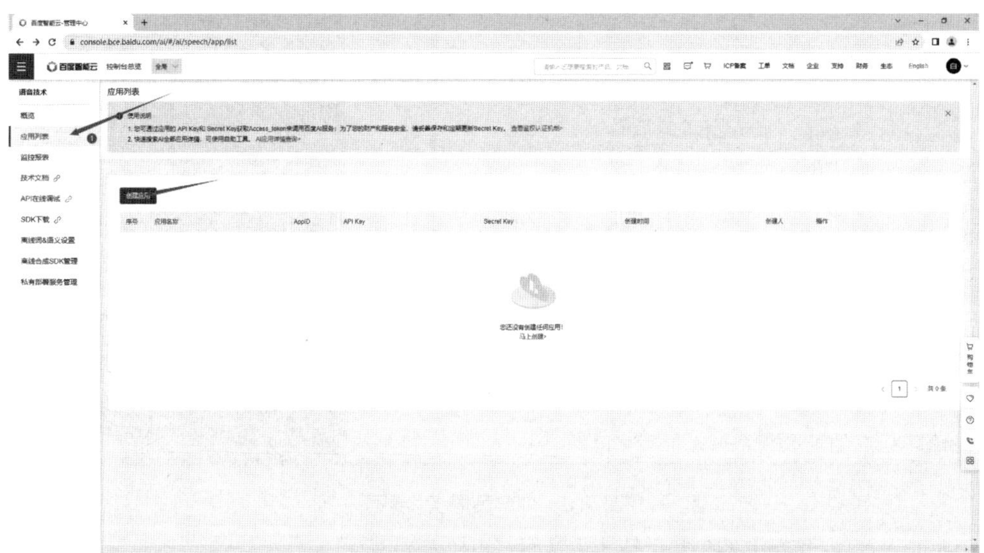

图 7.21　产品服务中的“语音技术”下的“应用列表”界面

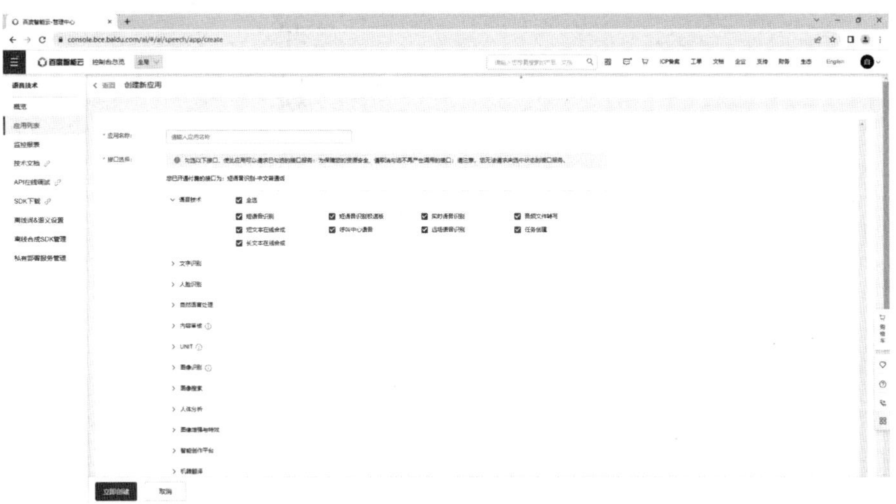

图 7.22 “创建新应用”界面准备下载①

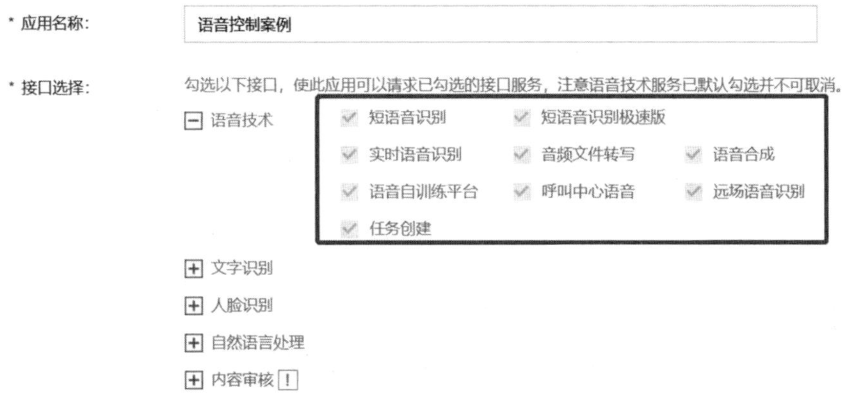

* 应用名称： 语音控制案例

* 接口选择： 勾选以下接口，使此应用可以请求已勾选的接口服务，注意语音技术服务已默认勾选并不可取消。

⊟ 语音技术

- ✓ 短语音识别
- ✓ 短语音识别极速版
- ✓ 实时语音识别
- ✓ 音频文件转写
- ✓ 语音合成
- ✓ 语音自训练平台
- ✓ 呼叫中心语音
- ✓ 远场语音识别
- ✓ 任务创建

⊞ 文字识别

⊞ 人脸识别

⊞ 自然语言处理

⊞ 内容审核 !

图 7.23 创建“应用名称”界面准备下载②

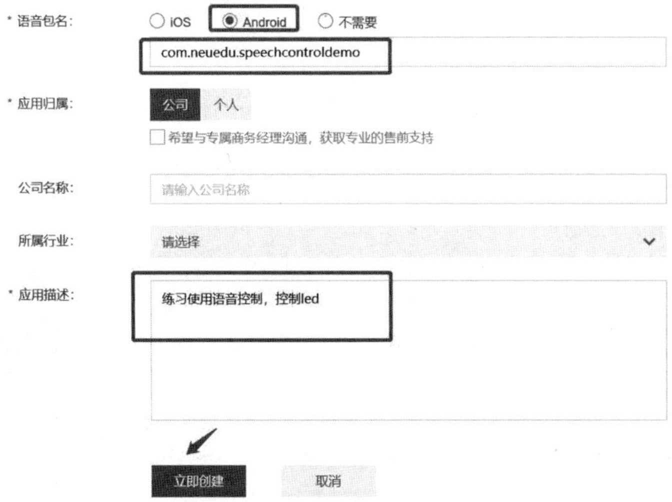

* 语音包名： ○ iOS ◉ Android ○ 不需要

com.neuedu.speechcontroldemo

* 应用归属： 公司 个人

☐ 希望与专属商务经理沟通，获取专业的售前支持

公司名称： 请输入公司名称

所属行业： 请选择

* 应用描述： 练习使用语音控制，控制led

立即创建 取消

图 7.24 创建“语音包名”和“应用描述”界面

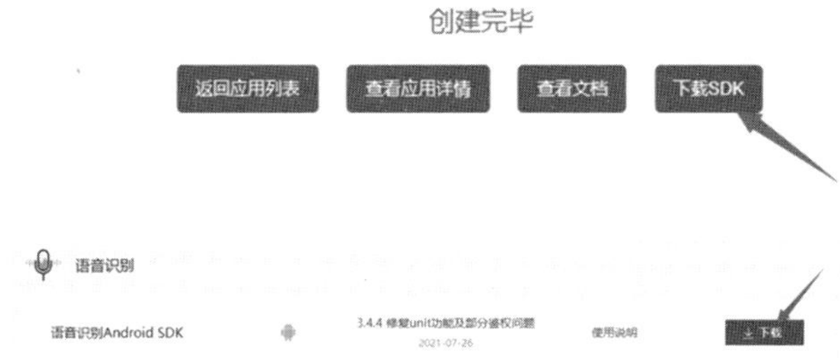

图 7.25 “下载 SDK”界面

(2)使用 Android Studio 创建工程

由于需要使用调试串口 RPC 通信,因此在 Android Studio 创建工程时需要选择 Native C++模板,如图 7.26 所示。

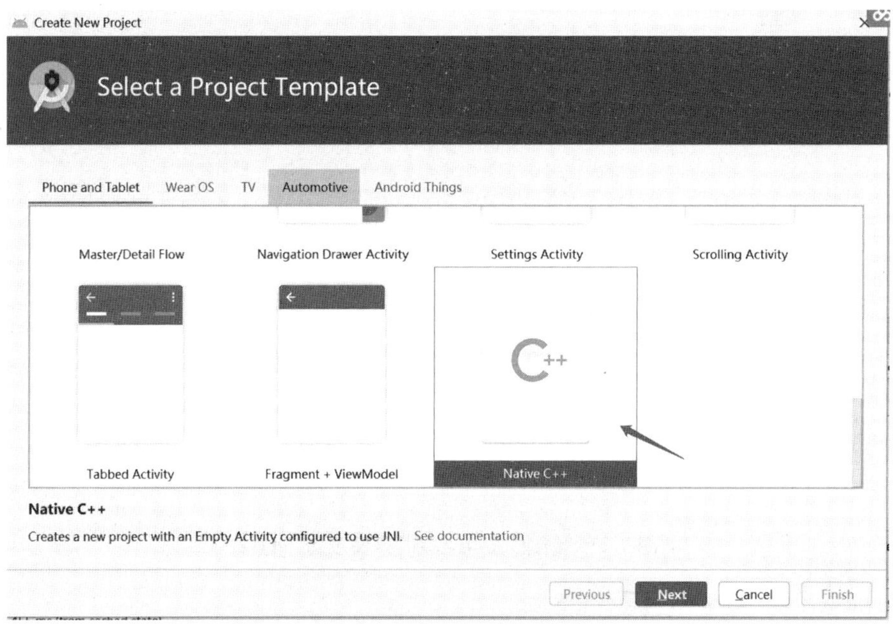

图 7.26 创建 Android Studio 工程

创建项目时,注意包名应按照文档中的说明进行配置,如果使用自己的 App 信息会涉及付费问题。因此,这里使用 demo 给出的免费 App 信息进行调试,如图 7.27 所示。

(3)核心应用部分代码的实现

集成 core 到工程,并根据以上 demo 的 App ID 等信息,修改以下内容,如图 7.28 所示。

实现 AI 智能语音控制 SoC 侧的开发操作项目业务代码解析与项目总结

①编辑 AndroidMainfest.xml 文件。

代码如下所示:

```
<manifest xmlns:android="http://schemas.android.com/apk/res/android"
package="com.baidu.aip.asrwakeup3.core">
    <uses-permission android:name="android.permission.RECORD_AUDIO" />
```

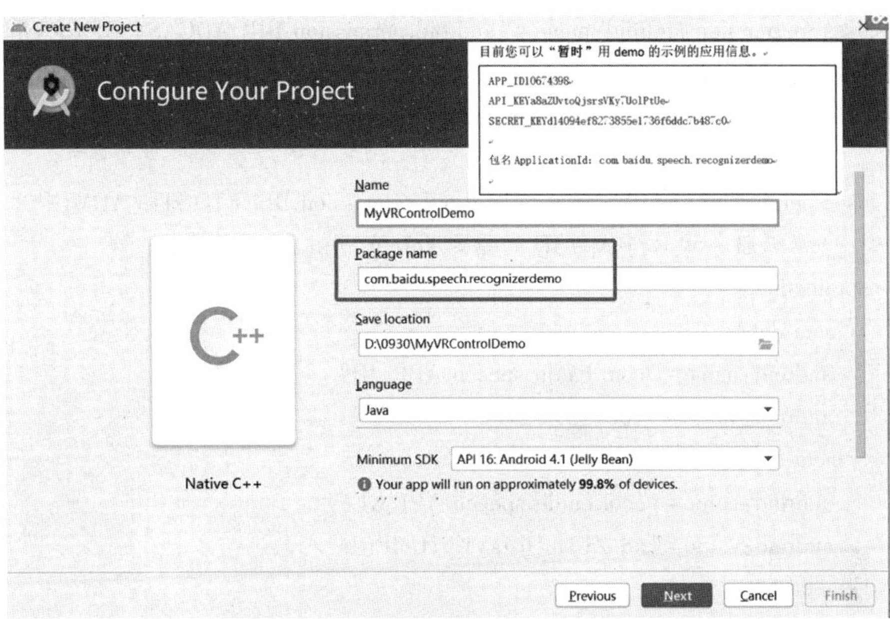

图 7.27 选择免费 App

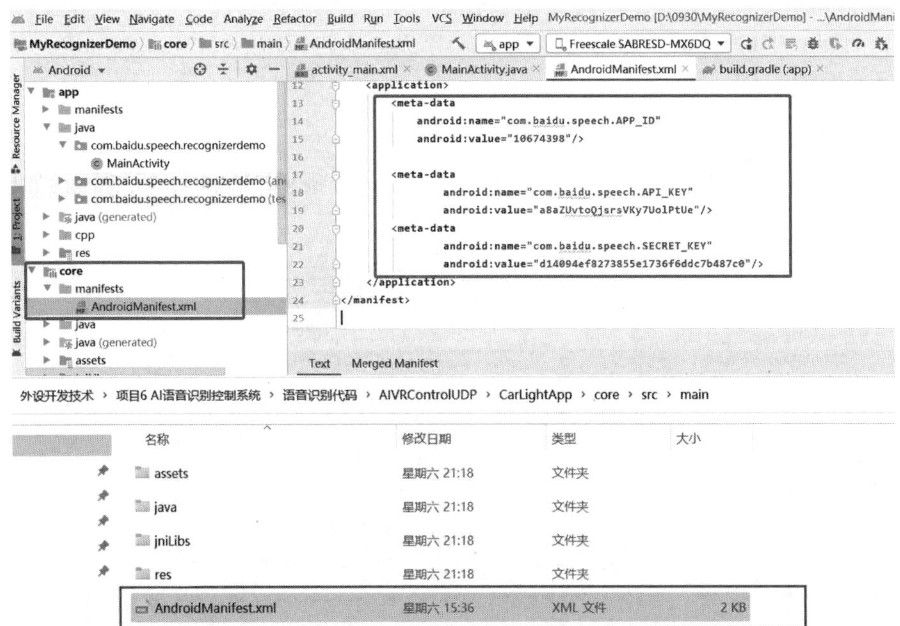

图 7.28 根据 demo 修改内容

<uses-permission android:name="android.permission.ACCESS_NETWORK_STATE" />

<uses-permission android:name="android.permission.INTERNET" />

<uses-permission android:name="android.permission.WRITE_EXTERNAL_STORAGE" />

<!-- 蓝牙录音使用权限组合配置 -->

```
<uses-permission android:name="android.permission.BROADCAST_STICKY" />
<uses-permission android:name="android.permission.BLUETOOTH" />
<uses-permission android:name="android.permission.MODIFY_AUDIO_SETTINGS"
/>
<uses-permission android:name="android.permission.BLUETOOTH_ADMIN" />
<! --从云服务端取得 App ID 的指定 key 值 -->
<application>
  <meta-data
    android:name="com.baidu.speech.APP_ID"
    android:value="10674398"/>
  <meta-data
    android:name="com.baidu.speech.API_KEY"
    android:value="a8aZUvtoQjsrsVKy7UolPtUe"/>
  <meta-data
    android:name="com.baidu.speech.SECRET_KEY"
    android:value="d14094ef8273855e1736f6ddc7b487c0"/>
</application>
</manifest>
```

②编辑 MainActivity.java 文件。

让自己的 MainActivity 继承自 ActivityMiniRecog,并删除"Helloworld"界面,如图 7.29 所示。

图 7.29　修改 ActivityMiniRecog 代码

③编辑 ActivityMain.java 文件。

代码如下所示：

```
package com.baidu.aip.asrwakeup3;

import com.baidu.aip.asrwakeup3.wakeup.ActivityWakeUp;

/**
 * 该 Activity 用于展示和调用 AndroidManifest.xml 中定义的其他 Activity。其本身没有业务逻辑。
 * 请在 AndroidManifest.xml 中定义 APP_ID APP_KEY APP_SECRET
 * <p>
 * ActivityOnlineRecog :在线识别,用于展示在线情况下的识别参数和效果
 * ActivityOffline:离线命令词识别。用于展示离线情况下,离线语法的参数和效果。
 * ActivityNlu:语义理解。在识别出文字的情况下,百度语音在线服务端和本地 SDK 可以对这些识别出的文字作语义解析(即分词)
 * 其中语音服务端做得语义解析必须在线,即语义解析的中文为在线识别成功后的结果
 * 本地 SDK 做得语义解析,会覆盖服务端做得语义解析结果。语义解析的中文可以是在线识别成功后的结果,也可以是离线语法的识别结果
 * ActivityAllRecog:全部识别功能,涵盖前面 3 个 acitivty 的所有功能
 * ActivityWakeUp:唤醒词功能。唤醒词指的是 SDK 收到某个关键词的声音后回调用户的代码,与 Android 系统的锁屏唤醒无关
 * <p>
 * AcitivityMiniRecog:内含有调用 SDK 识别功能的最小代码。用于 debug 和反馈 SDK 问题
 */
public class ActivityMain extends ActivityWakeUp {


}
```

④修改编辑 mainActivity.java 文件。

修改 MainActivity 重写识别结果 onEvent 事件。对结果字符串进行 JSON 解析。获取 best_result 对应的 value 值。并使用 Toast 打印识别结果到应用，如图 7.30 所示。

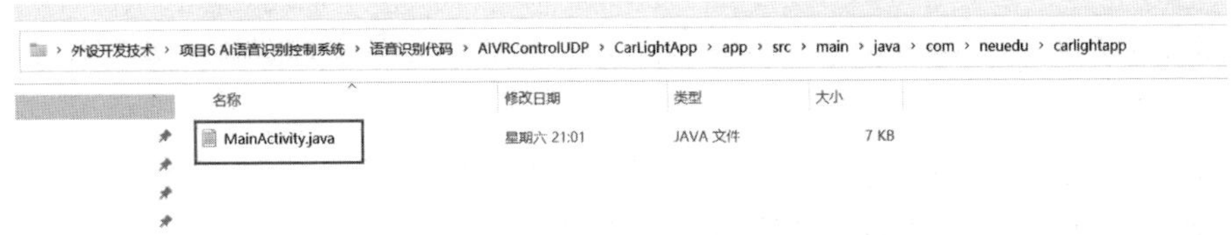

图 7.30　编辑 mainActivity.java 文件

代码如下所示：

```
package com.neuedu.carlightapp;

import android.os.Bundle;
import android.os.Handler;
import android.util.Log;
import android.view.View;
import android.widget.Toast;

import com.baidu.aip.asrwakeup3.R;
import com.baidu.aip.asrwakeup3.core.recog.IStatus;
import com.baidu.aip.asrwakeup3.core.wakeup.WakeUpResult;
import com.baidu.aip.asrwakeup3.core.wakeup.listener.IWakeupListener;
import com.baidu.aip.asrwakeup3.core.wakeup.MyWakeup;
import com.baidu.aip.asrwakeup3.core.wakeup.listener.RecogWakeupListener;
import com.baidu.aip.asrwakeup3.core.wakeup.listener.SimpleWakeupListener;
import com.baidu.aip.asrwakeup3.uiasr.activity.ActivityCommon;
import com.baidu.speech.asr.SpeechConstant;
import com.smartspirt.cardemo.OnRPCBackDataListener;
import com.smartspirt.cardemo.UartRPCCommunication;

import java.net.DatagramPacket;
import java.net.DatagramSocket;
import java.net.InetAddress;
import java.net.SocketException;
import java.util.HashMap;
import java.util.Map;

/**
 * 集成文档:http://ai.baidu.com/docs#/ASR-Android-SDK/top 集成指南一节
 * 唤醒词功能
 */
public class MainActivity extends ActivityCommon implements IStatus {

    private static final String SERVERIP = "192.168.0.30";//服务器名称
    private static final int SERVERPORT = 8089;//连接端口号
    protected MyWakeup myWakeup;//定义状态标记
    private int status = STATUS_NONE;
```

```
private static final String TAG = "ActivityWakeUp";
private UartRPCCommunication naticrpc;
public static byte[] cleardata = new byte[18];//清空数据字节数组
public static byte[] cmdleftrun = new byte[18];//命令字节数组
public static byte[] cmdrightrun = new byte[18];
private DatagramSocket socket;//对象报接口
private byte[] buf;

public MainActivity(){//构造方法
  this(R.raw.normal_wakeup);
}
public MainActivity(int textId){//重载的构造方法
  super(textId,R.layout.common_without_setting);
}
//创建监听器对象,对接收到的状态进行监听连接
class MyRecogWakeupListener extends SimpleWakeupListener implements IStatus {

    private static final String TAG = "RecogWakeupListener";

    private Handler handler;
    //调用父类的 handler 对象
    public MyRecogWakeupListener(Handler handler){
      this.handler = handler;
    }


    //对象生命周期的回调方法
    @ Override
    public void onSuccess(String word,WakeUpResult result){
    super.onSuccess(word,result);
    if(word.contains("小度小度"))
    {
      //发送左转向的命令
    }
    else if(word.contains("打开双闪"))
    {
      //发送左转向的命令
```

```
            buf=cmdleftrun;
            //发送左转向的命令
            sendCmdData(cmdleftrun);
        }else if(word.contains("关闭双闪"))
        {
            //发送左转向的命令
            buf=cmdrightrun;
            //发送右转向的命令
            sendCmdData(cmdrightrun);
        }
//消息回调方法,当接收到消息后,此监听函数进行触发
handler.sendMessage(handler.obtainMessage(STATUS_WAKEUP_SUCCESS));
        }
    }
    private void sendCmdData(byte[] cleardata){
        new Thread(new Client()).start();
    }
    //客户端多线程方法,用后台线程的方式来启动连接服务器 Socket 接口
    public class Client implements Runnable {
        @Override
        public void run(){
            try
            {
    //创建地址,连接服务器对象,进行数据包的对象连接
                InetAddress serverAddr=InetAddress.getByName(SERVERIP);
                if(serverAddr ! =null){//服务器地址空判断
                    DatagramPacket packet=new DatagramPacket(buf,buf.length,
                        serverAddr,SERVERPORT);
                    socket.send(packet);//发送连接消息
                } else {
                    Thread.sleep(1000);//休眠 1 s
                    new Thread(new Client()).start();//发起新的线程连接
                }
            }
            catch(Exception e)
            {
            }finally {
```

```
            }
        }
    }
//回调方法,当生命周期到达此点时,函数开始执行,并进行 Handler 的处理
    @Override
    protected void onCreate(Bundle savedInstanceState){
        super.onCreate(savedInstanceState);

        cleardata[0]=0x00;//定义清空数组每个变量的初始值
        cleardata[1]=0x00;
        cleardata[2]=0x00;
        cleardata[16]=0x0D;
        cleardata[17]=0x0A;

        cmdleftrun[0]=0x00;
        cmdleftrun[1]=0x03;
        cmdleftrun[2]=0x01;
        cmdleftrun[16]=0x0D;
        cmdleftrun[17]=0x0A;

        cmdrightrun[0]=0x00;
        cmdrightrun[1]=0x03;
        cmdrightrun[2]=0x00;
        cmdrightrun[16]=0x0D;
        cmdrightrun[17]=0x0A;

        //改为 SimpleWakeupListener 后,不依赖 handler,但不会在 UI 界面上显示
        //基于 DEMO 唤醒词集成第 1.1、第 1.2、第 1.3 步
        IWakeupListener listener=new MyRecogWakeupListener(handler);
        myWakeup=new MyWakeup(this,listener);

        try{
            socket=new DatagramSocket(8089);//定义为 8089 的 Scock 数据连接端口
        }catch(SocketException e){
            e.printStackTrace();
        }
```

```
}
//单击“开始识别”按钮
//基于 DEMO 唤醒词集成第 2.1、第 2.2 步,发送开始事件,并开始唤醒
private void start() {
    Map<String,Object> params = new HashMap<String,Object>();
    params.put(SpeechConstant.WP_WORDS_FILE,"assets:///WakeUp.bin");
    //"assets:///WakeUp.bin" 表示 WakeUp.bin 文件定义在 assets 目录下
    //params.put(SpeechConstant.ACCEPT_AUDIO_DATA,true);
    //params.put(SpeechConstant.IN_FILE,"res:///com/baidu/android/voicedemo/
wakeup.pcm");
    //params 中"assets:///WakeUp.bin"表示 WakeUp.bin 文件定义在 assets 目录下
    myWakeup.start(params);
}

//基于 DEMO 唤醒词集成第 4.1 步发送停止事件
protected void stop() {
    myWakeup.stop();

}

//重新渲染视图 VIEW,当产生单击响应事件时,改变按钮状态值
@Override
protected void initView() {
    super.initView();
    btn.setOnClickListener(new View.OnClickListener() {

        @Override
        public void onClick(View v) {//单击事件进行响应
            switch(status) {
                case STATUS_NONE://状态为空时,重置元素值
                    start();
                    status = STATUS_WAITING_READY;
                    updateBtnTextByStatus();
                    txtLog.setText("");
                    txtResult.setText("");
                    break;
                case STATUS_WAITING_READY://状态准备好,调用更新方法
```

```
                stop();
                status=STATUS_NONE;
                updateBtnTextByStatus();
                break;
            default:
                break;
        }
      }
    });
  }
  //按键状态修改时接收到状态码,对状态码进行响应
  private void updateBtnTextByStatus(){
      switch(status){
        case STATUS_NONE:
          btn.setText("开始语音控制");
          break;
        case STATUS_WAITING_READY:
          btn.setText("支持小度小度、打开双闪、关闭双闪");
          break;
        default:
          break;
      }
  }


  @ Override
  protected void onDestroy(){
    //基于 DEMO 唤醒词集成第 5 步,退出事件管理器
    myWakeup.release();
    naticrpc.closeComDevice();
    super.onDestroy();
  }
}
```

⑤运行 SoC 侧的 Android 程序,开始语音控制。

单击开始识别,说出关键词,测试效果,如图 7.31 所示。

至此,SoC 端代码开发完毕。

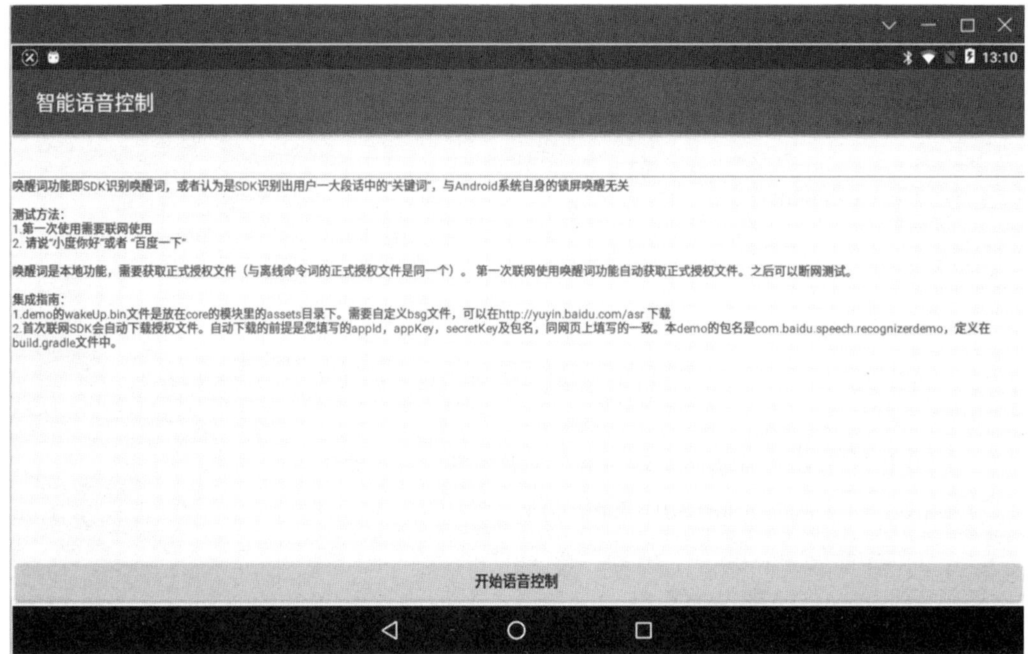

13:10
智能语音控制
唤醒词功能即SDK识别唤醒词，或者认为是SDK识别出用户一大段话中的"关键词"，与Android系统自身的锁屏唤醒无关
测试方法:
1.第一次使用需要联网使用
2. 请说"小度你好"或者 "百度一下"
唤醒词是本地功能，需要获取正式授权文件（与离线命令词的正式授权文件是同一个）。第一次联网使用唤醒词功能自动获取正式授权文件。之后可以断网测试。
集成指南:
1.demo的wakeUp.bin文件是放在core的模块里的assets目录下。需要自定义bsg文件，可以在http://yuyin.baidu.com/asr 下载
2.首次联网SDK会自动下载授权文件。自动下载的前提是您填写的appId，appKey，secretKey及包名，同网页上填写的一致。本demo的包名是com.baidu.speech.recognizerdemo，定义在build.gradle文件中。
开始语音控制

图 7.31　识别结果确认

(4)部署及运行

连接 PC 和实验箱,完成最后结果的确认,如图 7.32—图 7.36 所示。

图 7.32　MCU 与 SoC 接线的做法

图 7.33 PC 接线的做法

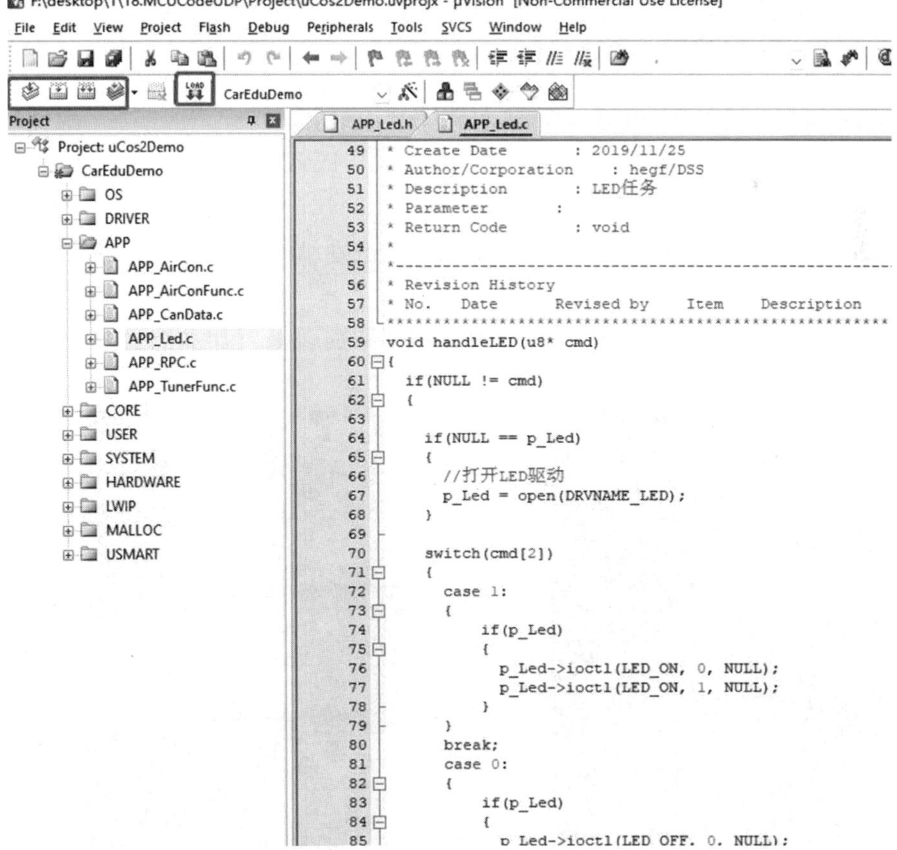

图 7.34 MCU 编译与烧写

图 7.35　SoC 接线的做法

图 7.36　SoC 接线的编译和烧写

(5)运行项目实验结果的过程

①MCU 侧的实验结果。

a.自然语音喊出“打开双闪”,进行语音识别,识别结果为开发板上的绿灯亮,如图7.37所示。

b.自然语音喊出“关闭双闪”,进行语音识别,识别结果为开发板上的绿灯灭,如图7.38所示。

图 7.37　MCU 侧“打开双闪”语音识别结果

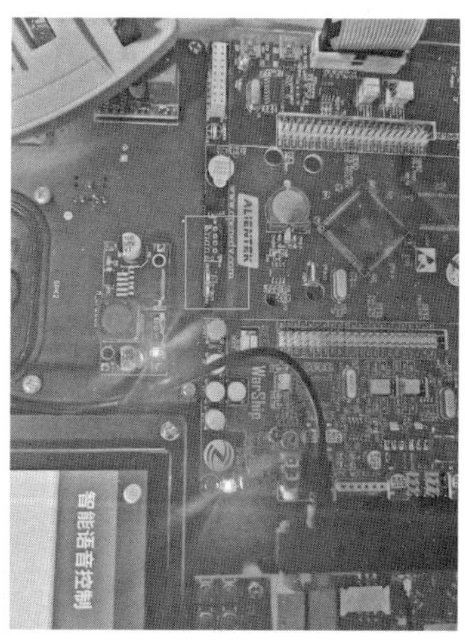

图 7.38　MCU 侧“关闭双闪”语音识别结果

②SoC 项目实验结果。

a.喊出关键词“小度”,激活百度智能网联助手,SoC 侧控制台模拟车机给出提示,如图 7.39 所示。

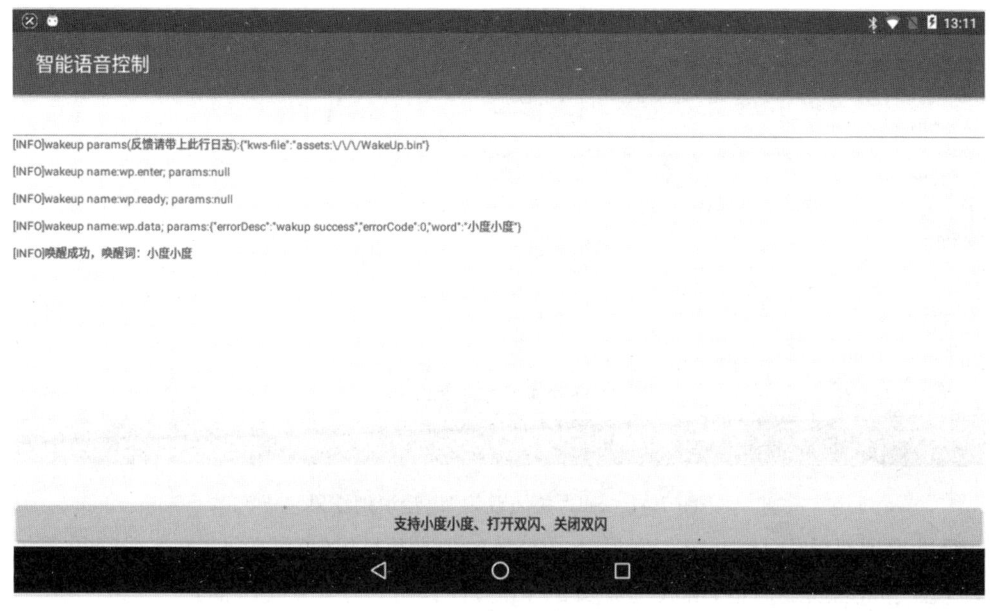

图 7.39 SoC“小度”语音识别结果

b.喊出关键词“打开双闪”,开启 SoC 侧双闪响应,SoC 侧控制台模拟车机给出提示,如图 7.40 所示。

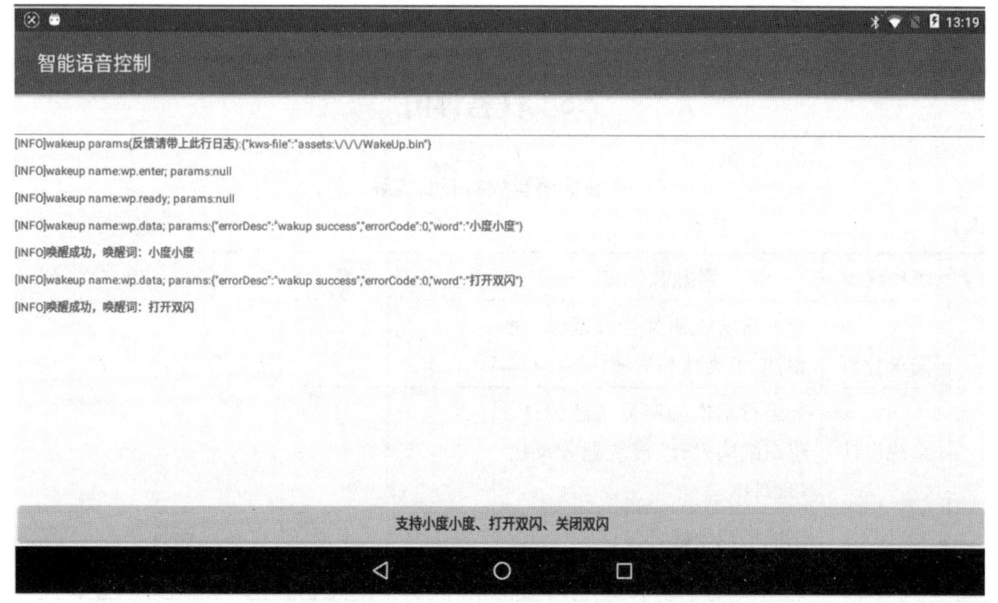

图 7.40 SoC“打开双闪”语音识别结果

c.喊出关键词“关闭双闪”,开启 SoC 侧双闪响应,SoC 侧控制台模拟车机给出提示,如图 7.41 所示。

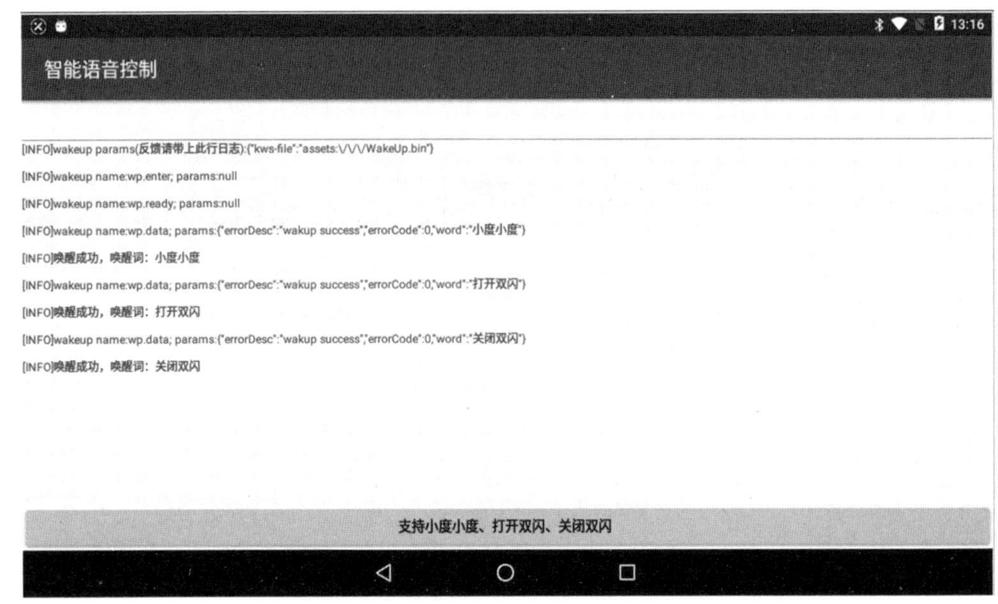

图 7.41　SoC"关闭双闪"语音识别结果

通过本项目的学习,为新车型设计一套 AI 智能语音控制系统,打通车载娱乐系统和行车电脑之间的功能通道,解放驾驶员的双手,让其可以专心驾驶,而这一切离不开人工智能算法的支持。在人类历史长河中,我们分别经历了工业 1.0、工业 2.0 和工业 3.0,在工业 4.0 时代,机器将进一步帮助人类,实现万物互联。为了在未来劳动中能够实现自身价值、不被机器人所取代,我们应紧跟时代步伐,积极学习大数据、云计算、物联网等新技术、新知识,锐意进取,开拓创新。

7.5　任务评价

AI 智能语音控制开发实践

姓名:________　　学号:________　　考核人:________　　总分:________

序号	工作任务	考核技能点	学生自评	小组互评	教师评价	分值/分	得分/分
1	需求分析	产品需求说明文档规范性、完整性、正确性和清晰性				15	
2	系统设计	能进行基本的产品功能设计、组织结构设计、模块划分及接口设计				15	
3	硬件准备	①能搭建硬件环境; ②能正确识读原理图				15	

续表

序号	工作任务	考核技能点	学生自评	小组互评	教师评价	分值/分	得分/分
4	软件设计	①能绘制软件流程图； ②能制定函数结构及变量命令规则； ③会查阅芯片手册； ④编码具体函数接口； ⑤实现完整代码				20	
5	软硬联调	①能正确上电； ②能烧录代码； ③能对错误进行调试； ④功能实现				20	
6	综合素养	①遵守工作时间； ②注重用电安全； ③程序编写规范； ④能根据任务要求，自主查阅资料； ⑤具有团队意识，小组成员取长补短，相互协作； ⑥具有劳动意识和创新意识				15	
总分						100	

[归纳总结]

通过本项目的实践，从工程构建开始到整个功能的实现，分别学习了：

①Tengine 引擎的基本工作原理；

②语音识别的基本工作原理；

③Android Studio 工程的创建；

④STM32F103D8 的参数配置；

⑤实现 AI 智能语音控制的所有功能逻辑；

⑥工程编译和运行。

对上述内容的学习和掌握，完成 AI 智能语音控制系统的整体开发实践，掌握整个系统的软件开发技术以及工作流程，可为今后的系统化工作奠定基础。

练习实训

知识过关

1.填空题

(1)Tengine 是 OPEN AI LAB(开放智能)推出的________。

(2)Tengine 由________、________、________、________、________、________六大模块组成。

(3)Tengine 的框架结构包括________、________、________、________、________、________。

(4)模型转换层把各种各样主流的训练框架模型转换成________。

(5)语音识别技术,也称为________。

2.选择题[(1)—(3)题为单选题,(4)—(5)题为多选题]

(1)常用的语音识别算法不包括(　　)。

A.MFCC　　B.HMM　　C.GMM　　D.CMMI

(2)Tengine 产品架构层次中最上面是(　　)。

A.AI 应用接口层　　B.操作系统层　　C.模型转换层　　D.异构计算层

(3)Tengine 架构中 CPU,GPU,MCU 属于(　　)。

A.AI 应用接口层　　B.操作系统层　　C.模型转换层　　D.异构计算层

(4)下列(　　)属于语音对话系统的主要组成部分。

A.语音识别系统　　B.语义理解系统　　C.文字转语音系　　D.对话管理系统

(5)下列(　　)属于声学模型。

A.传统模型　　B.CTC 模型　　C.start-to-start 模型　　D.end-to-end 模型

3.简答题

(1)简述语音识别工作原理。

(2)简述语音识别技术。

实训任务

1.硬件设计

请描述 AI 智能语音控制开发实践硬件设计方案。

2.程序设计

编写程序,实现在 Tengine 的唤醒词类文件上自定义你的唤醒词功能。

项目8
实战“车载CAN空调控制系统”

[项目情境]

项目7的难度超过前6个项目，小李所在的项目组最初经历了不少波折，终于完成了这个项目。但是部长又下达最后一个综合实战项目——实战“车载CAN空调控制系统”。这次任务随着CAN通信的加入，难度超过项目7，是8个项目中最难的一个。他们需要完成“车载CAN空调控制系统开发”。这次，项目组长要求小李按照标准的汽车领域的A-Spice软件开发流程从需求分析到系统设计再到编码实现，完成车载CAN空调控制系统的设计和实现。

本项目需要为新车型设计的这套车载CAN空调控制系统，其目标是基于CAN通信实现车载空调功能控制的方法。车厂依旧给项目组提供了基于STM32的F10X系列芯片作为主控MCU，以及使用RK3399芯片作为主控SoC的综合实验箱，从而完成对应功能的实现。已知该实验箱上的MCU模块能够通过以太网和SoC模块进行数据交互，同时，PC端使用CAN模拟器模拟真车进行CAN数据的收发，通过CAN仿真器和MCU进行CAN通信。MCU开发驱动，CANAPP处理SoC传来的CAN指令，以及转发CAN仿真器传来的CAN总线信息。SoC负责HMI人机交互界面的开发。基于该项目情境，展开以下实施过程。

[需求分析]

结合项目情境，针对“车载CAN空调控制系统”整个功能实现的要点，为了完成CAN信号针对车载空调的控制，需要同时使用到实验箱的SoC侧和MCU侧。使用STM32系列MCU的相关模块及其外设进行相关功能，同时借助CAN模拟器完成本项目的设计和实现。综合运用所学技术和业务逻辑，实现具体的功能系统。

实现车载CAN空调控制MCU侧的开发操作项目分析

SoC运行Android平台的App，接收用户操作，将用户操作转化为命令，通过JNI方式，使用UDP协议的网络通信，控制驱动程序，ST-Link将RPC命令发送给MCU端。MCU端通过UDP协议的网络通信获取来自SoC端的RPC命令，进而处理空调控制流程，产生动作结果与动作码，作为车机空调的输入指令。

对需要完成的需求，梳理如下：

①明确STM32的F10X系列MCU的CAN控制引脚编号；

②明确控制CAN需要用到的对应寄存器；

③完成 CAN 驱动控制功能；
④完成 CAN 通信原理分析；
⑤完成基于 MDK-KEIL 的开发工程环境构建；
⑥明确车载 CAN 总线控制的配置和相关接口；
⑦实现借助 CAN 总线完成 SoC 侧的控制 App 的编写；
⑧完成工程的编译；
⑨完成程序到实验箱的烧写；
⑩完成结果确认。

[学习目标]

◇知识目标

①认识什么是 CAN 总线；
②理解 CAN 通信协议；
③熟悉 CAN 通信接口；
④熟悉 CAN 在汽车电子领域的应用。

◇能力目标

①掌握配置实验箱环境；
②掌握通过 CAN 通信开发控制应用 App；
③掌握开发调试 JNI 层 UDP 协议的网络通信程序；
④掌握开发调试 MCU 串口驱动和 CAN 驱动；
⑤掌握连接 ST-Link 仿真器并设置相关参数；
⑥掌握连接 SoC 部分和 MCU 部分并实施整体联调。

◇素养目标

①激发学生学习软件开发的兴趣；
②感受基于 MCU/SoC 进行实际项目开发的整体过程；
③增强学生理论联系实际的能力；
④提升学生职业素养与劳动意识；
⑤激发学生科技强国与自主创新意识。

◇项目重点

①CAN 通信的应用；
②CAN 总线的使用；
③CAN 通信协议；
④CAN 通信接口；
⑤SoC 和 MCU 侧的整体联调。

◇项目难点

①SoC 侧的核心类的开发工作；
②MCU 侧的主要代码开发；

③CAN 通信开发控制应用；
④JNI 层 UDP 协议的网络通信程序；
⑤调试 MCU 驱动和 CAN 驱动。

8.1 任务描述

用户操作 SoC 侧的 HMI 界面，触发空调控制操作，智能网联平台接收到用户的操作指令后，执行相关操作。用户触发 AC ON，AC OFF 等操作，智能网联平台给出相应动作码与相关提示，此动作码作为其他系统的输入代码备用。

实现过程包括以下内容：

1）任务分析

介绍本任务的启动条件、输入、输出和结束条件；并概要说明完成本任务需要的专业技能和专业知识。

2）知识精讲

介绍完本任务需要的专业技能和专业知识，包括人工智能框架、设备分类和工作原理，为实现任务奠定理论基础。

3）任务实施

在明确任务条件和了解理论基础后，按部就班地完成任务，对应步骤包括：
①明确需要用到的设备和软件工具；
②完成工程的创建；
③完成工程参数的配置；
④完成工程参数配置项的检查；
⑤完成代码分析；
⑥完成工程的编译和链接；
⑦完成上机验证。

8.2 任务分析

1）本任务的启动条件

①PC 端启动操作系统，正常连接实验箱；
②实验箱 SoC 与 MCU 端处于正常工作状态；
③相关集成开发环境搭建完成。

2）本任务的输入/输出

①输入：用户通过 HMI 触发车载空调控制操作；

②输出:智能网联汽车完成空调控制动作。

3)本任务的结束条件

①SoC 端输出 CAN 通信数据包;
②MCU 端对 CAN 信号进行正确或错误响应,并产生动作码。

4)本任务的实现所需知识与技能

①CAN 通信基本原理;
②CAN 通信协议;
③SoC 基本概念;
④STM32 系列 MCU 的相关技术知识。

8.3 知识精讲

1)什么是 CAN 总线

实现车载 CAN 空调控制 MCU 侧的开发操作项目数据业务代码分析

CAN 总线是 Controller Area Network 的缩写(以下称"CAN"),是 ISO 国际标准化的串行通信协议。在当前的汽车产业中,出于对安全性、舒适性、方便性、低公害、低成本的要求,各种各样的电子控制系统被开发出来。由于这些系统之间通信所用的数据类型及对可靠性的要求不尽相同,由多条总线构成的情况很多,线束的数量也随之增加。为适应"减少线束的数量"和"通过多个 LAN,进行大量数据的高速通信"的需要,1986 年,德国电气商博世公司开发出面向汽车的 CAN 通信协议。此后,CAN 通过 ISO 11898 及 ISO 11519 进行了标准化,目前在欧洲已是汽车网络的标准协议。

目前,CAN 的高性能和可靠性已被认同,并被广泛应用于工业自动化、船舶、医疗设备、工业设备等方面。现场总线是当今自动化领域技术发展的热点之一,被誉为自动化领域的计算机局域网。它的出现为分布式控制系统实现各节点之间实时、可靠的数据通信提供了强有力的技术支持。

CAN 属于现场总线的范畴,它是一种有效支持分布式控制或实时控制的串行通信网络。较之许多 RS-485 基于 R 线构建的分布式控制系统而言,基于 CAN 总线的分布式控制系统在以下方面具有明显的优越性。

(1)网络各节点之间的数据通信实时性强

首先,CAN 控制器工作于多种方式,网络中的各节点都可根据总线访问优先权(取决于报文标识符)采用无损结构的逐位仲裁方式,竞争向总线发送数据,且 CAN 协议废除了站地址编码,而代之以对通信数据进行编码,这可使不同的节点同时接收到相同的数据,这些特点使得 CAN 总线构成的网络各节点之间的数据通信实时性强,并且容易构成冗余结构,可提高系统的可靠性和系统的灵活性。利用 RS-485 只能构成主从式结构系统,通

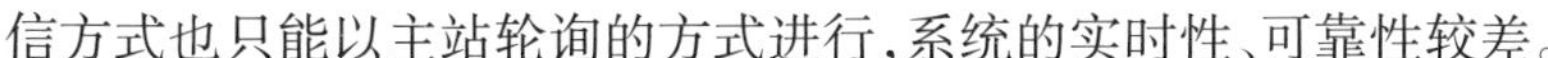

信方式也只能以主站轮询的方式进行,系统的实时性、可靠性较差。

(2)开发周期短

CAN 总线通过 CAN 收发器接口芯片 82C250 的两个输出端 CAN_H 和 CAN_L 与物理总线相连,而 CAN_H 端的状态只能是高电平或悬浮状态,CAN_L 端的状态只能是低电平或悬浮状态。这就确保不会再出现在 RS-485 网络中的现象,即当系统有错误,出现多节点同时向总线发送数据时,导致总线呈现短路,从而损坏某些节点的现象。而且 CAN 节点在错误严重的情况下具有自动关闭的输出功能,以使总线上其他节点的操作不受影响,从而保证不会出现像在网络中因个别节点出现问题,使总线处于“死锁”状态。而且,CAN 具有完善的通信协议,可由 CAN 控制器芯片及接口芯片实现,从而大大降低了系统的开发难度,缩短开发周期,这些是有电气协议的 RS-485 无法比拟的。

(3)已形成国际标准的现场总线

另外,与其他现场总线相比,CAN 总线是具有通信速率高、容易实现且性价比高等诸多特点的一种已形成国际标准的现场总线。这也是 CAN 总线应用于众多领域,具有强劲的市场竞争力的重要原因。

(4)最有前途的现场总线之一

CAN 即控制器局域网络,属于工业现场总线的范畴。与一般的通信总线相比,CAN 总线的数据通信具有突出的可靠性、实时性和灵活性。由于其良好的性能和独特的设计,CAN 总线越来越受到人们的重视。CAN 总线在汽车领域上的应用非常广,世界上一些著名的汽车制造厂商大多采用了 CAN 总线来实现汽车内部控制系统与各检测和执行机构间的数据通信。同时,由于 CAN 总线本身的特点,其应用范围已不再局限于汽车行业,而是向自动控制、航空航天、航海、机械工业、纺织机械、农用机械、机器人、数控机床、医疗器械及传感器等领域发展。CAN 已经形成了国际标准,并已被公认为几种最有前途的现场总线之一。其典型的应用协议有 SAE J1939/ISO 11783,CANOpen,CANaerospace,DeviceNet,NMEA 2000 等。

CAN 总线控制结构,如图 8.1 所示。

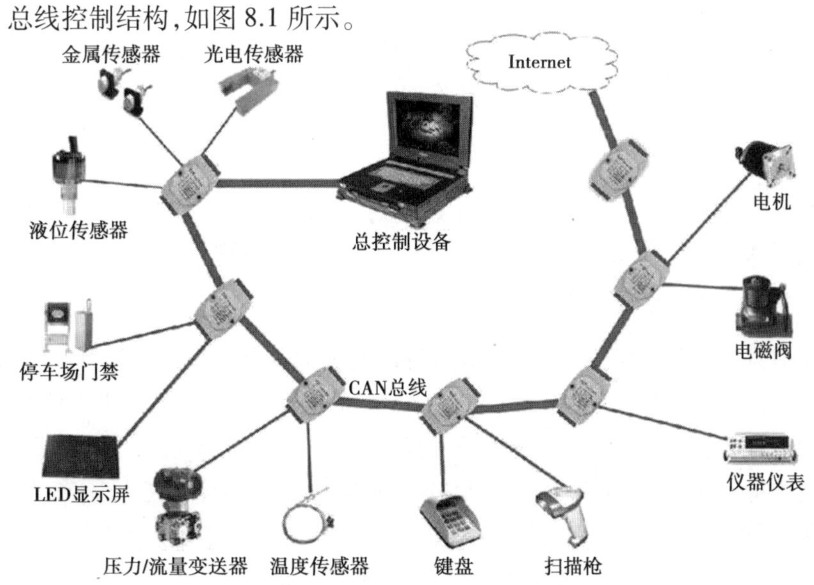

图 8.1 CAN 总线控制结构图

2)CAN 总线的特点

CAN 总线是德国 BOSCH 公司从 20 世纪 80 年代初为实现现代汽车中众多的控制与测试仪器之间的数据交换而开发的一种串行数据通信协议，它是一种多主总线，通信介质可以是双绞线、同轴电缆或光导纤维。通信速率最高可达 1 MB/s。CAN 总线有以下 5 个特点：

(1)完成对通信数据的成帧处理

CAN 总线通信接口中集成了 CAN 协议的物理层和数据链路层功能，可完成对通信数据的成帧处理，包括位填充、数据块编码、循环冗余检验、优先级判别等项工作。

(2)使网络内的节点个数在理论上不受限制

CAN 协议的一个最大特点是废除了传统的站地址编码，而代之以对通信数据块进行编码。采用这种方法的优点可使网络内的节点个数在理论上不受限制，数据块的标识符可由 11 位或 29 位二进制数组成，因此，可定义两个或两个以上不同的数据块，这种按数据块编码的方式，还可使不同的节点同时接收到相同的数据，这一点在分布式控制系统中非常有用。数据段长度最多为 8 个字节，可满足通常工业领域中控制命令、工作状态及测试数据的一般要求。同时，8 个字节不会占用总线时间过长，从而保证了通信的实时性。CAN 协议采用 CRC 检验并可提供相应的错误处理功能，保证了数据通信的可靠性。CAN 卓越的特性、极高的可靠性和独特的设计，特别适合工业过程监控设备的互连，因此，越来越受到工业界的重视，并被公认为最有前途的现场总线之一。

(3)可在各节点之间实现自由通信

CAN 总线采用了多主竞争式总线结构，具有多主站运行和分散仲裁的串行总线以及广播通信的特点。CAN 总线上任意节点可在任意时刻主动向网络上其他节点发送信息而不分主次，因此，可在各节点之间实现自由通信。CAN 总线协议已被国际标准化组织认证，技术比较成熟，控制的芯片已经商品化，性价比高，特别适用于分布式测控系统之间的数据通信。CAN 总线插卡可以任意插在 PC AT XT 兼容机上，方便构成分布式监控系统。

(4)结构简单

只有两根线与外部相连，并且内部集成了错误探测和管理模块。

(5)传输距离和速率

数据通信没有主从之分，任意一个节点可以向任何其他(一个或多个)节点发起数据通信，靠各个节点信息优先级的先后顺序来决定通信次序，高优先级节点信息在 134 μs 通信；多个节点同时发起通信时，优先级低的避让优先级高的，不会对通信线路造成拥塞；通信距离最远可达 10 km(速率低于 5 kB/s)，速率可达 1 Mb/s(通信距离小于 40 m)；CAN 总线的传输介质可以是双绞线、同轴电缆。CAN 总线适用于大数据量短距离通信或者长距离小数据量通信，实时性要求比较高，在多主多从或者各个节点平等的现场中使用。

3)CAN 通信协议说明

CAN 总线使用串行数据传输方式,以 1 Mb/s 的速率在 40 m 的双绞线上运行,也可以使用光缆连接,而且在这种总线上总线协议支持多主控制器。CAN 与 I^2C 总线的许多细节类似,但也有明显的区别。当 CAN 总线上的一个节点(站)发送数据时,它以报文形式广播给网络中的所有节点。对于每个节点来说,无论数据是不是发给自己的,都对其进行接收。每组报文开头的 11 位字符为标识符,定义了报文的优先级,这种报文格式称为面向内容的编址方案。在同一系统中标识符是唯一的,不可能有两个站发送具有相同标识符的报文。当几个站同时竞争总线读取时,这种配置就十分重要。

当一个站要向其他站发送数据时,该站的 CPU 将要发送的数据和自己的标识符传送给本站的 CAN 芯片,并处于准备状态;当它收到总线分配时,转为发送报文状态。CAN 芯片将数据根据协议组织成一定的报文格式发出,这时网上的其他站处于接收状态。每个处于接收状态的站对接收到的报文进行检测,判断这些报文是不是发给自己的,以确定是否接收它。由于 CAN 总线是一种面向内容的编址方案,因此很容易建立高水准的控制系统并灵活进行配置。我们可以很容易地在 CAN 总线中加进一些新站而无须在硬件或软件上进行修改。当所提供的新站是纯数据接收设备时,数据传输协议不要求独立的部分有物理目的地址。它允许分布过程同步化,即总线上控制器需要测量数据时,可由网上获得,而无须每个控制器都有自己独立的传感器。

另外,CAN 通信的特征包括:

①报文(Message)总线上的数据以不同报文格式发送,但长度受到限制。当总线空闲时,任何一个网络上的节点都可以发送报文。

②信息路由(Information Routing)在 CAN 中,节点不使用任何关于系统配置的报文,如站地址,由接收节点根据报文本身特征判断是否接收这帧信息。因此,当系统扩展时,不用对应用层以及任何节点的软件和硬件做改变,可以直接在 CAN 中增加节点。

③标识符(Identifier)要传送的报文有特征标识符(是数据帧和远程帧的一个域),它给出的不是目标节点地址,而是这个报文本身的特征。信息以广播方式在网络上发送,所有节点都可以接收到信息。然后节点通过标识符判定是否接收该帧信息。

④数据一致性应确保报文在 CAN 中同时被所有节点接收或同时不接收,这是配合错误处理和再同步功能实现的。

⑤位传输速率不同的 CAN 系统速度不同,但在一个给定的系统里,位传输速率是唯一的,并且是固定的。

⑥优先权。由发送数据的报文中的标识符决定报文占用总线的优先权。标识符越小,优先权越高。

⑦远程数据请求(Remote Data Request)通过发送远程帧,需要数据的节点请求另一节点发送相应的数据。回应节点传送的数据帧与请求数据的远程帧由相同的标识符命名。

⑧仲裁(Arbitration)。只要总线空闲,任何节点都可以向总线发送报文。如果有两个或两个以上的节点同时发送报文,就会引起总线访问碰撞。通过使用标识符的逐位仲裁可以解决这一碰撞。仲裁机制确保了报文和时间均不损失。当具有相同标识符的数据帧和远程帧同时发送时,数据帧优先于远程帧。在仲裁期间,每个发送器都对发送位的电平

与被监控的总线电平进行比较。如果电平相同,则这个单元可以继续发送,如果发送的是“隐性”电平而监视到的是“显性”电平,那么这个单元就失去了仲裁,必须退出发送状态。

⑨总线状态。总线有“显性”和“隐性”两种状态,“显性”对应逻辑“0”,“隐性”对应逻辑“1”。“显性”状态和“隐性”状态相与为“显性”状态,所以两个节点同时分别发送“0”和“1”时,总线上呈现“0”。CAN 总线采用二进制不归零(NRZ)编码方式,所以总线上不是“0”,就是“1”。但是 CAN 协议并没有具体定义这两种状态的具体实现方式。

⑩故障界定 CAN 节点能区分瞬时扰动引起的故障和永久性故障。故障节点会被关闭。

⑪应答接收节点对正确接收的报文给出应答,对不一致报文进行标记。

⑫CAN 通信距离最大为 10 km(设速率为 5 kB/s),或最大通信速率为 1 Mb/s(设通信距离为 40 m)。

⑬CAN 总线上的节点数可达 110 个。通信介质可在双绞线、同轴电缆、光纤中选择。

⑭报文是短帧结构,短的传送时间使其受干扰概率低,CAN 有很好的校验机制,这些都保证了 CAN 通信的可靠性。

基于以上特征,CAN 通信协议的内容就得从 CAN 系统组成来讲。CAN 系统组成图,如图 8.2 所示。

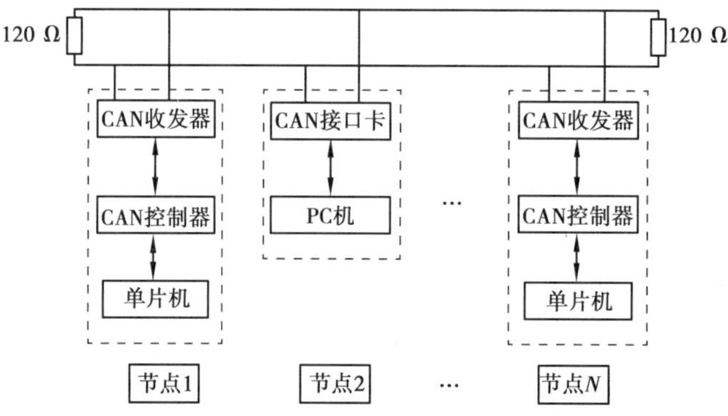

图 8.2　CAN 系统组成图

因此,CAN 总线的物理层是将 ECU 连接至总线的驱动电路。ECU 的总数将受限于总线上的电气负荷。物理层定义了物理数据在总线上各节点间的传输过程,主要是连接介质、线路电气特性、数据的编码/解码、位定时和同步的实施标准。虽然 BOSCH CAN 基本上没有对物理层进行定义,但是基于 CAN 的 ISO 标准对物理层进行了定义。设计一个 CAN 系统时,物理层具有很大的选择余地,但必须保证 CAN 协议中媒体访问层非破坏性位仲裁的要求,即出现总线竞争时,具有较高优先权的报文获取总线竞争的原则,所以要求物理层必须支持 CAN 总线中隐性位和显性位的状态特征。在没有发送显性位时,总线处于隐性状态,空闲时,总线处于隐性状态;当有一个或多个节点发送显性位时,显性位覆盖隐性位,使总线处于显性状态。

CAN 网络上的节点不分主从,任一节点均可在任意时刻主动向网络上的其他节点发送信息,通信方式灵活,利用这一特点可以方便地构成多机备份系统,CAN 只需通过报文滤波即可实现点对点、一点对多点及全局广播等几种方式传送接收数据,无须专门的“调度”。CAN 的直接通信距离最远可达 10 km(速率 5 kB/s 以下);通信速率最高可达 1 Mb/s(此时通信距离最长为 40 m)。CAN 上的节点数主要决定于总线驱动电路,目前可达110个;报文标识符可达2 032种(CAN2.0A),而扩展标准(CAN2.0B)的报文标识符几乎不受限制。另外,CAN的数据链路层是其核心内容,其中,逻辑链路控制(Logical Link control,LLC)完成过滤、过载通知和管理恢复等功能,媒体访问控制(Medium Access Control,MAC)子层完成数据打包/解包、帧编码、媒体访问管理、错误检测、错误信令、应答、串并转换等功能。这些功能都是围绕信息帧传送过程展开的。

CAN通信报文主要是以和TCP/IP通信协议类似的包结构的帧结构。帧数据类型有4种,包括数据帧、远程帧、错误指示帧和超载帧。

(1)数据帧

CAN协议有两种数据帧类型标准2.0A和标准2.0B。两者本质的不同在于ID的长度不同。在2.0A类型中,ID的长度为11位;在2.0B类型中,ID的长度为29位。一个信息帧中包括7个主要的域:

①帧起始域:标志数据帧的开始,由一个显性位组成。

②仲裁域:内容由标示符和远程传输请求(Remote Transmission Request,RTR)位组成,RTR用以表明此信息帧是数据帧还是不包含任何数据的远地请求帧。当2.0A的数据帧和2.0B的数据帧必须在同一条总线上传输时,首先判断其优先权,如果ID相同,则非扩展数据帧的优先权高于扩展数据帧。

③控制域:r0,r1是保留位,作为扩展位,DLC表示一帧中数据字节的数目。

④数据域:包含0~8字节的数据。

⑤校验域:检验位错用的循环冗余校验域,共15位。

⑥应答域:包括应答位和应答分隔符。正确接收有效报文的接收站在应答期间将总线值设为显性电平。

⑦帧结束:由7位隐性电平组成。

(2)远程帧

远程帧接收数据的节点可通过发远程帧请求源节点发送数据。它由6个域组成:帧起始域、仲裁域、控制域、校验域、应答域、帧结束。

(3)错误指示帧

错误指示帧由错误标志和错误分界两个域组成。当接收节点发现总线上的报文有误时,将自动发出“活动错误标志”其他节点检测到活动错误标志后发送“错误认可标志”。

(4)超载帧

超载帧由超载标志和超载分隔符组成。超载帧只能在一个帧结束后开始。当接收方接收下一帧前,需要过多的时间处理当前的数据,或在帧间空隙域检测到显性电平时,则导致发送超载帧。

另外,帧与帧之间,还存在帧间空隙。帧间空隙位于数据帧和远地帧与前面的信息帧之间,由帧间空隙和总线空闲状态组成。帧间空隙是必要的,在此期间,CAN不进行新的帧发送,目的是CAN控制器在下次信息传递前有时间进行内部处理操作。当总线空闲时CAN控制器方可发送数据。

4)CAN 通信接口说明

由于 CAN 总线可分为高速 CAN、低速 CAN 和单线 CAN 3 种类型,因此提供的通信接口也不尽相同。在速度方面高速 CAN 的传输速率(波特率)为 125 kB/s~1 Mb/s 。低速 CAN 的传输速率在 125 kB/s 以下,低速 CAN 具有更好的容错性。单线 CAN 波特率为 33~83 kB/s。

这 3 种总线之间的最主要区别是物理层。以传输介质和线的数量来说,单线 CAN 只需 1 条导线,低速容错 CAN 和高速 CAN 通过双绞线传输。双绞线能有效减少外部电磁场对信息内部电平的干扰。还有电平的逻辑区别,定义逻辑为 1 称为隐性,逻辑为 0 称为显性。这个区别可从以下几种情况加以说明:空闲时、有效时、睡眠时、唤醒时。这里假设收发器的电源为标准的 5 V 和 12 V。当双线 CAN 的两个导线处于静止状态时,两个电平是一样的,大约 2.5 V,这个静电平状态就是隐性状态,也称隐性电平,也就是没有任何干扰时的状态称为隐性状态。当有信号修改时,CAN_H 线上的电压值变高了,一般来说,会升高至少 1 V;而 CAN_L 线上的电压值会降低一个同样值,也是 1 V。那么此时,CAN_H 就是 2.5 V+1 V=3.5 V,处于激活状态。而 CAN_L 则降为 2.5 V-1 V=1.5 V。

图 8.3—图 8.6 给出 3 种类型的总线在空闲时(隐性位)、有效时(显性位)、睡眠时、唤醒时 4 种场合的工作状态。通过 4 种场合的工作状态,可以全面了解 CAN 通信接口在不同工作模式下的通信速率和电荷负载情况。为不同的使用场景中选择合适的 CAN 通信接口奠定了基础。

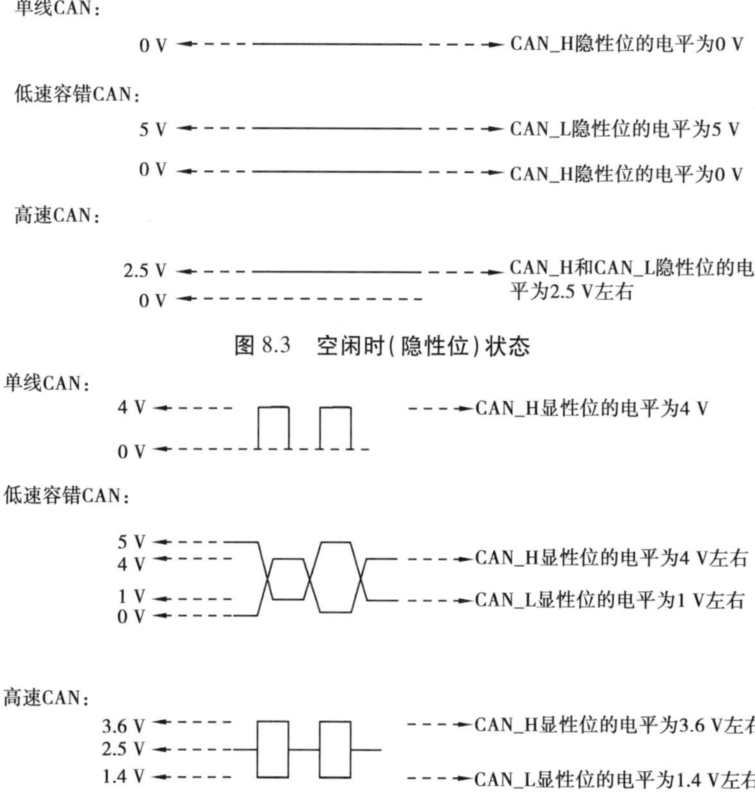

图 8.3　空闲时(隐性位)状态

图 8.4　有效时(显性位)状态

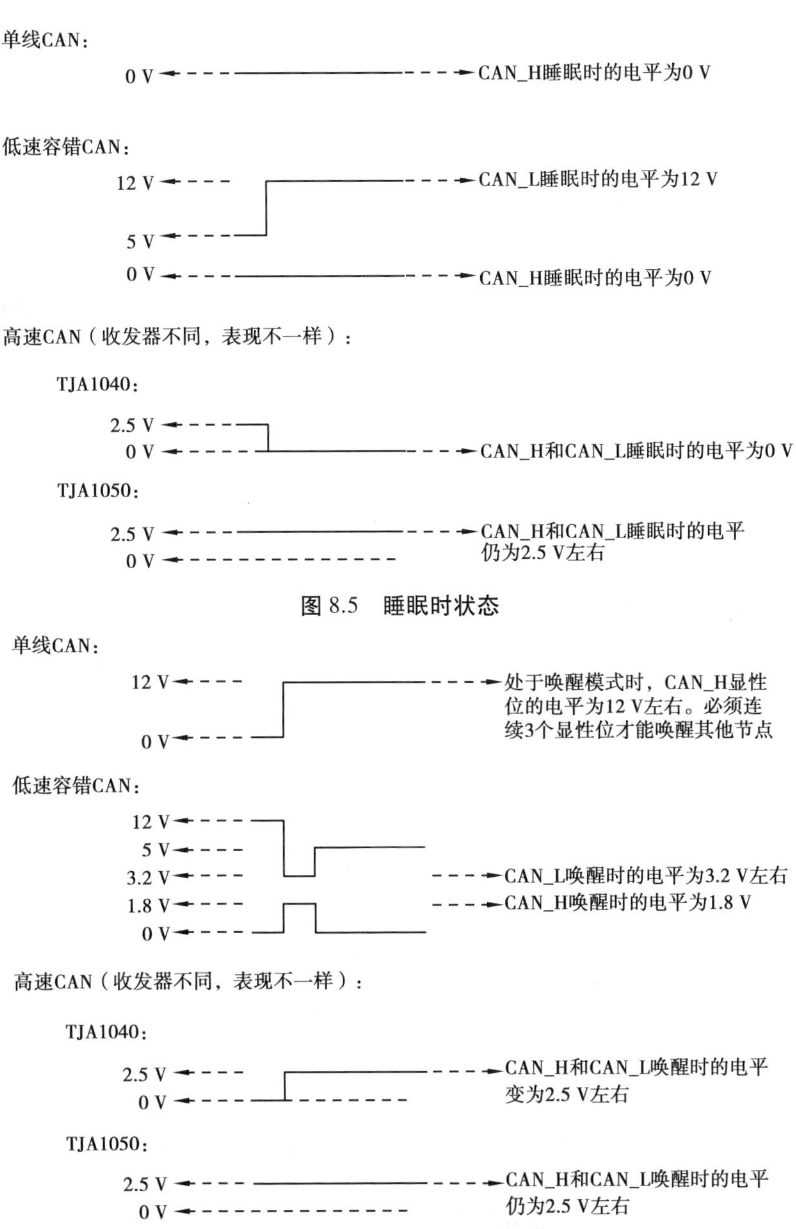

图 8.6　唤醒时状态

5）CAN 在汽车电子中的应用

CAN 是由研发和生产汽车电子产品著称的德国 BOSCH 公司开发的，并最终成为国际标准，是国际上应用最广泛的现场总线之一。到目前为止，世界上已拥有 20 多家 CAN 总线控制器芯片生产商，110 多种 CAN 总线协议控制器芯片和集成 CAN 总线协议控制器的微处理器芯片。

在北美和西欧，CAN 总线协议已成为汽车计算机控制系统和嵌入式工业控制局域网的标准总线，并且拥有以 CAN 为底层协议专为大型货车和重工机械车辆设计的 J1939 协议。其所具有的高可靠性和良好的错误检测能力受到重视，被广泛应用于汽车计算机控制系统和环境温度恶劣、电磁辐射强和振动大的工业环境中。

随着汽车电子技术的不断发展,现代汽车中所使用的电子控制系统和通信系统越来越多,如发动机电控系统、自动变速器控制系统、防抱死制动系统(Anti-lock Braking System,ABS)、自动巡航系统(Adaptive Cruise Control,ACC)和车载多媒体系统等。这些系统之间、系统和汽车的显示仪表之间、系统和汽车故障诊断系统之间均需要进行数据交换,如此巨大的数据交换量,如仍采用传统数据交换的方法,即用导线进行点对点连接的传输方式将是难以想象的。CAN 作为汽车环境中的微控制器通信总线解决了这一问题。它在车载各电子控制装置 ECU 之间交换信息,形成汽车电子控制网络,作为一种多主方式的串行通信总线,基本设计规范要求有高的位速率,高抗电磁干扰性,而且能检测出产生的任何错误。当信号传输距离达到 10 km 时,CAN 总线仍可提供高达 5 kB/s 的数据传输速率。CAN 用作汽车中的数据和控制通信网络,具有不可比拟的优越性。据统计,目前 CAN 总线在汽车动力总成中占 85%的市场份额,2008 年全球主要汽车生产厂商生产欧Ⅲ/欧Ⅳ排放标准以上的汽车后,采用 CAN 总线的汽车将超过 95%。

举几个具体的实例来说明 CAN 在汽车电子领域的应用场景。

(1)汽车仪表

按在工作原理上取得的重大技术创新来分,汽车仪表可分为 4 个阶段,或称为经过 4 代。第 1 代汽车仪表是基于机械作用力而工作的机械式仪表,人们习惯称这类仪表为机械机心表;第 2 代汽车仪表的工作原理基于电测原理,即通过各类传感器将被测的非电量变换成电信号加以测量,通常称这类仪表为电气式仪表;第 3 代为模拟电路电子式;第 4 代为步进电动机式全数字汽车仪表。

随着计算机技术、电子技术、网络技术以及液晶显示技术的发展,汽车仪表的发展趋势将更加体现这些高新技术的结合,如仪表的功能由软件和硬件共同来完成,而且主要是通过软件实现的。这对量大且对成本极为敏感的汽车仪表有特殊意义,因为软件的开发费用分摊到每个仪表上是非常少的。与仅由电子线路硬件组成的汽车仪表相比,带有 ECU 的汽车仪表,其功能的实现手段更加灵活多样。产品的“柔性”更好,即在推出新款产品时,能最大限度地利用以前产品的硬、软件设计成果只做少量修改便可,这在产品更新换代快的今天和未来特别重要。

要实现基于 CAN 的汽车仪表的设计和实现,主要设计思想体现在:利用车辆网络的优势,从 CAN 总线上采集汽车仪表面板所需的数据,如车速、水温、燃油、里程等,经处理器处理后进行各种实时控制和显示。不像传统的仪表面板那样,本设计用液晶显示屏动态显示所采集并用软件处理的数据。这样可以随时根据需要,由软件实现仪表面板的扩充。整体网络具有自诊断功能,从而降低系统的故障率,使用 CAN 总线方式使得整体系统工作更加及时、准确,提高了安全性、可靠性,更具有智能化和人性化。具体的 CAN 节点设计,如图 8.7 所示。

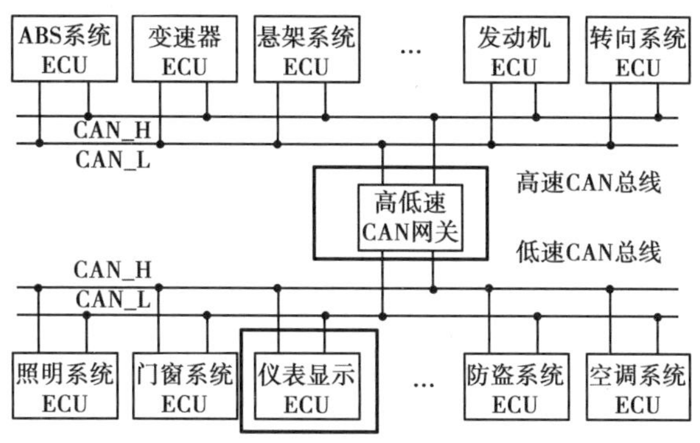

图 8.7 CAN 网状结构汽车仪表节点示意图

(2)安全气囊

由于 CAN 的特点,使得 CAN 总线能够保证实时可靠的数据传输,保证汽车整车网络正常通信,在新能源汽车行业具有不可替代的地位。汽车内部挂有很多 ECU 节点,当其中一个节点发生故障进入总线关闭状态时,会在很大程度上影响整车 CAN 网络的通信。例如,当汽车发生碰撞时,传感器将电信号传送给安全气囊 ECU,将信号进行处理,当确定需要打开安全气囊时,ECU 会立即发出点火信号,气体发生器才会充满气囊,对驾驶员和乘客提供安全保护。若此时安全气囊 ECU 处于总线关闭状态,则无法正常弹出气囊,从而导致严重后果。

CAN 控制器可以判断出错误的类型是总线上暂时的数据错误(如外部干扰等)还是持续的数据错误(如单元内部故障、驱动器故障、断线、短路等)。由此,当总线上发生持续数据错误时,CAN 控制器内部的错误计数器累积到总线关闭的阀值,将引起此故障单元从总线上隔离出去,不参与跟总线其他节点的网络通信。

错误的原因大多是由物理故障引起的,主要是 CAN 线路产生的。除了物理层线路因素,还有可能由 CAN 控制器或收发器等元器件故障导致。同时,也有可能是由于 CAN 总线信号干扰导致的 CAN 信号收发不正确,严重时会导致不能正常发送报文,从而更容易导致 CAN 总线关闭。

例如,新能源汽车通常是指纯电动汽车或者混合动力汽车,其特色是使用电池、电容存储能力,然后通过逆变的方式变成交流,带动电动机驱动车辆。逆变产生的巨大电流形成强干扰,串扰到 CAN 总线上,导致控制器死机、损坏或者通信中断,车辆运行不稳定。如果出现了 BUS OFF,总线上的节点需做一些动作,例如,重启 CAN 控制器或重新上电,但这些都只是一些补救措施,最根本的还是需要找到引起 BUS OFF 的根源。

具体的安全气囊通信设计,如图 8.8 所示。

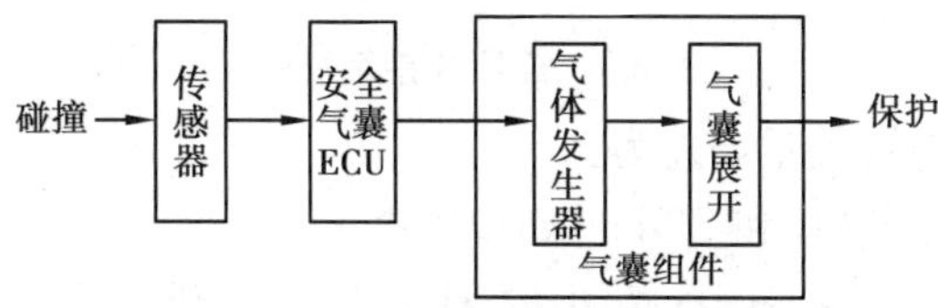

图 8.8 安全气囊通信设计图

当发生 CAN 总线关闭时,可检查 BUS OFF 寄存器的值,对 CAN 控制器的驱动及相关寄存器进行初始化操作。初始化完成后,CAN 总线关闭故障会立即解除。为了避免该节点在 CAN 网络中频繁发生总线关闭问题,建议在初始化后,不要立即对外发送 CAN 报文。由于汽车内部存在强干扰,也会导致 CAN 总线关闭。针对这种现象,可通过以下方式进行处理:由于汽车内部存在强电流产生的空间磁干扰,因此应将 CAN 线缆双绞程度加大;CAN 接口设计采用 CTM1051 隔离收发器、隔离限幅,防止 ECU 死机;CAN 接口增加磁环、共模电感等效果好的感性防护器件;外接专用的信号保护器消除干扰,如 ZF-12Y2;使用网桥中继设备 CANBridge 对部分强干扰源进行隔离。

综上所述,当汽车 CAN 总线关闭故障发生时,应分析物理层包括的 CAN 线路、CAN 控制器及收发器、CAN 信号干扰等外在因素,同时分析 CAN 寄存器及软件处理,重新初始化 CAN 驱动和恢复正常后,定时尝试往外发送报文。新能源汽车在发送总线关闭情况时,也希望有对应的 CAN 报文去分析,尤其是针对偶发性的故障时,更需要有可靠的 CAN 报文作为判断依据。

8.4 任务实施

1)需要用到的设备和软件工具

为了完成本任务,需要用到的设备和软件工具包括:

(1)硬件环境准备

①工程搭建、编译和构建用的 PC 1 台,包括与 ST-Link 连接用的 USB 线缆 1 条;

②ST-Link 仿真调试器,包括和 PC 连接用的 USB 线缆 1 条(和 PC 共用);

③实验箱“智能网联系统开发平台”1 台,电源线 1 条,与 ST-Link 连接用的排线 1 条。连接关系示意图,如图 8.9 所示。

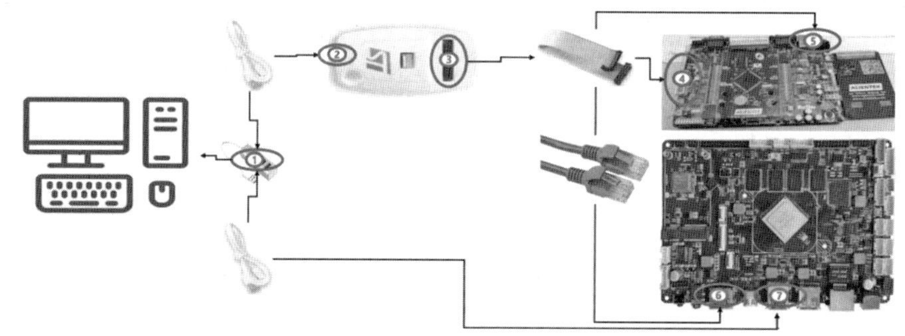

图 8.9 连接关系示意图

根据上述示意图,连接关系表述为:

①通过 USB 线缆连接 PC 和 ST-Link(图中①→②);

②通过排线连接 ST-Link 和实验箱中的 STM32 MCU 开发板(图中③→④);

③通过 USB 线缆连接 PC 和 SoC 侧开发板(图中①→⑦);

④通过网线连接 MCU 侧开发板和 SoC 侧开发板(图中⑤→⑥)。

(2)软件环境准备

根据本书“1.7 搭建开发环境”中的任务 1.7.1 和任务 1.7.2,在 PC 上安装 MDK-KEIL 集成开发环境和 Android Studio。

准备好上述软硬件环境后,就可着手实施后续步骤。由于本项目涉及 MCU 和 SoC 两侧的协作和通信。因此根据实验箱的具体情况,MCU 和 SoC 两侧的协作主要包括:

①SoC 侧的负责使用 Tengine 人工智能引擎捕捉用户的输入,并将这些输入转换为操作码,发送到 MCU 侧。

②MCU 侧负责接收 SoC 侧发送的操作码,然后分析操作码并驱动外设实现具体功能(LED 灯亮灭)。其中,MCU 和 SoC 两侧的通信方式通过以太网的 UDP 协议进行数据交互。

2)MCU 侧的开发操作

从任务实施上讲,可分为 MCU 侧的开发和 SoC 侧的开发进行操作,在 MCU 侧需进行应用开发。使用提供的 MCUCodeUDP.zip 源码包进行对应开发。开发步骤包括以下内容:

(1)工程解压

解压 MCUCodeUDP.zip 文件到非系统盘的根目录下(如 D 盘),注意不要包含中文路径即可,如图 8.10 所示。

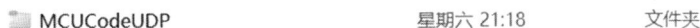

MCUCodeUDP	星期六 21:18	文件夹

图 8.10　MCUCodeUDP 文件夹

双击解压后的工程文件,可以一览工程文件目录全貌,如图 8.11 所示。

此电脑 › DATA (D:) › Temps › MCUCodeUDP

名称	修改日期	类型
APP	2021/12/12 16:17	文件夹
CORE	2021/12/12 9:54	文件夹
DRIVER	2021/12/12 10:49	文件夹
HARDWARE	2021/12/12 9:59	文件夹
LWIP	2021/12/12 10:11	文件夹
MALLOC	2021/12/12 9:55	文件夹
OS	2021/12/12 9:54	文件夹
Project	2021/12/17 17:00	文件夹
SYSTEM	2021/12/12 9:54	文件夹
USER	2021/12/12 9:54	文件夹
USMART	2021/12/12 10:26	文件夹

图 8.11　MCUCodeUDP 工程文件目录全貌

(2)工程加载

双击解压后的工程文件,可使用 MDK-KEIL 加载工程,如图 8.12 和图 8.13 所示。

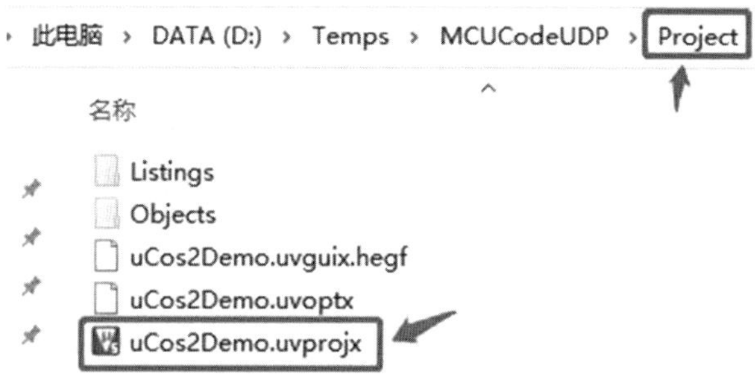

图 8.12　工程配置文件说明

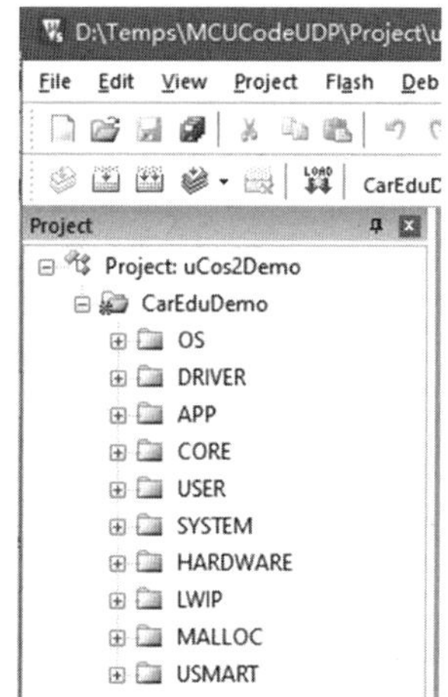

图 8.13　使用 MDK-KEIL 加载工程文件

(3)工程目录详细分析

如图 8.13 所示的加载后的工程,对整个工程目录依次进行注解如下:

①OS。包含 4 个文件,即 ucos_ii.c,os_cpu_c.c,os_dbg_r.c 和 os_cpu_a.asm。主要作用是为 MCU 侧提供轻量级操作系统功能,使用了实时的 ucos 的基本功能提供操作系统支持。

②DRIVER。包含 7 个文件,即 Driver_Led.c,Driver_LinkList.c,Driver_Managemnt.c,Driver_Uart.c,Driver_Can,Driver_IIC.c 和 Driver_TEA5767.c。主要作用是为不同外设提供对应的驱动支持。这些驱动包括 LED 灯控制驱动、设备链接表驱动、设备链表管理驱动、UART 驱动、CAN 通信设备驱动、I^2C 驱动、TEA5767 驱动。

③APP。包含 6 个文件,即 APP_AirCon.c,APP_AirConFunc.c,APP_CanData.c,APP_Led.c,APP_RPC.c 和 APP_TunnerFunc.c。主要作用是实现不同功能的业务逻辑,并负责和 SoC 侧的应用进行通信。

④CORE。包含一个文件,即 core_cm3.c。这是 STM32F103 系列 MCU 的核心功能实现,是由 ARM 提供的开源模块(不需要用户做任何修改)。

⑤USER。包含一个文件，即 main.c。这是整个 MCU 侧部分的主体入口。

⑥SYSTEM。包含 4 个文件，即 delay.c，sys.c，startup_stm32f10x_hd.s 和 usart.c。主要作用是为 MCU 提供延时功能、中断向量设置功能、启动控制功能以及通用同步/异步串行接收/发送功能。

⑦HARDWARE。包含 8 个文件，即 led.c，IL193xx.c，key.c，dm9000.c，timer.c，rtc.c，adc.c 和 beep.c。主要作用是提供各部分外设的初始化和基本功能函数，包括 led 初始化、LCD 基本功能（本功能由于实验箱的 MCU 侧没有配置 LCD 屏幕，本功能实现受限）、key 初始化、dm9000 初始化、定时器初始化、实时时钟初始化和中断配置、adc 初始化、蜂鸣器初始化等功能。

⑧LWIP。它是瑞典计算机科学院（SICS）Adam Dunkels 开发的一个小型开源的 TCP/IP 协议栈。实现的重点是在保持 TCP 协议主要功能的基础上减少对 RAM 的占用。属于第三方库的使用（除了 demo 部分，无特殊情况无须修改）。

⑨MALLOC。包含 1 个文件，即 malloc.c。仿 C 标准库，提供基本的动态内存管理控制功能。

⑩USMART。包含 3 个文件，即 usmart.c，usmart_config.c 和 usmart_str.c。它是第三方的 STM32 开发平台开发串口级终端调试工具（无特殊情况无须修改）。

（4）编辑 Driver_Can.c 文件

在上述工程既有的基础上，针对 MCU 的应用层程序进行理解和修改，可满足目前项目的需求。编写 DRIVER 文件夹中的 Driver_Can.c 文件，如图 8.14 所示，其作用是提供驱动程序，驱动 LED 灯打开还是关闭。

如图 8.14 方框所示，需要编写的目标源文件是 Driver_Can.c。

DRIVER
Driver_Led.c
Driver_LinkList.c
Driver_Managment.c
Driver_Uart.c
Driver_Can.c
Driver_IIC.c
Driver_TEA5767.c

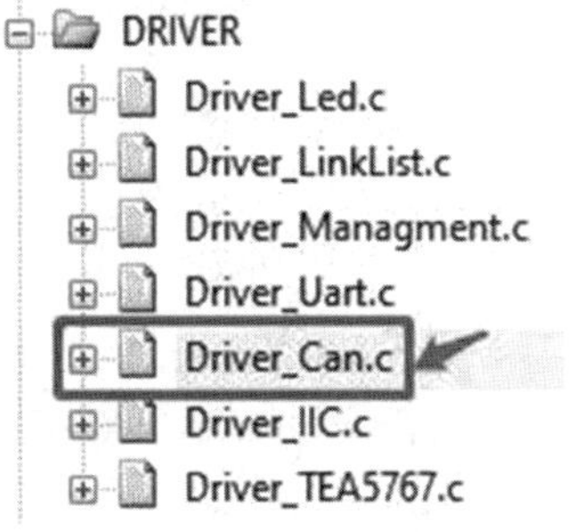

图 8.14 Driver_Can.c 文件

函数声明部分整体定义。

```
/*********************************
*        File Name              :DSS_CanDriver.c
*        Model Name             :Can Driver
*        Abstract Description   :Can Driver.
**********************************
/
/*********************************
*
* Include File Section
**********************************
/
#include "Driver_Can.h"
/*********************************
```

```
*
*        Macro Define Section
* * * * * * * * * * * * * * * * * * * * * * * * * * * * * * * * * * *
/
//CAN 接收 RX0 中断使能
#define CAN_RX0_INT_ENABLE 1 //0,不使能;1,使能
* * * * * * * * * * * * * * * * * * * * * * * * * * * * * * * * * * */
/* * * * * * * * * * * * * * * * * * * * * * * * * * * * * * * * * * *
*
* Function Definition Section
* 函数声明部分
* * * * * * * * * * * * * * * * * * * * * * * * * * * * * * * * * * * *
/
u8 CAN_Mode_Init(u8 tsjw,u8 tbs2,u8 tbs1,u16 brp,u8 mode);//CAN 初始化
u8 CAN_Tx_Msg(u32 id,u8 ide,u8 rtr,u8 len,u8 * dat);//发送数据
u8 CAN_Msg_Pend(u8 fifox);//查询邮箱报文
void CAN_Rx_Msg(u8 fifox,u32 * id,u8 * ide,u8 * rtr,u8 * len,u8 * dat);//接收数据
u8 CAN_Tx_Staus(u8 mbox);//返回发送状态
u8 CAN_Send_Msg(u8 * msg,u8 len);//发送数据
u8 CAN_Receive_Msg(u8 * buf);//接收数据
u8 CAN_Send_Air_Msg(u8 * msg,u8 len);//发送空调相关 message
static void nvdCAN_Init(void);//初始化函数
static void nvdCAN_Close(void);//关闭函数
static void nvdCAN_Ctl(const void * cmd,unsigned long arg,void * pout);//控制函数
static int nvdCAN_Read(void * buf,int len);//读总线数据函数
static int nvdCAN_ReadAsync(void * buf,int len);//同步读总线数据函数
static int nvdCAN_Write(const void * buf,int len);//写总线数据函数
Dev_File wcCanDevFile_ts={
nvdCAN_Init,
nvdCAN_Close,
nvdCAN_Read,
nvdCAN_ReadAsync,
nvdCAN_Write,
nvdCAN_Ctl,
};
```

nvdCAN_Init(void)函数的功能是进行模型初始化处理。

```
//以下部分空函数为车载 CAN 总架构的函数,具体实现接口与标准
```

```
/ * * * * * * * * * * * * * * * * * * * * * * * * * * * * * * * * * * *
 *
 *         Function Name          :nvdCAN_Init
 *         Description            :
 *         Parameter              :
 *         Return Code            :void
 * 模型初始化处理函数
 * * * * * * * * * * * * * * * * * * * * * * * * * * * * * * * * * * * *
/
void nvdCAN_Init(void)
{
        CAN_Mode_Init(1,8,9,4,0);
}
```

nvdCAN_Close(void)函数的功能是进行模型关闭处理。

```
/ * * * * * * * * * * * * * * * * * * * * * * * * * * * * * * * * * * *
 *
 *         Function Name          :nvdCAN_Close
 *         Description            :
 *         Parameter              :
 *         Return Code            :void
 * 模型关闭处理函数
 *
 * * * * * * * * * * * * * * * * * * * * * * * * * * * * * * * * * * * *
/
void nvdCAN_Close(void)
{
}
```

nvdCAN_Ctl(const void * cmd,unsigned long arg,void * pout)函数的功能是进行模型控制处理。

```
/ * * * * * * * * * * * * * * * * * * * * * * * * * * * * * * * * * * *
 *
 *         Function Name          :nvdCAN_Ctl
 *         Description            :
 *         Parameter              :
 *         Return Code            :void
 * 模型控制处理函数
 * * * * * * * * * * * * * * * * * * * * * * * * * * * * * * * * * * * *
```

```
/
void nvdCAN_Ctl( const void * cmd,unsigned long arg,void * pout)
{
}
```

nvdCAN_Read(void * buf,int len)函数的功能是进行模型读操作处理。

```
/ * * * * * * * * * * * * * * * * * * * * * * * * * * * * * * * * * * * *
 *
 *          Function Name          :nvdCAN_Read
 *          Description            :
 *          Parameter              :
 *          Return Code            :void
 * 模型读操作处理函数
 * * * * * * * * * * * * * * * * * * * * * * * * * * * * * * * * * * * * *
/
int nvdCAN_Read( void * buf,int len)
{
          return 0;
}
```

nvdCAN_ReadAsync(void * buf,int len)函数的功能是进行模型同步读操作处理。

```
/ * * * * * * * * * * * * * * * * * * * * * * * * * * * * * * * * * * * *
 *
 *          Function Name          :nvdCAN_ReadAsync
 *          Description            :
 *          Parameter              :
 *          Return Code            :void
 * 模型同步读操作处理函数
 * * * * * * * * * * * * * * * * * * * * * * * * * * * * * * * * * * * * *
/
int nvdCAN_ReadAsync( void * buf,int len)
{
          return 0;
}
```

nvdCAN_Write(const void * buf,int len)函数的功能是进行模型写操作处理。

```
/ * * * * * * * * * * * * * * * * * * * * * * * * * * * * * * * * * * * *
 *
 *          Function Name          :nvdCAN_Write
```

```
*        Description          :
*        Parameter            :
*        Return Code          :void
*模型写操作处理函数
************************************
/
int nvdCAN_Write(const void * buf,int len)
{
        u8 msg[64] = {0};
        u8 writeResult ;
        memcpy(msg,buf,len);
        writeResult=CAN_Send_Air_Msg(msg,len);
        return writeResult;
}
```

CAN_Mode_Init(u8 tsjw,u8 tbs2,u8 tbs1,u16 brp,u8 mode)函数的功能是进行模型初始化处理。

```
/***********************************
*
*        Function Name        :CAN_Mode_Init
*        Description          :
*        Parameter            :
*        Return Code          :void
*模型初始化处理函数
************************************
/
u8 CAN_Mode_Init(u8 tsjw,u8 tbs2,u8 tbs1,u16 brp,u8 mode)
{
        u16 i=0;
        if(tsjw==0 || tbs2==0 || tbs1==0 || brp==0)
            return 1;
        tsjw -=1;//先减去1,再用于设置
        tbs2 -=1;
        tbs1 -=1;
        brp -=1;
        RCC->APB2ENR |=1<<2;//使能 PORTA 时钟
        GPIOA->CRH &=0XFFF00FFF;
        GPIOA->CRH |=0X000B8000;//PA11 RX,PA12 TX 推挽输出
```

```
GPIOA->ODR |=3<<11;
RCC->APB1ENR |=1<<25;//使能CAN时钟,CAN使用的是APB1的时钟(max:36M)
CAN1->MCR=0x0000;//退出睡眠模式(同时设置所有位为0)
CAN1->MCR |=1<<0;//请求CAN进入初始化模式
while((CAN1->MSR & 1<<0)==0)
{
    i++;
    if(i > 100)
        return 2;//进入初始化模式失败
}
CAN1->MCR |=0<<7;//非时间触发通信模式
CAN1->MCR |=0<<6;//软件自动离线管理
CAN1->MCR |=0<<5;//睡眠模式通过软件唤醒(清除CAN1->MCR的
                  SLEEP位)
CAN1->MCR |=1<<4;//禁止报文自动传送
CAN1->MCR |=0<<3;//报文不锁定,新的覆盖旧的
CAN1->MCR |=0<<2;//优先级由报文标识符决定
CAN1->BTR=0x00000000;//清除原来的设置
CAN1->BTR |=mode<<30;//模式设置0,普通模式;1,回环模式
CAN1->BTR |=tsjw<<24;//重新同步跳跃宽度(Tsjw)为tsjw+1个时间单位
CAN1->BTR |=tbs2<<20;//Tbs2=tbs2+1个时间单位
CAN1->BTR |=tbs1<<16;//Tbs1=tbs1+1个时间单位
CAN1->BTR |=brp<<0;//分频系数(Fdiv)为brp+1
                  //波特率:Fpclk1/((Tbs1+Tbs2+1)*Fdiv)
CAN1->MCR &=~(1<<0);//请求CAN退出初始化模式
while((CAN1->MSR & 1<<0)==1)
{
  i++;
  if(i > 0XFFF0)
      return 3;//退出初始化模式失败
}
//过滤器初始化
CAN1->FMR |=1<<0;//过滤器组工作在初始化模式
CAN1->FA1R &=~(1<<0);//过滤器0不激活
CAN1->FS1R |=1<<0;//过滤器位宽为32位
CAN1->FM1R |=0<<0;//过滤器0工作在标识符屏蔽位模式
CAN1->FFA1R |=0<<0;//过滤器0关联到FIFO0
```

```
        CAN1->sFilterRegister[0].FR1=0X00000000;//32 位 ID
        CAN1->sFilterRegister[0].FR2=0X00000000;//32 位 MASK
        CAN1->FA1R |=1<<0;//激活过滤器 0
        CAN1->FMR &=0<<0;//过滤器组进入正常模式
#if CAN_RX0_INT_ENABLE
        //使用中断接收
        CAN1->IER |=1<<1;//FIFO0 消息挂号中断允许
        MY_NVIC_Init(1,0,USB_LP_CAN1_RX0_IRQn,2);//组 2
#endif
        return 0;
}
```

CAN_Tx_Msg(u32 id,u8 ide,u8 rtr,u8 len,u8 * dat)函数的功能是进行消息发送邮箱数据处理。

```
/*************************************
 *
 *        Function Name        :CAN_Tx_Msg
 * 消息发送邮箱数据处理函数
 *************************************
/
u8 CAN_Tx_Msg(u32 id,u8 ide,u8 rtr,u8 len,u8 * dat)
{
        u8 mbox;
        if(CAN1->TSR &(1<<26))
          mbox=0;//邮箱 0 为空
        else if(CAN1->TSR &(1<<27))
          mbox=1;//邮箱 1 为空
        else if(CAN1->TSR &(1<<28))
          mbox=2;//邮箱 2 为空
        else
          return 0XFF;//无空邮箱,无法发送
        CAN1->sTxMailBox[mbox].TIR=0;//清除之前的设置
        if(ide==0)//标准帧
        {
          id &=0x7ff;//取低 11 位 stdid
          id<<=21;
        }
        else //扩展帧
```

```
        {
          id &=0X1FFFFFFF;//取低32位extid
          id<<=3;
        }
        CAN1->sTxMailBox[mbox].TIR |=id;
        CAN1->sTxMailBox[mbox].TIR |=ide<<2;
        CAN1->sTxMailBox[mbox].TIR |=rtr<<1;
        len &=0X0F;//得到低四位
        CAN1->sTxMailBox[mbox].TDTR &=~(0X0000000F);
        CAN1->sTxMailBox[mbox].TDTR |=len;//设置DLC
        //待发送数据存入邮箱
        CAN1->sTxMailBox[mbox].TDHR=(((u32)dat[7]<<24)|
                                     ((u32)dat[6]<<16)|
                                     ((u32)dat[5]<<8)|
                                     ((u32)dat[4]));
      CAN1->sTxMailBox[mbox].TDLR=(((u32)dat[3]<<24)|
                                     ((u32)dat[2]<<16)|
                                     ((u32)dat[1]<<8)|
                                     ((u32)dat[0]));
      CAN1->sTxMailBox[mbox].TIR |=1<<0;//请求发送邮箱数据
      return mbox;
}
```

CAN_Tx_Staus(u8 mbox)函数的功能是进行消息数据状态处理。

```
/***********************************
 *
 *      Function Name      :CAN_Tx_Staus
 *消息数据状态处理函数
 ***********************************
/
u8 CAN_Tx_Staus(u8 mbox)
{
      u8 sta=0;
      switch(mbox)
      {
      case 0:
        sta |=CAN1->TSR &(1<<0);//RQCP0
        sta |=CAN1->TSR &(1<<1);//TXOK0
```

```
            sta |=((CAN1->TSR &(1<<26))>> 24);//TME0
            break;
        case 1:
            sta |=CAN1->TSR &(1<<8)>> 8;//RQCP1
            sta |=CAN1->TSR &(1<<9)>> 8;//TXOK1
            sta |=((CAN1->TSR &(1<<27))>> 25);//TME1
            break;
        case 2:
            sta |=CAN1->TSR &(1<<16)>> 16;//RQCP2
            sta |=CAN1->TSR &(1<<17)>> 16;//TXOK2
            sta |=((CAN1->TSR &(1<<28))>> 26);//TME2
            break;
        default:
            sta=0X05;//邮箱号不对,肯定失败
            break;
        }
        return sta;
}
```

CAN_Msg_Pend(u8 fifox)函数的功能是进行消息数据悬停处理。

```
/*********************************************
*
*       Function Name         :CAN_Msg_Pend
*消息数据悬停处理函数
**********************************************
/
u8 CAN_Msg_Pend(u8 fifox)
{
        if(fifox==0)
            return CAN1->RF0R & 0x03;
        else if(fifox==1)
            return CAN1->RF1R & 0x03;
        else
            return 0;
}
```

CAN_Rx_Msg(u8 fifox,u32 * id,u8 * ide,u8 * rtr,u8 * len,u8 * dat)函数的功能是接收数据,接收到的数据长度(固定为8个字节,在时间触发模式下,有效数据为6个字节)。

```
/*********************************************
```

```
*
*        Function Name        :CAN_Rx_Msg
*        Description          :
*        Parameter            :接收数据
*                  fifox:邮箱号
*                  id:标准 ID(11 位)/扩展 ID(11 位+18 位)
*                  ide:0,标准帧;1,扩展帧
*                  rtr:0,数据帧;1,远程帧
*                  len:接收到的数据长度(固定为 8 个字节,在时间触发模式下,
*                      有效数据为 6 个字节)
*                  dat:数据缓存区
*        Return Code          :void
*
* * * * * * * * * * * * * * * * * * * * * * * * * * * * * * * * * * * *
/
void CAN_Rx_Msg(u8 fifox,u32 * id,u8 * ide,u8 * rtr,u8 * len,u8 * dat)
{
    * ide=CAN1->sFIFOMailBox[fifox].RIR & 0x04;//得到标识符选择位的值
    if( * ide==0)//标准标识符
    {
      * id=CAN1->sFIFOMailBox[fifox].RIR >> 21;
    }
    else//扩展标识符
    {
      * id=CAN1->sFIFOMailBox[fifox].RIR >> 3;
    }
    * rtr=CAN1->sFIFOMailBox[fifox].RIR & 0x02;//得到远程发送请求值
    * len=CAN1->sFIFOMailBox[fifox].RDTR & 0x0F;//得到 DLC

// * fmi=(CAN1->sFIFOMailBox[FIFONumber].RDTR>>8)&0xFF;//得到 FMI
    //接收数据
    dat[0]=CAN1->sFIFOMailBox[fifox].RDLR & 0XFF;
    dat[1]=(CAN1->sFIFOMailBox[fifox].RDLR >> 8)& 0XFF;
    dat[2]=(CAN1->sFIFOMailBox[fifox].RDLR >> 16)& 0XFF;
    dat[3]=(CAN1->sFIFOMailBox[fifox].RDLR >> 24)& 0XFF;
    dat[4]=CAN1->sFIFOMailBox[fifox].RDHR & 0XFF;
    dat[5]=(CAN1->sFIFOMailBox[fifox].RDHR >> 8)& 0XFF;
    dat[6]=(CAN1->sFIFOMailBox[fifox].RDHR >> 16)& 0XFF;
```

```
        dat[7]=(CAN1->sFIFOMailBox[fifox].RDHR >> 24)& 0XFF;
        if(fifox==0)
          CAN1->RF0R |=0X20;//释放 FIFO0 邮箱
        else if(fifox==1)
          CAN1->RF1R |=0X20;//释放 FIFO1 邮箱
}
```

USB_LP_CAN1_RX0_IRQHandler(void)函数的作用是提供中断服务。

```
/***********************************
*
*       Function Name        :USB_LP_CAN1_RX0_IRQHandler
*中断服务函数
************************************
/
#if CAN_RX0_INT_ENABLE //使能 RX0 中断
//中断服务函数
void USB_LP_CAN1_RX0_IRQHandler(void)
{
        u8 rxbuf [8];
        u32 id;
        u8 ide,rtr,len;
        CAN_Rx_Msg(0,&id,&ide,&rtr,&len,rxbuf);
}
#endif
```

CAN_Send_Msg(u8 *msg,u8 len)函数的功能是进行发送消息处理。

```
/***********************************
*
*       Function Name        :CAN_Send_Msg
*       Description          :
*       Parameter            :can 发送一组数据(固定格式:ID 为 0X12,标准帧,数
                              据帧)
*                                 len:数据长度(最大为 8)
*                                 msg:数据指针,最大为 8 个字节
*       Return Code          :0,成功;其他,失败
*发送消息处理函数
************************************
/
u8 CAN_Send_Msg(u8 *msg,u8 len)
```

```
{
        u8 mbox;
        u16 i=0;
        mbox=CAN_Tx_Msg(0X12,0,0,len,msg);
        while((CAN_Tx_Staus(mbox)!=0X07)&&(i<0XFFF))
          i++;//等待发送结束
        if(i >=0XFFF)
          return 1;//发送失败
        return 0;//发送成功
}
```

CAN_Receive_Msg(u8 * buf)函数的功能是进行接收悬停消息处理。

```
/*************************************
 *
 *        Function Name        :CAN_Receive_Msg
 *        Description          :can 口接收数据查询
 *        Parameter            :buf:数据缓存区
 *                              len:数据长度(最大为 8)
 *                              msg:数据指针,最大为 8 个字节
 *        Return Code          :0,无数据被收到;其他,接收的数据长度
 *接收悬停消息的处理函数
 *************************************
/
u8 CAN_Receive_Msg(u8 * buf)
{
        u32 id;
        u8 ide,rtr,len;
        if(CAN_Msg_Pend(0)==0)
          return 0;//没有接收到数据,直接退出
        CAN_Rx_Msg(0,&id,&ide,&rtr,&len,buf);//读取数据
        if(id ! =0x12 || ide ! =0 || rtr ! =0)
          len=0;//接收错误
        return len;
}
```

CAN_Send_Air_Msg(u8 * msg,u8 len)函数的功能是发送空调消息的处理操作。

```
/*************************************
 *
 *        Function Name        :CAN_Send_Air_Msg
```

```
*        Description              :
*        Parameter                :can 发送一组数据(固定格式:ID 为 0X0672,标准帧,
                                   数据帧)
*                                    len:数据长度(最大为 8)
*                                    msg:数据指针,最大为 8 个字节
*        Return Code              :0,成功;其他,失败
*发送空调消息的处理函数
************************************
/
u8 CAN_Send_Air_Msg(u8 *msg,u8 len)
{
        u8 mbox;
        u16 i=0;
        mbox=CAN_Tx_Msg(0X0672,0,0,len,msg);
        while((CAN_Tx_Staus(mbox)!=0X07)&&(i<0XFFF))
          i++;//等待发送结束
        if(i >=0XFFF)
          return 1;//发送失败
        return 0;//发送成功
}
```

(5)编辑 APP_AirCon.c 文件

编写 APP 文件夹中的 APP_AirCon.c,APP_AirConFunc.c,APP_CanData.c 和 APP_RPC.c 文件。这 4 个文件的功能说明如下:

实现车载 CAN 空调控制 MCU 侧的开发操作项目数据业务代码分析与项目总结

①APP_AirCon.c:空调控制业务逻辑实现,包括空调开关、风量设定等。

②APP_AirConFunc.c:空调 CAN 信号处理逻辑实现,主要处理 CAN 数据收发。

③APP_CanData.c:CAN 数据分析处理逻辑实现。

④APP_RPC.c:借助 LWIP 提供的以太网基础库功能,实现 MCU 和 SoC 借助 UDP 协议进行数据通信。

APP_AirCon.c 的实现功能为空调控制业务逻辑实现,包括空调开关、风量设定等。

头部引用,字段定义,枚举类型的定义初始化等操作。

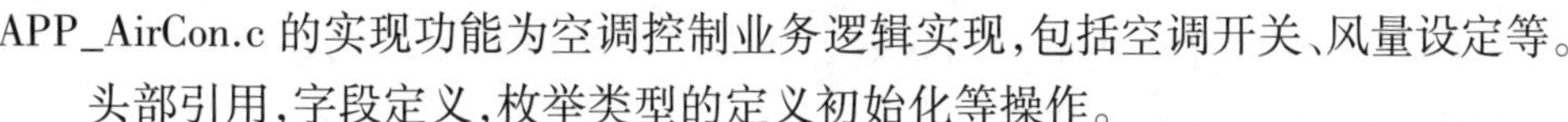

```
/************************************
*
*        File Name                :APP_AirCon.c
*        Model Name               :Air Control App
*        Abstract Description     :Air Control App
*--------------------Revision History--------------------
```

```
* * * * * * * * * * * * * * * * * * * * * * * * * * * * * * * * * * * *
/
/* * * * * * * * * * * * * * * * * * * * * * * * * * * * * * * * * * *
*
*        Include File Section
* * * * * * * * * * * * * * * * * * * * * * * * * * * * * * * * * * * *
/
#include "APP_AirCon.h"
#include "APP_AirConFunc.h"
#include "Driver_Managment.h"
#include "APP_RPC.h"
/* * * * * * * * * * * * * * * * * * * * * * * * * * * * * * * * * * *
*
*        Macro Define Section
* * * * * * * * * * * * * * * * * * * * * * * * * * * * * * * * * * * *
/
#define AIRCON_RPC_SETALL_OPECODE 0x0000                  //全操作码
#define AIRCON_RPC_SETFANSPEED_OPECODE 0x0001             //空调速度操作码
#define AIRCON_RPC_SETDEMIST_OPECODE 0x0002               //除雾操作码
#define AIRCON_RPC_SETDEMISTENABLE_OPECODE 0x0003         //除雾有效操作码
#define AIRCON_RPC_SETHEATINGDEGREE_OPECODE 0x0004        //加热等级操作码
#define AIRCON_RPC_SETAC_OPECODE 0x0005                   //AC 开关操作码
#define AIRCON_RPC_SETHEAT_OPECODE 0x0006                 //热开关操作码
#define AIRCON_RPC_SETWINDMODE_OPECODE 0x0007             //风模式操作码
#define AIRCON_RPC_SETCIRCULATIONMODE_OPECODE 0x0008      //循环模式操作码
#define AIRCON_RPC_SETTEMPERATUREENABLE_OPECODE 0x0009
                                                          //温度有效操作码
#define AIRCON_RPC_SETALL_UPDATE 0x00                     //全升级
#define AIRCON_RPC_SETALL_QUERY 0xFF                      //全查询
#define AIRCON_RPC_WINDSPEED_MAXLEVEL 8                   //风速最大值
#define AIRCON_RPC_DEMIST_CLOSE 0                         //除雾关
#define AIRCON_RPC_DEMIST_OPEN 1                          //除雾开
#define AIRCON_RPC_DEMISTBITS_ENABLE 0                    //除雾有效
#define AIRCON_RPC_DEMISTBITS_DISABLE 1                   //除雾无效
#define AIRCON_RPC_HEATINGDEGREE_MAXLEVEL 8               //加热等级最大值
#define AIRCON_RPC_AC_OPEN 1                              //AC 开
#define AIRCON_RPC_AC_CLOSE 0                             //AC 关
#define AIRCON_RPC_HEAT_OPEN 1                            //加热开
```

```
#define AIRCON_RPC_HEAT_CLOSE 0                          //加热关
#define AIRCON_RPC_WINDMODE_FACE 0                       //吹脸模式
#define AIRCON_RPC_WINDMODE_FACE_FOOT 1                  //吹脸吹脚模式
#define AIRCON_RPC_WINDMODE_FOOT 2                       //吹脚模式
#define AIRCON_RPC_WINDMODE_FOOT_DEFORST 3               //吹脚除霜模式
#define AIRCON_RPC_WINDMODE_DEFORST 4                    //除霜模式
#define AIRCON_RPC_CIRCULATION_INNER 0                   //内循环模式
#define AIRCON_RPC_CIRCULATION_OUTER 1                   //外循环模式
#define AIRCON_RPC_TEMPERATURE_ENABLE 0                  //加热开
#define AIRCON_RPC_TEMPERATURE_DISABLE 1                 //加热关
/************************************
 *
 *        Struct Define Section
 ************************************
/
typedef enum     //空调各模式枚举定义
{
        AIRCON_RPC_SETALL_INNEROPECODE,
        AIRCON_RPC_SETFANSPEED_INNEROPECODE,
        AIRCON_RPC_SETDEMIST_INNEROPECODE,
        AIRCON_RPC_SETDEMISTENABLE_INNEROPECODE,
        AIRCON_RPC_SETHEATINGDEGREE_INNEROPECODE,
        AIRCON_RPC_SETAC_INNEROPECODE,
        AIRCON_RPC_SETHEAT_INNEROPECODE,
        AIRCON_RPC_SETWINDMODE_INNEROPECODE,
        AIRCON_RPC_SETCIRCULATIONMODE_INNEROPECODE,
        AIRCON_RPC_SETTEMPERATUREENABLE_INNEROPECODE,
        AIRCON_RPC_SOCREQ_INNEROPECODE_END
} AIRCON_RPCSocReqInnerOpeCode_st;
typedef struct
{
        u8( * airconProcFunc) (u8 * astRPCCmd);
} AIRCON_RPCSocReqProcTbl_st;//空调控制回调表

typedef struct
{
        u16 opecode;
        AIRCON_RPCSocReqInnerOpeCode_st inneropecode;
```

```
} AIRCON_RPCSocOpeCodeTransTbl_st;//空调控制操作码传输
static u8 nubRPCInnerReturnCallback(u8 err,u16 reqType);
```

handleAir(u8 * cmd)函数的作用是处理空调控制命令。

```
/*************************************
 *
 *    Function Definition Section
 *************************************
/
void handleAir(u8 * cmd)
{
    if(NULL ! =cmd)//处理空调控制命令
    {
      switch(cmd[2]<<8 | cmd[3])
      {
        case 0x0005:
        {
            nubPRCReqSetAC(&(cmd[4]));//传输 AC 设置
        }
        break;
        case 0x0001:
        {
            nubPRCReqSetWindSpeed(&(cmd[4]));//传输风速设置
        }
        break;
        default:
        break;
      }
    }
}
```

nubRPCInnerReturnCallback(u8 err,u16 ReqType)函数的功能是将设置结果返回 SoC。

```
/*************************************
 *
 *    Function Name      :nubRPCInnerReturnCallback
 *    Description        :将设置结果返回 SoC
 *    Parameter          :u8         errerr==0 设置更新成功
 *                                err! =0 仅查询当前设置
 *                          u16 ReqType 请求类型
```

```
*        Return Code          :u8 结果
* * ---------------------------------------------------------
*        Revision History
*        No.     Date           Revised by          Item          Description
* * * * * * * * * * * * * * * * * * * * * * * * * * * * * * * * * * * * * *
/
u8 nubRPCInnerReturnCallback(u8 err,u16 ReqType)
{
        static Dev_File * p_Uart=NULL;
        u8 aubSendData_a[16];
        u8 buffer[16];
        u8 eof[2]={0x0d,0x0a};
        if(p_Uart==NULL)
        {
          p_Uart=open(DRVNAME_UART);//开启 uart
          p_Uart->ioctl(UART_SETBOD,115200,NULL);//io 控制,设定波特率为 115 200
        }
        AIRCONAPP_GetData(aubSendData_a,err,ReqType);//从 App 获取数据
        memcpy(buffer,aubSendData_a,16);
        p_Uart->write(buffer,16);//回写到缓冲区
        p_Uart->write(eof,2);
        return RET_OK;
}
```

nubPRCReqSetAll(u8 * astRPCCmd)函数的功能是升级设定,发送命令,完成回调。

```
/ * * * * * * * * * * * * * * * * * * * * * * * * * * * * * * * * * * * * *
*
*        Function Name        :nubPRCReqSetAll
*        Description          :
*        Parameter            :
*        Return Code          :u8 *
* ----------------------------------------------------------
*        Revision History
*        No.     Date           Revised by          Item        Description
* * * * * * * * * * * * * * * * * * * * * * * * * * * * * * * * * * * * * *
/
u8 nubPRCReqSetAll(u8 * astRPCCmd)
```

```
{
        u8 aubChooseUpdate;
        if(NULL==astRPCCmd)
        {
          return AIRCON_PARA_ERR;
        }
        aubChooseUpdate=astRPCCmd[9];
        if(aubChooseUpdate==AIRCON_RPC_SETALL_UPDATE)
        {
          AIRCOMAPP_SetAll(astRPCCmd);//升级设定
          AIRCONAPP_SendCommand();//发送命令
        }
return nubRPCInnerReturnCallback (aubChooseUpdate, AIRCON _ RPC _ SETALL _
OPECODE);
//完成回调
}
```

nubPRCReqSetWindSpeed(u8 * astRPCCmd)函数的功能是 RPC 请求对网速进行设定。

```
/****************************************
*
*       Function Name       :nubPRCReqSetWindSpeed
*       Description         :
*       Parameter           :
*       Return Code         :u8
*-------------------------------------------------------
*       Revision History
*       No.    Date         Revised by        Item     Description
****************************************
/
u8 nubPRCReqSetWindSpeed(u8 * astRPCCmd)
{
        u8 err;
        u8 aubWindSpeed=0;
      if(NULL==astRPCCmd)
      {
         return AIRCON_PARA_ERR;
      }
```

```
        aubWindSpeed = astRPCCmd[0];
        if(aubWindSpeed<= AIRCON_RPC_WINDSPEED_MAXLEVEL)
        {
            AIRCONAPP_SetFanSpeed(aubWindSpeed);//设置风扇速度
        }
        err = AIRCONAPP_SendCommand();//发送命令
        return nubRPCInnerReturnCallback(err, AIRCON_RPC_SETFANSPEED_
OPECODE);
//完成回调
}
```

nubPRCReqSetDemist(u8 * astRPCCmd)函数的功能是设置除雾模式。

```
/*************************************
 *
 *        Function Name        :nubPRCReqSetDemist
 *        Description          :
 *        Parameter            :
 *        Return Code          :u8
 *-------------------------------------------------------------
 *        Revision History
 *        No.    Date        Revised by        Item     Description
 *************************************
/
u8 nubPRCReqSetDemist(u8 * astRPCCmd)
{
        u8 err;
        if(NULL==astRPCCmd)
        {
            return AIRCON_PARA_ERR;
        }
        if(astRPCCmd[0] ==AIRCON_RPC_DEMIST_OPEN)
        {
            AIRCONAPP_SetDemist(AIRCON_RPC_DEMIST_OPEN);//设置除雾
                                                          模式开启
        }
        else if(astRPCCmd[0] ==AIRCON_RPC_DEMIST_CLOSE)
        {
            AIRCONAPP_SetDemist(AIRCON_RPC_DEMIST_CLOSE);//设置除雾
                                                          模式关闭
        }
```

```
        err=AIRCONAPP_SendCommand();//发送命令
        return nubRPCInnerReturnCallback ( err, AIRCON _ RPC _ SETDEMIST _
OPECODE);
//完成回调
}
```

nubPRCReqSetDemistEnable(u8 * astRPCCmd)函数的功能是设置除雾有效性。

```
/*************************************
 *
 *      Function Name       :nubPRCReqSetDemistEnable
 *      Description         :
 *      Parameter           :
 *      Return Code         :u8
 *-----------------------------------------------------------
 *      Revision History
 *      No.    Date         Revised by        Item     Description
 **************************************
/
u8 nubPRCReqSetDemistEnable(u8 * astRPCCmd)
{
        u8 err;
        if(NULL==astRPCCmd)
        {
            return AIRCON_PARA_ERR;
        }
        if(astRPCCmd[0]==AIRCON_RPC_DEMISTBITS_ENABLE)
        {
            AIRCONAPP_SetDemistEnable(AIRCON_RPC_DEMISTBITS_ENABLE);
            //设置除雾有效
        }
        else if(astRPCCmd[0]==AIRCON_RPC_DEMISTBITS_DISABLE)
        {
            AIRCONAPP_SetDemistEnable(AIRCON_RPC_DEMISTBITS_DISABLE);
            //设置除雾无效
        }
        err=AIRCONAPP_SendCommand();//发送命令
return nubRPCInnerReturnCallback(err,AIRCON_RPC_SETDEMISTENABLE_OPECODE);
        //完成回调
```

```
}
```

nubPRCReqSetHeatingDegree(u8 * astRPCCmd)函数的功能是设置加热等级。

```
/* * * * * * * * * * * * * * * * * * * * * * * * * * * * * * * * * * *
 *
 *        Function Name        :nubPRCReqSetHeatingDegree
 *        Description          :
 *        Parameter            :
 *        Return Code          :u8
 * ----------------------------------------------------------------
 *        Revision History
 *        No.      Date         Revised by        Item      Description
 * * * * * * * * * * * * * * * * * * * * * * * * * * * * * * * * * * *
/
u8 nubPRCReqSetHeatingDegree(u8 * astRPCCmd)
{
        u8 err;
        u8 aubHeatingDegree=0;
        if(NULL==astRPCCmd)
        {
            return AIRCON_PARA_ERR;
        }
        aubHeatingDegree=astRPCCmd[0];
        if(aubHeatingDegree<=AIRCON_RPC_HEATINGDEGREE_MAXLEVEL)
        {
            AIRCONAPP_SetHeatingDegree(aubHeatingDegree);//设置加热等级
        }
        err=AIRCONAPP_SendCommand();//发送命令
return nubRPCInnerReturnCallback (err, AIRCON _ RPC _ SETHEATINGDEGREE _
OPECODE);
        //完成回调
}
```

nubPRCReqSetAC(u8 * astRPCCmd)函数的主要功能是设置 AC 开关性。

```
/* * * * * * * * * * * * * * * * * * * * * * * * * * * * * * * * * * *
 *
 *        Function Name        :nubPRCReqSetAC
 *        Description          :
 *        Parameter            :
```

```
*        Return Code           :u8
* ------------------------------------------------------------
*        Revision History
*        No.     Date          Revised by          Item      Description
* * * * * * * * * * * * * * * * * * * * * * * * * * * * * * * * * * * *
/
u8 nubPRCReqSetAC(u8 * astRPCCmd)
{
        u8 err;
        if(NULL==astRPCCmd)
        {
            return AIRCON_PARA_ERR;
        }
        if(astRPCCmd[0]==AIRCON_RPC_AC_OPEN)
        {
            AIRCONAPP_SetAC(AIRCON_RPC_AC_OPEN);//设置 AC 开启
        }
        else if(astRPCCmd[0]==AIRCON_RPC_AC_CLOSE)
        {
            AIRCONAPP_SetAC(AIRCON_RPC_AC_CLOSE);//设置 AC 关闭
        }
        err=AIRCONAPP_SendCommand();//发送命令
        return nubRPCInnerReturnCallback(err,AIRCON_RPC_SETAC_OPECODE);
        //完成回调
}
```

nubPRCReqSetHEAT(u8 * astRPCCmd)函数的功能是设置加热有效性。

```
/* * * * * * * * * * * * * * * * * * * * * * * * * * * * * * * * * * * *
*
*        Function Name         :nubPRCReqSetHEAT
*        Description           :
*        Parameter             :
*        Return Code           :u8
* * ------------------------------------------------------------
*        Revision History
*        No.     Date          Revised by          Item      Description
* * * * * * * * * * * * * * * * * * * * * * * * * * * * * * * * * * * * *
/
```

```
u8 nubPRCReqSetHEAT(u8 * astRPCCmd)
{
        u8 err;
        if(NULL==astRPCCmd)
        {
            return AIRCON_PARA_ERR;
        }
        if(astRPCCmd[0]==AIRCON_RPC_HEAT_OPEN)
        {
            AIRCONAPP_SetHEAT(AIRCON_RPC_HEAT_OPEN);//设置加热有效
        }
        else if(astRPCCmd[0]==AIRCON_RPC_HEAT_CLOSE)
        {
            AIRCONAPP_SetHEAT(AIRCON_RPC_HEAT_CLOSE);//设置加热无效
        }
        err=AIRCONAPP_SendCommand();//发送命令
        return nubRPCInnerReturnCallback(err,AIRCON_RPC_SETHEAT_OPECODE);
        //完成回调
}
```

nubPRCReqSetWindMode(u8 * astRPCCmd)函数的功能是设置吹脸吹脚模式。

```
/***********************************
 *
 *      Function Name       :nubPRCReqSetWindMode
 *      Description         :
 *      Parameter           :
 *      Return Code         :u8
 **-----------------------------------------------------------
 *      Revision History
 *      No.     Date        Revised by      Item    Description
 ***********************************
/
u8 nubPRCReqSetWindMode(u8 * astRPCCmd)
{
        u8 err;
        u8 aubWindMode=0;
        if(NULL==astRPCCmd)
        {
```

```
            return AIRCON_PARA_ERR;
        }
        aubWindMode = astRPCCmd[0];
        switch(aubWindMode)
        {
        case AIRCON_RPC_WINDMODE_FACE:
            AIRCONAPP_SetWindMode(AIRCON_RPC_WINDMODE_FACE);
            //设置吹脸模式
            break;
        case AIRCON_RPC_WINDMODE_FACE_FOOT:
            AIRCONAPP_SetWindMode(AIRCON_RPC_WINDMODE_FACE_FOOT);
            //设置吹脸吹脚模式
            break;
        case AIRCON_RPC_WINDMODE_FOOT:
            AIRCONAPP_SetWindMode(AIRCON_RPC_WINDMODE_FOOT);
            //设置吹脚模式
            break;
        case AIRCON_RPC_WINDMODE_FOOT_DEFORST:
            AIRCONAPP_SetWindMode(AIRCON_RPC_WINDMODE_FOOT_DEFORST);
            //设置吹脚除霜模式
            break;
        case AIRCON_RPC_WINDMODE_DEFORST:
              AIRCONAPP _ SetWindMode ( AIRCON _ RPC _ WINDMODE _
DEFORST);//设置除霜模式
            break;
            default:
return nubRPCInnerReturnCallback ( 0xFF, AIRCON _ RPC _ SETHEATINGDEGREE _
OPECODE);//容错处理
        }
        err = AIRCONAPP_SendCommand();//发送命令
return nubRPCInnerReturnCallback ( err, AIRCON _ RPC _ SETHEATINGDEGREE _
OPECODE);//完成回调
}
```

nubPRCReqSetCirculationMode(u8 * astRPCCmd)函数的功能是设置内外循环模式。

```
/ * * * * * * * * * * * * * * * * * * * * * * * * * * * * * * * * * * * *
 *
 *        Function Name          :nubPRCReqSetCirculationMode
```

```
*        Description            :
*        Parameter              :
*        Return Code            :u8
* * -------------------------------------------------------------
*        Revision History
*        No.    Date        Revised by        Item    Description
* * * * * * * * * * * * * * * * * * * * * * * * * * * * * * * * * * * *
/
u8 nubPRCReqSetCirculationMode(u8 * astRPCCmd)
{
        u8 err;
        if(NULL==astRPCCmd)
        {
            return AIRCON_PARA_ERR;
        }
        if(astRPCCmd[0]==AIRCON_RPC_CIRCULATION_INNER)
        {
          AIRCONAPP_SetCirculationMode(AIRCON_RPC_CIRCULATION_INNER);
          //设置内循环模式
        }
        else if(astRPCCmd[0]==AIRCON_RPC_CIRCULATION_OUTER)
        {
          AIRCONAPP_SetCirculationMode(AIRCON_RPC_CIRCULATION_OUTER);
          //设置外循环模式
        }
        err=AIRCONAPP_SendCommand();//发送命令
return nubRPCInnerReturnCallback(err, AIRCON_RPC_SETCIRCULATIONMODE_
OPECODE);//完成回调
}
```

nubPRCReqSetTemperatureEnable(u8 * astRPCCmd)函数的功能是设置加热有效与无效。

```
/* * * * * * * * * * * * * * * * * * * * * * * * * * * * * * * * * * * *
*
*        Function Name          :nubPRCReqSetTemperatureEnable
*        Description            :
*        Parameter              :
*        Return Code            :u8
```

```
* * ----------------------------------------------------------------
*         Revision History
*         No.      Date           Revised by          Item        Description
* * * * * * * * * * * * * * * * * * * * * * * * * * * * * * * * * * * *
/
u8 nubPRCReqSetTemperatureEnable(u8 * astRPCCmd)
{
        u8 err;
        if(NULL==astRPCCmd)
        {
            return AIRCON_PARA_ERR;
        }
        if(astRPCCmd[0] ==AIRCON_RPC_TEMPERATURE_ENABLE)
        {
      AIRCONAPP_SetTemperatureEnable(AIRCON_RPC_TEMPERATURE_ENABLE);
        //设置加热有效
        }
        else if(astRPCCmd[0] ==AIRCON_RPC_TEMPERATURE_DISABLE)
        {
        AIRCONAPP_SetTemperatureEnable(AIRCON_RPC_TEMPERATURE_DISABLE);
        //设置加热无效
        }
        err=AIRCONAPP_SendCommand();//发送命令
return nubRPCInnerReturnCallback(err, AIRCON_RPC_SETTEMPERATUREENABLE_
OPECODE);
//完成回调
}
```

(6)编辑 APP_AirConFunc.c 文件

实现功能为空调 CAN 信号处理逻辑实现,主要处理 CAN 数据收发,宏定义、结构体定义与全局变量定义的处理。

```
/* * * * * * * * * * * * * * * * * * * * * * * * * * * * * * * * * * *
 *
 *        File Name                  :DSS_AirConAppFunc.c
 *        Model Name                 :AIRCON
 *        Abstract Description       :AirConditioner commands
 * ----------------------Revision History-------------------------
```

```
*         No        Version      Date          Revised By          Item      Description
* * * * * * * * * * * * * * * * * * * * * * * * * * * * * * * * * * * *
/
/* * * * * * * * * * * * * * * * * * * * * * * * * * * * * * * * * * *
*
*         Include File Section
* * * * * * * * * * * * * * * * * * * * * * * * * * * * * * * * * * * *
/
#include "APP_AirConFunc.h"
#include "Driver_Managment.h"
#include "APP_CanData.h"
/* * * * * * * * * * * * * * * * * * * * * * * * * * * * * * * * * * *
*
*         Macro Define Section
*宏定义
* * * * * * * * * * * * * * * * * * * * * * * * * * * * * * * * * * * *
/
#define AIRCON_DATA_LENGTH 8
#define AIRCON_MASK_FANSPEED 0x0F
#define AIRCON_MASK_DEMIST 0x20
#define AIRCON_MASK_DEMIST_ENABLE 0x40
#define AIRCON_MASK_HEAT_DEGREE 0x0F
#define AIRCON_MASK_AC 0x20
#define AIRCON_MASK_HEAT 0x40
#define AIRCON_MASK_WIND_MODE 0x07
#define AIRCON_MASK_CIRCLUATION_MODE 0x10
#define AIRCON_MASK_TEMPERATURE 0x40
/* * * * * * * * * * * * * * * * * * * * * * * * * * * * * * * * * * *
*
*Struct Define Section
*结构体定义
* * * * * * * * * * * * * * * * * * * * * * * * * * * * * * * * * * * *
/
/*bit struct*/
typedef struct bit_def{
    u8 b0:1;
    u8 b1:1;
    u8 b2:1;
```

```
    u8 b3:1;
    u8 b4:1;
    u8 b5:1;
    u8 b6:1;
    u8 b7:1;
}bit_def_ts;
/ * byte/bit union * /
typedef union byte_def{
    bit_def_ts bit;/ * 位 * /
    u8 byte;/ * 字节 * /
}byte_def_ts;
/ * * * * * * * * * * * * * * * * * * * * * * * * * * * * * * * * * * * *
 *
 *        Global Variable Declare Section
 * * * * * * * * * * * * * * * * * * * * * * * * * * * * * * * * * * * * *
/
u8  wubDemistOpenFlag;/ * 后除雾打开标志位 * /
u8  wubDemistCloseFlag;/ * 后除雾关闭标志位 * /
/ * * * * * * * * * * * * * * * * * * * * * * * * * * * * * * * * * * * *
 *
 *        File Static Variable Define Section
 * * * * * * * * * * * * * * * * * * * * * * * * * * * * * * * * * * * * *
/
static u8  nubdemistcnt;/ * 后除雾计数 * /
static u8 nubCanData_a[AIRCON_DATA_LENGTH];
static Dev_File * p_Can;
static byte_def_ts  nstCanDataInfBuf_a[AIRCON_DATA_LENGTH];
```

nvdCanBufClear(void)函数的功能是 Can App 发送 buffer 初始化。

```
/ * * * * * * * * * * * * * * * * * * * * * * * * * * * * * * * * * * * *
 *
 *        Function Name        :nvdCanBufClear
 *        Description          :Can App 发送 buffer 初始化
 *        Parameter            :void
 *        Return Code          :void
 * -------------------------------------------------------------------
 *        Revision History
 *        No.    Date          Revised by        Item     Description
```

```
* * * * * * * * * * * * * * * * * * * * * * * * * * * * * * * * * * * * *
/
void nvdCanBufClear(void)
{
        u8  aubIndex;
        /*清空数据 Buffer*/
        for(aubIndex=0; aubIndex<AIRCON_DATA_LENGTH; aubIndex++)
        {
          nstCanDataInfBuf_a[aubIndex].byte=0;
        }
}
```

AIRCONAPP_SendCommand(void)函数的功能是 EHU782 数据发送的处理。

```
/* * * * * * * * * * * * * * * * * * * * * * * * * * * * * * * * * * * *
 *
 *      Function Name       :AIRCONAPP_SendCommand
 *      Description         :EHU782 数据发送
 *      Parameter           :void
 *      Return Code         :void
 *------------------------------------------------------------------------
 *      Revision History
 *      No.    Date        Revised by        Item      Description
 * * * * * * * * * * * * * * * * * * * * * * * * * * * * * * * * * * * * *
/
u8 AIRCONAPP_SendCommand(void)
{
        u8  aubDataWindSpeedState=wubGetWindState();/*风速状态*/
        u8  aubDataNeedState=wubGetTempDemandState();/*冷暖程度需求状态位*/
        u8  aubDataWindMod=wubGetWindMode();/*出风模式*/
        nvdCanBufClear();/*整理数据模式*/
        nstCanDataInfBuf_a[0].byte=
        aubDataWindSpeedState&AIRCON_MASK_FANSPEED;/*风速状态*/
        nstCanDataInfBuf_a[0].bit.b5=((wubGet_672_DefogState()&
        AIRCON_MASK_DEMIST)>>5);
        if(wubDemistOpenFlag==1)
        {
          nubdemistcnt++;
          nstCanDataInfBuf_a[0].bit.b5=1;/*除雾有效*/
```

```
            if(nubdemistcnt > 3)
            {
                wubDemistOpenFlag=0;
                nubdemistcnt=0;
                nstCanDataInfBuf_a[0].bit.b5=0;/ * 除雾无效 * /
            }
        }
        if(wubDemistCloseFlag==1)
        {
            nubdemistcnt++;
            nstCanDataInfBuf_a[0].bit.b5=0;/ * 除雾无效 * /
            if(nubdemistcnt > 3)
            {
                wubDemistCloseFlag=0;
                nubdemistcnt=0;
                nstCanDataInfBuf_a[0].bit.b5=0;
            }
        }
        nstCanDataInfBuf_a[0].bit.b6=((wubGet_672_DefogStateValid()
        &AIRCON_MASK_DEMIST_ENABLE)>>6);/ * 后除雾开关有效位 * /
         nstCanDataInfBuf_a[1].byte = aubDataNeedState&AIRCON_MASK_HEAT_
DEGREE;

        nstCanDataInfBuf_a[1].bit.b5=((wubGetACState()& AIRCON_MASK_AC)>>5);
                / * A/C 强制制冷 * /
        nstCanDataInfBuf_a[1].bit.b6=((wubGetHeatState()& AIRCON_MASK_HEAT)>>6);
                / * HEAT 强制制热 * /
        nstCanDataInfBuf_a[2].byte=aubDataWindMod&AIRCON_MASK_WIND_MODE;
                / * 出风模式 * /
        nstCanDataInfBuf_a[2].bit.b4=
        ((wubGetInOutCycleAdjust()&AIRCON_MASK_CIRCLUATION_MODE)>>4);
                / * 内外循环调节 * /

    if(p_Can==NULL)
    {
        p_Can=open(DRVNAME_CAN);
    }
        return p_Can->write((u8 * )nstCanDataInfBuf_a,AIRCON_DATA_LENGTH);
}
```

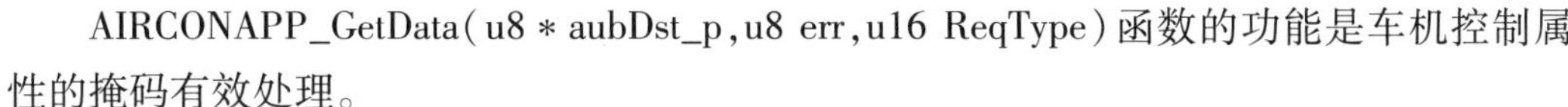

AIRCONAPP_GetData(u8 * aubDst_p,u8 err,u16 ReqType)函数的功能是车机控制属性的掩码有效处理。

```
/ * * * * * * * * * * * * * * * * * * * * * * * * * * * * * * * * * * *
 *
 *        Function Name        :AIRCONAPP_GetData *
 *        Return Code          :u8
 * -----------------------------------------------------------------
 *        Revision History
 *        No.    Date          Revised by          Item     Description
 * * * * * * * * * * * * * * * * * * * * * * * * * * * * * * * * * * *
/
u8 AIRCONAPP_GetData(u8 * aubDst_p,u8 err,u16 ReqType)
{
  if(NULL==aubDst_p)
  {
      return RET_FAILED;
  }
  aubDst_p[0]=0x02;
  aubDst_p[1]=(ReqType & 0xFF00)>> 8;
  aubDst_p[2]=(ReqType & 0x00FF);
  aubDst_p[3]=nubCanData_a[0] & AIRCON_MASK_FANSPEED;
  / * 风扇速度掩码有效 * /
  aubDst_p[4]=(nubCanData_a[0] & AIRCON_MASK_DEMIST)>> 5;
  / * 除雾掩码有效 * /
  aubDst_p[5]=(nubCanData_a[0] & AIRCON_MASK_DEMIST_ENABLE)>> 6;
  / * 除雾掩码使能 * /
  aubDst_p[6]=nubCanData_a[1] & AIRCON_MASK_HEAT_DEGREE;
  / * 热等级掩码有效 * /
  aubDst_p[7]=(nubCanData_a[1] & AIRCON_MASK_AC)>> 5;
  / * AC 掩码有效 * /
  aubDst_p[8]=(nubCanData_a[1] & AIRCON_MASK_HEAT)>> 6;
  / * 加热掩码有效 * /
  aubDst_p[9]=nubCanData_a[2] & AIRCON_MASK_WIND_MODE;
  / * 风扇模式掩码有效 * /
  aubDst_p[10]=(nubCanData_a[2] & AIRCON_MASK_CIRCLUATION_MODE)>>4;
  / * 循环模式掩码有效 * /
  aubDst_p[11]=(nubCanData_a[2] & AIRCON_MASK_TEMPERATURE)>>6;
  / * 制热掩码有效 * /
```

```
  if(err)
  {
      aubDst_p[12]=0xFF;
  }
  else
  {
      aubDst_p[12]=0x00;
  }
  return RET_OK;
}
```

AIRCOMAPP_SetAll(u8 * aubData_a)表示的是数据组合处理函数。

```
/*************************************
 *
 *       Function Name       :AIRCOMAPP_SetAll
 *       Description         :
 *       Parameter           :
 *       Return Code         :u8
 *数据组合处理函数
 *------------------------------------------------------------
 *       Revision History
 *       No.    Date         Revised by        Item     Description
 *************************************
/
u8 AIRCOMAPP_SetAll(u8 * aubData_a)
{
  nubCanData_a[0]=aubData_a[0]<<4 | aubData_a[1]<<2 | aubData_a[2]<<1;
  nubCanData_a[1]=aubData_a[3]<<4 | aubData_a[4]<<2 | aubData_a[5]<<1;
  nubCanData_a[2]=aubData_a[6]<<5 | aubData_a[7]<<3 | aubData_a[8]<<1;
  return RET_OK;
}
```

SetFanSpeed(u8 aubSpeed)的主要功能是进行风扇速度控制。

```
/*************************************
 *
 *       Function Name       :AIRCONAPP_SetFanSpeed
 *       Description         :
 *       Parameter           :
 *       Return Code         :u8
```

```
* ----------------------------------------------------------------
*         Revision History
*         No.     Date          Revised by          Item      Description
* * * * * * * * * * * * * * * * * * * * * * * * * * * * * * * * * * *
/
u8 AIRCONAPP_SetFanSpeed(u8 aubSpeed)
{
  nubCanData_a[0] &=~AIRCON_MASK_FANSPEED;/*风扇速度无效*/
  nubCanData_a[0] |=aubSpeed;
          wvdSetWindState(nubCanData_a[0]);
  return RET_OK;
}
```

AIRCONAPP_SetDemist(u8 aubIsOpen)函数的主要功能是设置除雾标志位。

```
/* * * * * * * * * * * * * * * * * * * * * * * * * * * * * * * * * * *
*
*         Function Name        :AIRCONAPP_SetDemist
*         Description          :
*         Parameter            :
*         Return Code          :u8
*设置除雾标志位函数
* ----------------------------------------------------------------
*         Revision History
*         No.     Date          Revised by          Item      Description
* * * * * * * * * * * * * * * * * * * * * * * * * * * * * * * * * * *
/
u8 AIRCONAPP_SetDemist(u8 aubIsOpen)
{
  wubDemistOpenFlag=1;
  return RET_OK;
}
```

SetDemistEnable(u8 aubIsEnable)函数的主要功能是进行除雾掩码的操作。

```
/* * * * * * * * * * * * * * * * * * * * * * * * * * * * * * * * * * *
*
*         Function Name        :AIRCONAPP_SetDemistEnable
*         Description          :
*         Parameter            :
*         Return Code          :u8
```

```
* ------------------------------------------------------------
*          Revision History
*          No.      Date           Revised by           Item      Description
* * * * * * * * * * * * * * * * * * * * * * * * * * * * * * * * * * * *
/
u8 AIRCONAPP_SetDemistEnable(u8 aubIsEnable)
{
  if(aubIsEnable)
  {
      nubCanData_a[0] |=AIRCON_MASK_DEMIST_ENABLE;
      /*除雾掩码使能*/
  }
  else
  {
      nubCanData_a[0] &=~AIRCON_MASK_DEMIST_ENABLE;
      /*除雾掩码无效*/
  }
        wvdSet_672_DefogStateValid(nubCanData_a[0]);
  return RET_OK;
}
```

SetHeatingDegree(u8 aubDegree)函数的功能是设定热等级掩码。

```
/* * * * * * * * * * * * * * * * * * * * * * * * * * * * * * * * * * * *
*
*          Function Name          :AIRCONAPP_SetHeatingDegree
*          Description            :
*          Parameter              :
*          Return Code            :u8
* ------------------------------------------------------------
*          Revision History
*          No.      Date           Revised by           Item      Description
* * * * * * * * * * * * * * * * * * * * * * * * * * * * * * * * * * * *
/
u8 AIRCONAPP_SetHeatingDegree(u8 aubDegree)
{
  nubCanData_a[1] &=~AIRCON_MASK_HEAT_DEGREE;/*热等级掩码有效*/
  nubCanData_a[1] |=aubDegree;
        wvdSetTempDemandState(nubCanData_a[1]);
```

```
  return RET_OK;
}
```

AIRCONAPP_SetAC(u8 aubIsOpen)函数的功能是设定 AC 掩码。

```
/* * * * * * * * * * * * * * * * * * * * * * * * * * * * * * * * * * *
 *
 *        Function Name        :AIRCONAPP_SetAC
 *        Description          :
 *        Parameter            :
 *        Return Code          :u8
 *-----------------------------------------------------------------------
 *        Revision History
 *        No.      Date            Revised by          Item       Description
 * * * * * * * * * * * * * * * * * * * * * * * * * * * * * * * * * * *
/
u8 AIRCONAPP_SetAC(u8 aubIsOpen)
{
  if(aubIsOpen)
  {
      nubCanData_a[1] |=AIRCON_MASK_AC;/* AC 掩码有效 */
  }
  else
  {
      nubCanData_a[1] &=~AIRCON_MASK_AC;/* AC 掩码无效 */
  }
        wvdSetACState(nubCanData_a[1]);
  return RET_OK;
}
```

AIRCONAPP_SetHEAT(u8 aubIsOpen)函数的作用是对热掩码进行有效处理。

```
/* * * * * * * * * * * * * * * * * * * * * * * * * * * * * * * * * * *
 *
 *        Function Name        :AIRCONAPP_SetHEAT
 *        Description          :
 *        Parameter            :
 *        Return Code          :u8 *
 *-----------------------------------------------------------------------
 *        Revision History
 *        No.      Date            Revised by          Item       Description
```

```
****************************************
/
u8 AIRCONAPP_SetHEAT(u8 aubIsOpen)
{
  if(aubIsOpen)
  {
      nubCanData_a[1] |=AIRCON_MASK_HEAT;/*热掩码有效*/
  }
  else
  {
      nubCanData_a[1] &=~AIRCON_MASK_HEAT;/*热掩码无效*/
  }
        wvdSetHeatState(nubCanData_a[1]);
  return RET_OK;
}
```

AIRCONAPP_SetWindMode(u8 aubMode)函数的功能是对风扇模式掩码进行处理。

```
/****************************************
*
*        Function Name        :AIRCONAPP_SetWindMode
*        Description          :
*        Parameter            :
*        Return Code          :u8 *
*------------------------------------------------------------------
*        Revision History
*        No.    Date          Revised by         Item      Description
****************************************
/
u8 AIRCONAPP_SetWindMode(u8 aubMode)
{
  nubCanData_a[2] &=~AIRCON_MASK_WIND_MODE;/*风扇模式掩码无效*/
  nubCanData_a[2] |=aubMode;
        wvdSetWindMode(nubCanData_a[2]);
  return RET_OK;
}
```

AIRCONAPP_SetCirculationMode(u8 aubMode)函数的主要作用是对循环模式掩码进行的有效处理。

```
/****************************************
```

```
*
*        Function Name        :AIRCONAPP_SetCirculationMode
*        Description          :
*        Parameter            :
*        Return Code          :u8 *
*---------------------------------------------------------------------
*        Revision History
*        No.    Date          Revised by        Item     Description
* * * * * * * * * * * * * * * * * * * * * * * * * * * * * * * * * * * *
/
u8 AIRCONAPP_SetCirculationMode(u8 aubMode)
{
  if(aubMode)
  {
      nubCanData_a[2] |=AIRCON_MASK_CIRCLUATION_MODE;
      /*循环模式掩码有效*/
  }
  else
  {
      nubCanData_a[2] &=~AIRCON_MASK_CIRCLUATION_MODE;
      /*循环模式掩码无效*/
  }
        wvdSetInOutCycleAdjust(nubCanData_a[2]);
  return RET_OK;
}
```

SetTemperatureEnable(u8 aubIsEnable)函数的功能是对加热掩码进行有效处理。

```
/* * * * * * * * * * * * * * * * * * * * * * * * * * * * * * * * * * * *
*
*        Function Name        :AIRCONAPP_SetTemperatureEnable
*        Description          :
*        Parameter            :
*        Return Code          :u8 *
*---------------------------------------------------------------------
*        Revision History
*        No.    Date          Revised by        Item     Description
* * * * * * * * * * * * * * * * * * * * * * * * * * * * * * * * * * * *
/
```

```
u8 AIRCONAPP_SetTemperatureEnable(u8 aubIsEnable)
{
  if(aubIsEnable)
  {
      nubCanData_a[2] |=AIRCON_MASK_TEMPERATURE;/*加热掩码有效*/
  }
  else
  {
      nubCanData_a[2] &= ~AIRCON_MASK_TEMPERATURE;/*加热掩码无效*/
  }
  return RET_OK;
}
```

(7)编辑 APP_CanData.c 文件

车载 CAN 总线存在一个事实上的接口标准,这个接口标准的代码是可扩展的,因此,大部分在标准落地代码的过程中,给出了空函数作为接口架构,也就是标准与实现。

以下函数为车载 CAN 总架构的函数具体实现接口与 CAN 数据分析处理逻辑。

```
/***********************************
*
*        File Name              :CanApp_Data.c
*        Model Name             :CAN APP
*        Abstract Description   :数据管理文件
************************************
/
/***********************************
*
*        Include File Section
************************************
/
#include "APP_CanData.h"
/***********************************
*
*        File Static Variable Define Section
************************************
/
static u8 nub560_BattSoc;/*动力电池剩余电量 SoC*/
static u8 nubDefogSwitchState;/*后除雾开关状态*/
```

```
static u8 nub5A0_RemoteRefreshReq;/ * 后台请求开启远程刷新模式 * /
//static u8 nub5A0_ChargingSetting;/ * 开启定时充电设置状态 * /
//static u8 nub5A0_ChargingCancel;/ * 取消定时充电设置状态 * /
static u8 nub725_VehEnergyFlow;/ * 整车工况能量流 * /
static u8 nub725_PerKilometreFlg;/ * 每千米标志位 * /
static u8 nub725_VehFaultState;/ * 整车故障状态 * /
static u8 nub725_E_EnergyRecover;/ * E 挡默认能量回收强度设置 * /
static u8 nub725_D_EnergyRecover;/ * D 挡默认能量回收强度设置 * /
static u8 nub725_EnergyFlowLevel;/ * 能量流等级 * /
static u8 nub725_BattLow;/ * 电量低提醒 * /
static u8 nub725_DoorOpen;/ * 车门开启提醒 * /
//static u16 nuh726_DriveRange;/ * 续驶里程 * /
static u8 nub726_OdoRange[6];/ * ODO 总里程 * /
static u16 nub727_VehSpeed;/ * 车速信号 * /
static u8 nub727_EnergyConsum;/ * 整车平均能量消耗 * /
//static u8 nub324_VehState;/ * 整车 State 状态 * /
static u8 nub324_OnWakeup;/ * ON 挡唤醒信号 * /
static u8 nub475_ChargSettingSig;/ * 开启定时充电设置标志位 * /
static u8 nub475_ChargCancleSig;/ * 取消定时充电设置标志位 * /
static u8 nub475_LowPowerSet;/ * 低功耗设置 * /
static u8 nub475_ChargHourStart;/ * 小时设置_定时充电开始时间 * /
static u8 nub475_ChargMinuteStart;/ * 分钟设置_定时充电开始时间 * /
static u8 nub475_D_EnergRecLevel;/ * D 挡默认能量回收强度 * /
static u8 nub475_ChargHourEnd;/ * 小时设置_定时充电结束时间 * /
static u8 nub475_ChargMinEnd;/ * 分钟设置_定时充电结束时间 * /
static u8 nub475_E_EnergRecLevel;/ * E 挡默认能量回收强度 * /
static u8 nub672_WindState;/ * 风速状态 * /
static u8 nub672_FAN_VALID;/ * 风速调节有效位 * /
static u8 nub672_DefogSwiSta;/ * 后除雾开关 * /
static u8 nub672_DefogSwitchValid;/ * 后除雾开关有效位 * /
static u8 nub672_TempDemandState;/ * 冷暖程度需求状态 * /
static u8 nub672_TempDemandValid;/ * 冷热挡位调节有效位 * /
static u8 nub672_ACStage;/ * A/C 强制制冷 * /
static u8 nub672_HeatState;/ * HEAT 强制制热 * /
static u8 nub672_ACValid;/ * 强制制冷/制热有效位 * /
static u8 nub672_WindMod;/ * 出风模式 * /
static u8 nub672_WindModValid;/ * 出风模式有效位 * /
static u8 nub672_WindCycle;/ * 内外循环调节 * /
```

```
static u8 nub672_WindCycleValid;/ * 内外循环调节有效位 * /
static u8 nub672_TempSetValid;/ * 温度设置有效位 * /
static u8 nubDrive_OdoRange[5];/ * 续驶里程 * /
/ * * * * * * * * * * * * * * * * * * * * * * * * * * * * * * * * * * *
 *
 *          Function Definition Section
 * * * * * * * * * * * * * * * * * * * * * * * * * * * * * * * * * * *
/

/ * * * * * * * * * * * * * * * * * * * * * * * * * * * * * * * * * * *
 *
 *          Function Name           :wvdSetBattDumpEnergy
 *          Author/Corporation      :hegf/SmartSpirit
 *          Description             :设定动力电池剩余电量 SoC
 *          Parameter               :aubData
 *          Return Code             :无
 * * * * * * * * * * * * * * * * * * * * * * * * * * * * * * * * * * *
/
void wvdSetBattDumpEnergy(u8 aubData)
{
          nub560_BattSoc = aubData;
}
/ * * * * * * * * * * * * * * * * * * * * * * * * * * * * * * * * * * *
 *
 *          Function Name           :wubGetBattDumpEnergy
 *          Description             :获取动力电池剩余电量 SoC
 *          Parameter               :无
 *          Return Code             :nub560_BattSoc
 * * * * * * * * * * * * * * * * * * * * * * * * * * * * * * * * * * *
/
u8 wubGetBattDumpEnergy(void)
{
          return nub560_BattSoc;
}
/ * * * * * * * * * * * * * * * * * * * * * * * * * * * * * * * * * * *
 *
 *          Function Name           :wvdSet_590_DefogState
 *          Description             :设定后除雾开关状态
```

```
*        Parameter              :aubData
*        Return Code            :void
* * * * * * * * * * * * * * * * * * * * * * * * * * * * * * * * * * * * 
/
void wvdSet_590_DefogState(u8 aubData)
{
        nubDefogSwitchState = aubData;
}
/* * * * * * * * * * * * * * * * * * * * * * * * * * * * * * * * * * * 
*        Function Name          :wubGet_590_DefogState
*        Description            :获取后除雾开关状态
*        Parameter              :data
*        Return Code            :nubDefogSwitchState
* * * * * * * * * * * * * * * * * * * * * * * * * * * * * * * * * * * * 
/
u8 wubGet_590_DefogState(void)
{
        return nubDefogSwitchState;
}
/* * * * * * * * * * * * * * * * * * * * * * * * * * * * * * * * * * * 
*
*        Function Name          :wubGetRemoteRefreshReq
*        Description            :获取后台请求开启远程刷新模式
*        Parameter              :void
*        Return Code            :nub5A0_RemoteRefreshReq
* * * * * * * * * * * * * * * * * * * * * * * * * * * * * * * * * * * * 
/
u8 wubGetRemoteRefreshReq(void)
{
        return nub5A0_RemoteRefreshReq;
}
/* * * * * * * * * * * * * * * * * * * * * * * * * * * * * * * * * * * 
*
*        Function Name          :wvdSetTimingChargingState
*        Author/Corporation     :hegf/SmartSpirit
*        Description            :设定开启定时充电设置状态
*        Parameter              :aubData
*        Return Code            :void
```

```
 * * * * * * * * * * * * * * * * * * * * * * * * * * * * * * * * * * * *
/
/ *
void wvdSetTimingChargingState( u8 aubData)
{
        nub5A0_ChargingSetting = aubData;
}
 * /
/ * * * * * * * * * * * * * * * * * * * * * * * * * * * * * * * * * * * *
 *
 *        Function Name        :wvdSetTimingChargingCancle
 *        Description          :设定取消定时充电设置状态
 *        Parameter            :aubData
 *        Return Code          :void
 * * * * * * * * * * * * * * * * * * * * * * * * * * * * * * * * * * * *
/
/ *
void wvdSetTimingChargingCancle( u8 aubData)
{
        nub5A0_ChargingCancel = aubData;
}
 * /
/ * * * * * * * * * * * * * * * * * * * * * * * * * * * * * * * * * * * *
 *
 *        Function Name        :wvdSetVehicleEnergyFlow
 *        Description          :设定整车工况能量流
 *        Parameter            :aubData
 *        Return Code          :void
 * * * * * * * * * * * * * * * * * * * * * * * * * * * * * * * * * * * *
/
void wvdSetVehicleEnergyFlow( u8 aubData)
{
        nub725_VehEnergyFlow = aubData;
}
/ * * * * * * * * * * * * * * * * * * * * * * * * * * * * * * * * * * * *
 *
 *        Function Name        :wubGetVehicleEnergyFlow
 *        Author/Corporation   :hegf/SmartSpirit
```

```
*        Description          :获取整车工况能量流
*        Parameter            :void
*        Return Code          :nub725_VehEnergyFlow
***********************************
/
u8 wubGetVehicleEnergyFlow(void)
{
        return nub725_VehEnergyFlow;
}
/***********************************
*
*        Function Name        :wvdSetPerKilometreFlg
*        Description          :设定每千米标志位
*        Parameter            :aubData
*        Return Code          :void
***********************************
/
void wvdSetPerKilometreFlg(u8 aubData)
{
        nub725_PerKilometreFlg=aubData;
}
/***********************************
*
*        Function Name        :wubGetPerKilometreFlg
*        Description          :获取每千米标志位
*        Parameter            :aubData
*        Return Code          :nub725_PerKilometreFlg
***********************************
/
u8 wubGetPerKilometreFlg(void)
{
        return nub725_PerKilometreFlg;
}
/***********************************
*
*        Function Name        :wvdSetVehicleFaultState
*        Description          :设定整车故障状态
*        Parameter            :aubData
```

```
*        Return Code         :void
* * * * * * * * * * * * * * * * * * * * * * * * * * * * * * * * * * * *
/
void wvdSetVehicleFaultState(u8 aubData)
{
        nub725_VehFaultState=aubData;
}
/* * * * * * * * * * * * * * * * * * * * * * * * * * * * * * * * * * *
*
*        Function Name       :wubGetVehicleFaultState
*        Description         :获取整车故障状态
*        Parameter           :void
*        Return Code         :nub725_VehFaultState
* * * * * * * * * * * * * * * * * * * * * * * * * * * * * * * * * * * *
/
u8 wubGetVehicleFaultState(void)
{
        return nub725_VehFaultState;
}
/* * * * * * * * * * * * * * * * * * * * * * * * * * * * * * * * * * *
*
*        Function Name       :wvdSet_E_EnergyRecoveryState
*        Description         :设定 E 挡默认能量回收强度设置状态
*        Parameter           :aubData
*        Return Code         :void
* * * * * * * * * * * * * * * * * * * * * * * * * * * * * * * * * * * *
/
void wvdSet_E_EnergyRecoveryState(u8 aubData)
{
        nub725_E_EnergyRecover=aubData;
}
/* * * * * * * * * * * * * * * * * * * * * * * * * * * * * * * * * * *
*
*        Function Name       :wubGet_E_EnergyRecoveryState
*        Description         :获取 E 挡默认能量回收强度设置状态
*        Parameter           :void
*        Return Code         :nub725_E_EnergyRecover
* * * * * * * * * * * * * * * * * * * * * * * * * * * * * * * * * * * *
```

```
/
u8 wubGet_E_EnergyRecoveryState(void)
{
        return nub725_E_EnergyRecover;
}
/***********************************
*
*       Function Name       :wvdSet_D_EnergyRecoveryState
*       Description         :设定 D 挡默认能量回收强度设置状态
*       Parameter           :aubData
*       Return Code         :void
************************************
/
void wvdSet_D_EnergyRecoveryState(u8 aubData)
{
        nub725_D_EnergyRecover=aubData;
}
/***********************************
*
*       Function Name       :wubGet_D_EnergyRecoveryState
*       Description         :获取 D 挡默认能量回收强度设置状态
*       Parameter           :void
*       Return Code         :nub725_D_EnergyRecover
************************************
/
u8 wubGet_D_EnergyRecoveryState(void)
{
        return nub725_D_EnergyRecover;
}
/***********************************
*
*       Function Name       :wvdSetEnergyFlowLevel
*       Description         :设定能量流等级
*       Parameter           :aubData
*       Return Code         :void
************************************
/
void wvdSetEnergyFlowLevel(u8 aubData)
```

```
{
        nub725_EnergyFlowLevel = aubData;
}
/********************************
*
*       Function Name       :wubGetEnergyFlowLevel
*       Description         :获取能量流等级
*       Parameter           :aubData
*       Return Code         :nub725_EnergyFlowLevel
*********************************
/
u8 wubGetEnergyFlowLevel(void)
{
        return nub725_EnergyFlowLevel;
}
/********************************
*
*       Function Name       :wvdSetBattLowWarn
*       Description         :设定电量低提醒
*       Parameter           :aubData
*       Return Code         :void
*********************************
/
void wvdSetBattLowWarn(u8 aubData)
{
        nub725_BattLow = aubData;
}
/********************************
*
*       Function Name       :wubGetBattLowWarn
*       Description         :获取电量低提醒
*       Parameter           :void
*       Return Code         :nub725_BattLow
*********************************
/
u8 wubGetBattLowWarn(void)
{
        return nub725_BattLow;
```

```
}
/****************************************
*
*        Function Name        :wvdSetDoorOpenWarn
*        Description          :设定车门开启提醒
*        Parameter            :aubData
*        Return Code          :void
*****************************************
/
void wvdSetDoorOpenWarn(u8 aubData)
{
        nub725_DoorOpen=aubData;
}
/****************************************
*
*        Function Name        :wubGetDoorOpenWarn
*        Description          :获取车门开启提醒
*        Parameter            :void
*        Return Code          :nub725_DoorOpen
*****************************************
/
u8 wubGetDoorOpenWarn(void)
{
        return nub725_DoorOpen;
}
/****************************************
*
*        Function Name        :wvdSetDriverRange
*        Description          :设定续驶里程
*        Parameter            :aubData
*        Return Code          :void
*****************************************
/
/*
void wvdSetDriverRange(u16 aubData)
{
        nuh726_DriveRange=aubData;
}
```

```
*/
/* * * * * * * * * * * * * * * * * * * * * * * * * * * * * * * * * * *
*
*        Function Name        :wvdSetOdoRange
*        Description          :设定 ODO 总里程
*        Parameter            :auwData
*        Return Code          :void
* * * * * * * * * * * * * * * * * * * * * * * * * * * * * * * * * * * *
/
void wvdSetOdoRange(u8 * aubData)
{
        nub726_OdoRange[2] =aubData[5];
        nub726_OdoRange[3] =aubData[6];
        nub726_OdoRange[4] =aubData[7];
}
/* * * * * * * * * * * * * * * * * * * * * * * * * * * * * * * * * * *
*
*        Function Name        :wvdApp_CanGetOdoRange
*        Description          :获取 ODO 总里程
*        Parameter            :aubdata
*        Return Code          :void
* * * * * * * * * * * * * * * * * * * * * * * * * * * * * * * * * * * *
/
void wvdApp_CanGetOdoRange(u8 * aubdata)
{
        if(aubdata ! =NULL)
        {
          (aubdata)[2] =nub726_OdoRange[2];
          (aubdata)[3] =nub726_OdoRange[3];
          (aubdata)[4] =nub726_OdoRange[4];
        }
        else
        {
        }
}
/* * * * * * * * * * * * * * * * * * * * * * * * * * * * * * * * * * *
*
*        Function Name        :wvdSetVehicleSpeed
```

```
*         Description          :设定车速信号
*         Parameter            :auhData
*         Return Code          :void
* * * * * * * * * * * * * * * * * * * * * * * * * * * * * * * * * * * *
/
void wvdSetVehicleSpeed(u16 auhData)
{
          nub727_VehSpeed = auhData;
}
/* * * * * * * * * * * * * * * * * * * * * * * * * * * * * * * * * * *
 *
 *         Function Name        :wuhApp_CanGetVehicleSpeed
 *         Description          :获取车速信号
 *         Parameter            :auhData
 *         Return Code          :nub727_VehSpeed
 * * * * * * * * * * * * * * * * * * * * * * * * * * * * * * * * * * * *
/
u16 wuhApp_CanGetVehicleSpeed(void)
{
          return   nub727_VehSpeed;
}
/* * * * * * * * * * * * * * * * * * * * * * * * * * * * * * * * * * *
 *
 *         Function Name        :wvdSetEnergyConsumeAverage
 *         Description          :设定整车平均能量消耗
 *         Parameter            :aubData
 *         Return Code          :void
 * * * * * * * * * * * * * * * * * * * * * * * * * * * * * * * * * * * *
/
void wvdSetEnergyConsumeAverage(u8 aubData)
{
          nub727_EnergyConsum = aubData;
}
/* * * * * * * * * * * * * * * * * * * * * * * * * * * * * * * * * * *
 *
 *         Function Name        :wubGetEnergyConsumeAverage
 *         Description          :获取整车平均能量消耗
 *         Parameter            :void
```

```
*       Return Code          :nub727_EnergyConsum
* * * * * * * * * * * * * * * * * * * * * * * * * * * * * * * * * * * *
/
u8 wubGetEnergyConsumeAverage( void)
{
        return nub727_EnergyConsum;
}
/* * * * * * * * * * * * * * * * * * * * * * * * * * * * * * * * * * * *
*
*       Function Name        :wvdSetOnWakeupSig
*       Description          :设定 ON 挡唤醒信号
*       Parameter            :aubData
*       Return Code          :void
* * * * * * * * * * * * * * * * * * * * * * * * * * * * * * * * * * * *
/
void wvdSetOnWakeupSig( u8 aubData)
{
        nub324_OnWakeup=aubData;
}
/* * * * * * * * * * * * * * * * * * * * * * * * * * * * * * * * * * * *
*
*       Function Name        :wubGetOnWakeupSig
*       Description          :获取 ON 挡唤醒信号
*       Parameter            :void
*       Return Code          :nub324_OnWakeup
* * * * * * * * * * * * * * * * * * * * * * * * * * * * * * * * * * * *
/
u8 wubGetOnWakeupSig( void)
{
        return nub324_OnWakeup;
}
/* * * * * * * * * * * * * * * * * * * * * * * * * * * * * * * * * * * *
*
*       Function Name        :wubGetTimingChargingFlag
*       Description          :取得开启定时充电设置标志位
*       Parameter            :void
*       Return Code          :nub475_ChargSettingSig
* * * * * * * * * * * * * * * * * * * * * * * * * * * * * * * * * * * *
```

```
/
u8 wubGetTimingChargingFlag( void)
{
        return nub475_ChargSettingSig;
}
/* * * * * * * * * * * * * * * * * * * * * * * * * * * * * * * * * * * *
 *
 *      Function Name       :wubGetCancleTimingChargingFlag
 *      Description         :获取取消定时充电设置标志位
 *      Parameter           :void
 *      Return Code         :nub475_ChargCancleSig
 * * * * * * * * * * * * * * * * * * * * * * * * * * * * * * * * * * * *
/
u8 wubGetCancleTimingChargingFlag( void)
{
        return nub475_ChargCancleSig;
}
/* * * * * * * * * * * * * * * * * * * * * * * * * * * * * * * * * * * *
 *
 *      Function Name       :wubGetLowPowerSetting
 *      Description         :取得低功耗设置
 *      Parameter           :void
 *      Return Code         :nub475_LowPowerSet
 * * * * * * * * * * * * * * * * * * * * * * * * * * * * * * * * * * * *
/
u8 wubGetLowPowerSetting( void)
{
        return nub475_LowPowerSet;
}
/* * * * * * * * * * * * * * * * * * * * * * * * * * * * * * * * * * * *
 *
 *      Function Name       :wubGetChargingHourStart
 *      Description         :取得小时设置_定时充电开始时间
 *      Parameter           :void
 *      Return Code         :nub475_ChargHourStart
 * * * * * * * * * * * * * * * * * * * * * * * * * * * * * * * * * * * *
/
u8 wubGetChargingHourStart( void)
```

```
{
        return nub475_ChargHourStart;
}
/ * * * * * * * * * * * * * * * * * * * * * * * * * * * * * * * * * * *
 *
 *      Function Name       :wubGetChargingMinuteStart
 *      Description         :取得分钟设置_定时充电开始时间
 *      Parameter           :void
 *      Return Code         :nub475_ChargMinuteStart
 * * * * * * * * * * * * * * * * * * * * * * * * * * * * * * * * * * * *
/
u8 wubGetChargingMinuteStart( void)
{
        return nub475_ChargMinuteStart;
}
/ * * * * * * * * * * * * * * * * * * * * * * * * * * * * * * * * * * *
 *
 *      Function Name       :wubGet_D_DefaultEnergyRecover
 *      Description         :取得 D 挡默认能量回收强度
 *      Parameter           :void
 *      Return Code         :nub475_D_EnergRecLevel
 * * * * * * * * * * * * * * * * * * * * * * * * * * * * * * * * * * * *
/
u8 wubGet_D_DefaultEnergyRecover( void)
{
        return nub475_D_EnergRecLevel;
}
/ * * * * * * * * * * * * * * * * * * * * * * * * * * * * * * * * * * *
 *
 *      Function Name       :wubGetChargingHourEnd
 *      Description         :取得小时设置_定时充电结束时间
 *      Parameter           :void
 *      Return Code         :nub475_ChargHourEnd
 *
 * * * * * * * * * * * * * * * * * * * * * * * * * * * * * * * * * * * *
/
u8 wubGetChargingHourEnd( void)
{
```

```
        return nub475_ChargHourEnd;
}
/* * * * * * * * * * * * * * * * * * * * * * * * * * * * * * * * * * * *
 *
 *      Function Name       :wubGetChargingMinuteEnd
 *      Description         :取得分钟设置_定时充电结束时间
 *      Parameter           :void
 *      Return Code         :nub475_ChargMinEnd
 *
 * * * * * * * * * * * * * * * * * * * * * * * * * * * * * * * * * * * *
/
u8 wubGetChargingMinuteEnd(void)
{
        return nub475_ChargMinEnd;
}
/* * * * * * * * * * * * * * * * * * * * * * * * * * * * * * * * * * * *
 *
 *      Function Name       :wubGet_E_DefaultEnergyRecover
 *      Description         :取得 E 挡默认能量回收强度
 *      Parameter           :void
 *      Return Code         :nub475_E_EnergRecLevel
 *
 * * * * * * * * * * * * * * * * * * * * * * * * * * * * * * * * * * * *
/
u8 wubGet_E_DefaultEnergyRecover(void)
{
        return nub475_E_EnergRecLevel;
}
/* * * * * * * * * * * * * * * * * * * * * * * * * * * * * * * * * * * *
 *
 *      Function Name       :wubGetWindState
 *      Description         :取得风速状态
 *      Parameter           :void
 *      Return Code         :nub672_WindState
 *
 * * * * * * * * * * * * * * * * * * * * * * * * * * * * * * * * * * * *
/
u8 wubGetWindState(void)
```

```
{
        return nub672_WindState;
}
/*************************************
 *
 *      Function Name       :wubGetWindMonitorValid
 *      Description         :取得风速调节有效位
 *      Parameter           :void
 *      Return Code         :nub672_FAN_VALID
 *
 *************************************
/
u8 wubGetWindMonitorValid(void)
{
        return nub672_FAN_VALID;
}
/*************************************
 *
 *      Function Name       :wubGet_672_DefogState
 *      Description         :取得后除雾开关
 *      Parameter           :void
 *      Return Code         :nub672_DefogSwiSta
 *
 *************************************
/
u8 wubGet_672_DefogState(void)
{
        return nub672_DefogSwiSta;
}
/*************************************
 *
 *      Function Name       :wubGet_672_DefogStateValid
 *      Description         :取得后除雾开关有效位
 *      Parameter           :void
 *      Return Code         :nub672_DefogSwitchValid
 *
 *************************************
/
```

```
u8 wubGet_672_DefogStateValid(void)
{
        return nub672_DefogSwitchValid;
}
/ * * * * * * * * * * * * * * * * * * * * * * * * * * * * * * * * * * *
*
*       Function Name         :wubGetTempDemandState
*       Description           :取得冷暖程度需求状态
*       Parameter             :void
*       Return Code           :nub672_TempDemandState
*
* * * * * * * * * * * * * * * * * * * * * * * * * * * * * * * * * * * *
/
u8 wubGetTempDemandState(void)
{
        return nub672_TempDemandState;
}
/ * * * * * * * * * * * * * * * * * * * * * * * * * * * * * * * * * * *
*
*       Function Name         :wubGetTempDemandValid
*       Description           :取得冷热挡位调节有效位
*       Parameter             :void
*       Return Code           :nub672_TempDemandValid
*
* * * * * * * * * * * * * * * * * * * * * * * * * * * * * * * * * * * *
/
u8 wubGetTempDemandValid(void)
{
        return nub672_TempDemandValid;
}
/ * * * * * * * * * * * * * * * * * * * * * * * * * * * * * * * * * * *
* *
*
*       Function Name         :wubGetACState
*       Description           :取得 A/C 强制制冷
*       Parameter             :void
*       Return Code           :nub672_ACStage
* * * * * * * * * * * * * * * * * * * * * * * * * * * * * * * * * * * *
```

```
/
u8 wubGetACState(void)
{
        return nub672_ACStage;
}
/* * * * * * * * * * * * * * * * * * * * * * * * * * * * * * * * * * * *
 *
 *      Function Name       :wubGetHeatState
 *      Description         :取得 HEAT 强制制热
 *      Parameter           :void
 *      Return Code         :nub672_HeatState
 *
 * * * * * * * * * * * * * * * * * * * * * * * * * * * * * * * * * * * *
/
u8 wubGetHeatState(void)
{
        return nub672_HeatState;
}
/* * * * * * * * * * * * * * * * * * * * * * * * * * * * * * * * * * * *
 *
 *      Function Name       :wubGetACStateValid
 *      Description         :取得强制制冷/制热有效位
 *      Parameter           :void
 *      Return Code         :nub672_ACValid
 *
 * * * * * * * * * * * * * * * * * * * * * * * * * * * * * * * * * * * *
/
u8 wubGetACStateValid(void)
{
        return nub672_ACValid;
}
/* * * * * * * * * * * * * * * * * * * * * * * * * * * * * * * * * * * *
 *
 *      Function Name       :wubGetWindMode
 *      Description         :取得出风模式
 *      Parameter           :void
 *      Return Code         :nub672_WindMod
 * * * * * * * * * * * * * * * * * * * * * * * * * * * * * * * * * * * *
```

```
/
u8 wubGetWindMode(void)
{
        return nub672_WindMod;
}
/*******************************************
*
*       Function Name        :wubGetWindModeValid
*       Description          :取得出风模式有效位
*       Parameter            :void
*       Return Code          :nub672_WindModValid
*
********************************************
/
u8 wubGetWindModeValid(void)
{
        return nub672_WindModValid;
}
/*******************************************
*
*       Function Name        :wubGetInOutCycleAdjust
*       Description          :取得内外循环调节
*       Parameter            :void
*       Return Code          :nub672_WindCycle
********************************************
/
u8 wubGetInOutCycleAdjust(void)
{
        return nub672_WindCycle;
}
/*******************************************
*
*       Function Name        :wubGetInOutCycleAdjustValid
*       Description          :取得内外循环调节有效位
*       Parameter            :void
*       Return Code          :nub672_WindCycleValid
*
********************************************
```

```
/
u8 wubGetInOutCycleAdjustValid(void)
{
        return nub672_WindCycleValid;
}
/ * * * * * * * * * * * * * * * * * * * * * * * * * * * * * * * * * * *
 *
 *       Function Name       :wubGetTempSettingValid
 *       Description         :取得温度设置有效位
 *       Parameter           :void
 *       Return Code         :nub672_TempSetValid
 *
 * * * * * * * * * * * * * * * * * * * * * * * * * * * * * * * * * * * *
/
u8 wubGetTempSettingValid(void)
{
        return nub672_TempSetValid;
}
/ * * * * * * * * * * * * * * * * * * * * * * * * * * * * * * * * * * *
 *
 *       Function Name       :wvdSetWindState
 *       Description         :设置取得风速状态
 *       Parameter           :aubData
 *       Return Code         :void
 * * * * * * * * * * * * * * * * * * * * * * * * * * * * * * * * * * * *
/
void wvdSetWindState(u8 aubData)
{
        nub672_WindState=(aubData&0x0F);
}
/ * * * * * * * * * * * * * * * * * * * * * * * * * * * * * * * * * * * *
 * *
 *
 *       Function Name       :wvdSetWindStateValid
 *       Description         :取得风速状态有效位
 *       Parameter           :aubData
 *       Return Code         :无
 * * * * * * * * * * * * * * * * * * * * * * * * * * * * * * * * * * * *
```

```
/
void wvdSetWindStateValid( u8 aubData)
{
        nub672_FAN_VALID = aubData;
}
/ * * * * * * * * * * * * * * * * * * * * * * * * * * * * * * * * * * *
 *
 *      Function Name       :wvdSet_672_DefogState
 *      Description         :获取后除雾开关状态
 *      Parameter           :aubData
 *      Return Code         :无
 * * * * * * * * * * * * * * * * * * * * * * * * * * * * * * * * * * * *
 * /
void wvdSet_672_DefogState( u8 aubData)
{
     if( 0 == aubData)
     {
        nub672_DefogSwiSta &= ~( 1<<5);
     }
     else if( 1 == aubData)
     {
        nub672_DefogSwiSta |= ( 1<<5);
     }
}
/ * * * * * * * * * * * * * * * * * * * * * * * * * * * * * * * * * * *
 *
 *      Function Name       :wvdSet_672_DefogStateValid
 *      Description         :设置后除雾开关有效位
 *      Parameter           :aubData
 *      Return Code         :无
 *
 * * * * * * * * * * * * * * * * * * * * * * * * * * * * * * * * * * * *
/
void wvdSet_672_DefogStateValid( u8 aubData)
{
        nub672_DefogSwitchValid = aubData;
}
/ * * * * * * * * * * * * * * * * * * * * * * * * * * * * * * * * * * *
```

```
*
*        Function Name       :wvdSetTempDemandState
*        Description         :设置温度设置有效位
*        Parameter           :aubData
*        Return Code         :无
*
* * * * * * * * * * * * * * * * * * * * * * * * * * * * * * * * * * * *
/
void wvdSetTempDemandState(u8 aubData)
{
        nub672_TempDemandState=aubData;
}
/* * * * * * * * * * * * * * * * * * * * * * * * * * * * * * * * * * *
*
*        Function Name       :wvdSetTempDemandValid
*        Description         :设置温度设置有效位
*        Parameter           :aubData
*        Return Code         :无
* * * * * * * * * * * * * * * * * * * * * * * * * * * * * * * * * * * *
/
void wvdSetTempDemandValid(u8 aubData)
{
        nub672_TempDemandValid=aubData;
}
/* * * * * * * * * * * * * * * * * * * * * * * * * * * * * * * * * * *
*
*        Function Name       :wvdSetACState
*        Description         :设置 AC 状态位
*        Parameter           :aubData
*        Return Code         :无
*
* * * * * * * * * * * * * * * * * * * * * * * * * * * * * * * * * * * *
/
void wvdSetACState(u8 aubData)
{
      if(aubData==0)
      {
        nub672_ACStage &=~(1<<5);
```

```
        }
        else
        {
          nub672_ACStage |=(1<<5);
        }
}
/*********************************
 *
 *      Function Name       :wvdSetHeatState
 *      Description         :设置温度有效位
 *      Parameter           :aubData
 *      Return Code         :void
 *
 *********************************
/
void wvdSetHeatState(u8 aubData)
{
        if(0==aubData)
        {
          nub672_HeatState &=~(1<<6);
        }
        else if(1==aubData)
        {
          nub672_HeatState |=(1<<6);
        }
        else{
        }
}
/*********************************
 *
 *      Function Name       :wvdSetACStateValid
 *      Description         :设置 AC 有效位
 *      Parameter           :aubData
 *      Return Code         :无
 *
 *********************************
/
void wvdSetACStateValid(u8 aubData)
```

```
{
        nub672_ACValid = aubData;
}
/* * * * * * * * * * * * * * * * * * * * * * * * * * * * * * * * * * * *
*
*       Function Name       :wvdSetWindMode
*       Description         :设置风扇模式
*       Parameter           :aubData
*       Return Code         :无
*
* * * * * * * * * * * * * * * * * * * * * * * * * * * * * * * * * * * * *
/
void wvdSetWindMode(u8 aubData)
{
        nub672_WindMod = (aubData & 0x07);
}
/* * * * * * * * * * * * * * * * * * * * * * * * * * * * * * * * * * * *
*
*       Function Name       :wvdSetWindModeValid
*       Description         :设置风扇模式有效位
*       Parameter           :aubData
*       Return Code         :无
* * * * * * * * * * * * * * * * * * * * * * * * * * * * * * * * * * * * *
/
void wvdSetWindModeValid(u8 aubData)
{
        nub672_WindModValid = aubData;
}
/* * * * * * * * * * * * * * * * * * * * * * * * * * * * * * * * * * * *
*
*       Function Name       :wvdSetInOutCycleAdjust
*       Description         :设置风扇循环
*       Parameter           :aubData
*       Return Code         :无
*
* * * * * * * * * * * * * * * * * * * * * * * * * * * * * * * * * * * * *
/
void wvdSetInOutCycleAdjust(u8 aubData)
```

```
{
        if(0==aubData)
        {
          nub672_WindCycle &= ~(1<<4);
        }
        else if(1==aubData)
        {
          nub672_WindCycle |=(1<<4);
        }
        else
        {
        }
}
/* * * * * * * * * * * * * * * * * * * * * * * * * * * * * * * * * * * * *
 *
 *          Function Name        :wvdSetInOutCycleAdjustValid
 *          Description          :设置风扇循环有效位
 *          Parameter            :aubData
 *          Return Code          :无
 * * * * * * * * * * * * * * * * * * * * * * * * * * * * * * * * * * * * *
/
void wvdSetInOutCycleAdjustValid(u8 aubData)
{
          nub672_WindCycleValid=aubData;
}
/* * * * * * * * * * * * * * * * * * * * * * * * * * * * * * * * * * * * *
 *
 *          Function Name        :wvdSetTempSettingValid
 *          Description          :设置温度设置有效位
 *          Parameter            :aubData
 *          Return Code          :无
 * * * * * * * * * * * * * * * * * * * * * * * * * * * * * * * * * * * * *
/
void wvdSetTempSettingValid(u8 aubData)
{
          nub672_TempSetValid=aubData;
}
/* * * * * * * * * * * * * * * * * * * * * * * * * * * * * * * * * * * * *
```

```
*
*        Function Name        :wvdSetCancleTimingChargingFlag
*        Description          :设置取消定时充电设置标志位
*        Parameter            :aubData
*        Return Code          :无
* * * * * * * * * * * * * * * * * * * * * * * * * * * * * * * * * * * *
/
void wvdSetTimingChargingFlag(u8 aubData)
{
        nub475_ChargSettingSig = aubData;
}
/* * * * * * * * * * * * * * * * * * * * * * * * * * * * * * * * * * *
*
*        Function Name        :wvdSetCancleTimingChargingFlag
*        Description          :设置取消定时充电设置标志位
*        Parameter            :aubData
*        Return Code          :无
* * * * * * * * * * * * * * * * * * * * * * * * * * * * * * * * * * * *
/
void wvdSetCancleTimingChargingFlag(u8 aubData)
{
        nub475_ChargCancleSig = aubData;
}
/* * * * * * * * * * * * * * * * * * * * * * * * * * * * * * * * * * *
*
*        Function Name        :wvdSetLowPowerSetting
*        Description          :设置低功耗设置
*        Parameter            :aubData
*        Return Code          :void
* * * * * * * * * * * * * * * * * * * * * * * * * * * * * * * * * * * *
/
void wvdSetLowPowerSetting(u8 aubData)
{
    if(aubData == 0X0)
    {
        nub475_LowPowerSet &= ~(1<<3);
    }
    else if(aubData == 0X01)
```

```
        {
          nub475_LowPowerSet |=(1<<3);
        }
        else
        {
        }
}
/************************************
 *
 *        Function Name        :wubGetChargingHourStart
 *        Description          :设置小时设置_定时充电开始时间
 *        Parameter            :aubData
 *        Return Code          :无
*************************************
/
void wvdSetChargingHourStart(u8 aubData)
{
        nub475_ChargHourStart=(aubData & 0x1F);
}
/************************************
 *
 *        Function Name        :wvdSetChargingMinuteStart
 *        Description          :设置分钟设置_定时充电开始时间
 *        Parameter            :aubData
 *        Return Code          :无
*************************************
/
void wvdSetChargingMinuteStart(u8 aubData)
{
        nub475_ChargMinuteStart=(aubData & 0x3F);
}
/************************************
 *
 *        Function Name        :wvdSet_D_DefaultEnergyRecover
 *        Description          :设置D挡默认能量回收强度
 *        Parameter            :aubData
 *        Return Code          :void
*************************************
```

```
/
void wvdSet_D_DefaultEnergyRecover(u8 aubData)
{
        switch(aubData)
        {
          case 0x00:
            nub475_D_EnergRecLevel &=0x3F;
            break;
          case 0x01:
            nub475_D_EnergRecLevel   &=~(3<<6);
            nub475_D_EnergRecLevel |=(1<<6);
            break;
          case 0x02:
            nub475_D_EnergRecLevel   &=~(3<<6);
            nub475_D_EnergRecLevel |=(2<<6);
            break;
          case 0x03:
            nub475_D_EnergRecLevel   &=~(3<<6);
            nub475_D_EnergRecLevel |=(3<<6);
            break;
        }
}
/************************************
*
*         Function Name       :wvdSetChargingHourEnd
*         Description         :设置小时设置_定时充电结束时间
*         Parameter           :aubData
*         Return Code         :无
*************************************
/
void wvdSetChargingHourEnd(u8 aubData)
{
          nub475_ChargHourEnd=(aubData&0x1F);
}
/************************************
*
*         Function Name       :wvdSetChargingMinuteEnd
*         Description         :设置分钟设置_定时充电结束时间
```

```
*       Parameter           :aubData
*       Return Code         :void
* * * * * * * * * * * * * * * * * * * * * * * * * * * * * * * * * * * *
/
void wvdSetChargingMinuteEnd(u8 aubData)
{
        nub475_ChargMinEnd=(aubData & 0X3F);
}
/* * * * * * * * * * * * * * * * * * * * * * * * * * * * * * * * * * *
*
*       Function Name       :wvdSet_E_DefaultEnergyRecover
*       Description         :设置 E 挡默认能量回收强度
*       Parameter           :aubData
*       Return Code         :void
* * * * * * * * * * * * * * * * * * * * * * * * * * * * * * * * * * * *
/
void wvdSet_E_DefaultEnergyRecover(u8 aubData)
{
      switch(aubData)
      {
        case 0x00:
          nub475_E_EnergRecLevel &=0x3F;
          break;
        case 0x01:
          nub475_E_EnergRecLevel &=~(3<<6);
          nub475_E_EnergRecLevel |=(1<<6);
          break;
        case 0x02:
          nub475_E_EnergRecLevel &=~(3<<6);
          nub475_E_EnergRecLevel |=(2<<6);
          break;
        case 0x03:
          nub475_E_EnergRecLevel &=~(3<<6);
          nub475_E_EnergRecLevel |=(3<<6);
          break;
      }
}
/* * * * * * * * * * * * * * * * * * * * * * * * * * * * * * * * * * *
```

```
 *
 *        Function Name          :wubGetOdoRange
 *        Description            :获取 ODO 等级
 *        Parameter              :void
 *        Return Code            :nubDrive_OdoRange
 * * * * * * * * * * * * * * * * * * * * * * * * * * * * * * * * * * *
/
u8 * wubGetOdoRange(void)
{
        return(&nubDrive_OdoRange[2]);
}
/* * * * * * * * * * * * * * * * * * * * * * * * * * * * * * * * * * *
 *
 *        Function Name          :wubGetDriveRange
 *        Description            :获取续驶里程信息
 *        Parameter              :void
 *        Return Code            :nubDrive_OdoRange
 * * * * * * * * * * * * * * * * * * * * * * * * * * * * * * * * * * *
/
u8 * wubGetDriveRange(void)
{
      return(&nubDrive_OdoRange[0]);
}
```

(8)编辑 APP_RPC.c 文件

实现功能为借助 LWIP 提供的以太网基础库功能,实现 MCU 和 SoC 借助 UDP 协议进行数据通信。全局变量的定义与相关库的引入部分如下:

```
/* * * * * * * * * * * * * * * * * * * * * * * * * * * * * * * * * * *
 *
 *        File Name              :APP_RPC.c
 *        Model Name             :RPC App
 *        Abstract Description   :RPC App
 * * * * * * * * * * * * * * * * * * * * * * * * * * * * * * * * * * *
 */
/* * * * * * * * * * * * * * * * * * * * * * * * * * * * * * * * * * *
 *
 *        Include File Section
 * * * * * * * * * * * * * * * * * * * * * * * * * * * * * * * * * * *
```

```
/
#include "APP_RPC.h"
#include "usart.h"
#include "led.h"
#include "lcd.h"
#include "key.h"
#include "usmart.h"
#include "sram.h"
#include "malloc.h"
#include "string.h"
#include "timer.h"
#include "adc.h"
#include "beep.h"
#include "rtc.h"
#include "dm9000.h"
#include "lwip/netif.h"
#include "lwip_comm.h"
#include "lwipopts.h"
#include "udp_demo.h"
#include "tcp_client_demo.h"
#include "tcp_server_demo.h"
#include "httpd.h"
/* * * * * * * * * * * * * * * * * * * * * * * * * * * * * * * * * * * *
 *
 *          Global Variable Declare Section
 * * * * * * * * * * * * * * * * * * * * * * * * * * * * * * * * * * * *
/
OS_STK RPC_TASK_STK[RPC_STK_SIZE];
Dev_File * p_Uart=NULL;
Dev_File * p_Led=NULL;
Dev_File * p_Can=NULL;
/* * * * * * * * * * * * * * * * * * * * * * * * * * * * * * * * * * * *
 *
 *          Function Definition Section
 * * * * * * * * * * * * * * * * * * * * * * * * * * * * * * * * * * * *
/
extern u8 udp_demo_flag;//UDP 测试全局状态标记变量
```

lwip_test_ui(u8 mode)函数的作用是得到网速。

```
//加载 UI
//mode:
//bit0:0,不加载;1,加载前半部分 UI
//bit1:0,不加载;1,加载后半部分 UI
void lwip_test_ui(u8 mode)
{
        if(mode&1<<0)
        {
        }
        if(mode&1<<1)
        {
          DM9000_Get_SpeedAndDuplex();//得到网速
        }
}
```

TASK_RPC(void * pdata)函数的主要功能是 RPC 通信 Task。

```
/ * * * * * * * * * * * * * * * * * * * * * * * * * * * * * * * * * * *
 *
 *        Function Name          :TASK_RPC
 *        Create Date            :
 *        Description            :RPC 通信 Task
 *        Parameter              :
 *        Return Code            :void
 * * * * * * * * * * * * * * * * * * * * * * * * * * * * * * * * * * * *
/
void TASK_RPC(void * pdata)
{
        u8 t;
        uart_init(72,115200);//串口初始化为 115 200
        usmart_dev.init(72);//初始化 USMART
        TIM3_Int_Init(1000,719);//定时器 3 频率为 100 Hz
        LED_Init();//初始化与 LED 连接的硬件接口
        KEY_Init();//初始化按键
        Adc_Init();//ADC 初始化
        BEEP_Init();//蜂鸣器初始化
        RTC_Init();//初始化 RTC
        lwip_test_ui(1);//加载前半部分 UI
        while(lwip_comm_init())//lwip 初始化
```

```
        {
          delay_ms(1200);
        }
        lwip_test_ui(2);//加载后半部分 UI
        httpd_init();//Web Server 模式
          open(DRVNAME_LED);
          nvdTEA5767_Init();
        nvdTEA5767_SetMuteOn();
  open(DRVNAME_CAN);
        delay_us(5000);
        while(1)
        {
          udp_demo_test();
          lwip_periodic_handle();
          lwip_pkt_handle();
          delay_ms(2);
          t++;
          if(t==200)
          {
            t=0;
            LED0=!LED0;
          }
        }
/*
        u8 ret=0;
        u8 cmd[16]={0};
        if(p_Uart==NULL)
        {
          p_Uart=open(DRVNAME_UART);
          p_Uart->ioctl(UART_SETBOD,115200,NULL);
        }
        open(DRVNAME_LED);
        nvdTEA5767_Init();
        nvdTEA5767_SetMuteOn();
  open(DRVNAME_CAN);
        delay_us(5000);
        while(1)
        {
```

```
            //读串口 RPC 数据
            memset(cmd,0,16);
            ret=p_Uart->readasync(cmd,sizeof(cmd));
            if(RET_OK==ret)
            {
              switch(cmd[0]<<8 | cmd[1])
              {
                  case 0x0001:
                  {
                      handleTuner(cmd);
                  }
                  break;
                  case 0x0002:
                  {
                      handleAir(cmd);
                  }
                  break;
                  case 0x0003:
                  {
                      handleLED(cmd);
                  }
                  break;
                  default:
                  break;
            }
          }
        }
    */
    }
```

(9)编辑 udp_demo.c 文件

编写 LWIP 目录下的 udp_demo.c 文件,目的是适配当前项目的 MCU 侧和 SoC 侧的通信实现。udp_demo_test(void)函数的功能是 UDP 接收数据缓冲区,UDP 发送数据内容,UDP 测试全局状态标记,进行 UDP 测试。

```
#include "udp_demo.h"
#include "delay.h"
#include "usart.h"
#include "led.h"
```

```
#include "key.h"
#include "lcd.h"
#include "malloc.h"
#include "stdio.h"
#include "string.h"
#include "APP_RPC.h"
//UDP 接收数据缓冲区
u8 udp_demo_recvbuf[UDP_DEMO_RX_BUFSIZE];//UDP 接收数据缓冲区
//UDP 发送数据内容
const u8 * tcp_demo_sendbuf="WarShip STM32F103 UDP demo send data\r\n";
//UDP 测试全局状态标记变量
//bit7:没有用到
//bit6:0,没有收到数据;1,收到数据
//bit5:0,没有连接上;1,已连接上
//bit4~0:保留
u8 udp_demo_flag;
//UDP 测试
void udp_demo_test(void)
{
        err_t err;
        struct udp_pcb * udppcb;//定义一个 TCP 服务器控制块
        struct ip_addr rmtipaddr;//远端 IP 地址
        u8 * tbuf;
        u8 key;
        u8 res=0;
        u8 t=0;
        udppcb=udp_new();
        if(udppcb)//创建成功
        {IP4_ADDR(&rmtipaddr,lwipdev.remoteip[0],lwipdev.remoteip[1],lwipdev.
remoteip[2],lwipdev.remoteip[3]);
              err=udp_connect(udppcb,&rmtipaddr,UDP_DEMO_PORT);
              //UDP 客户端连接到指定 IP 地址和端口号的服务器
              if(err==ERR_OK)
              {
                 err=udp_bind(udppcb,IP_ADDR_ANY,UDP_DEMO_PORT);
                 //绑定本地 IP 地址与端口号
                 if(err==ERR_OK)//绑定完成
                 {
```

```
                udp_recv(udppcb,udp_demo_recv,NULL);//注册接收回调函数
                udp_demo_flag |=1<<5;//标记已经连接上
            }else res=1;
        }else res=1;
    }else res=1;
    while(res==0)
    {
        key=KEY_Scan(0);
        if(key==WKUP_PRES)break;
        if(key==KEY0_PRES)//KEY0 按下了,发送数据
        {
            udp_demo_senddata(udppcb);
        }
        if(udp_demo_flag&1<<6)//是否收到数据
        {
            udp_demo_flag&=~(1<<6);//标记数据已经被处理
        }
        lwip_periodic_handle();
        lwip_pkt_handle();
        delay_ms(2);
        t++;
        if(t==200)
        {
            t=0;
            LED0=!LED0;
        }
    }
    udp_demo_connection_close(udppcb);
    myfree(SRAMIN,tbuf);
}
```

udp_demo_recv(void * arg,struct udp_pcb * upcb,struct pbuf * p,struct ip_addr * addr,u16_t port)函数的主要功能是进行 UDP 回调操作。

```
//UDP 回调函数
void udp_demo_recv(void * arg,struct udp_pcb * upcb,struct pbuf * p,struct ip_addr *
addr,u16_t port)
{
        u32 data_len=0;
```

```
        struct pbuf * q;
        if(p! =NULL)//接收到不为空的数据时
        {
          memset(udp_demo_recvbuf,0,UDP_DEMO_RX_BUFSIZE);
          //数据接收缓冲区清零
          for(q=p;q! =NULL;q=q->next)//遍历完整个 pbuf 链表
          {
            //判断要复制到 UDP_DEMO_RX_BUFSIZE 中的数据是否大于 UDP_DEMO_RX_BUFSIZE 的剩余空间,如果大于,就只复制 UDP_DEMO_RX_BUFSIZE 中剩余长度的数据;否则,就复制所有的数据
            if(q->len >(UDP_DEMO_RX_BUFSIZE-data_len))memcpy(udp_demo_recvbuf+data_len,q->payload,(UDP_DEMO_RX_BUFSIZE-data_len));//复制数据
            else memcpy(udp_demo_recvbuf+data_len,q->payload,q->len);
            data_len +=q->len;
            if(data_len > UDP_DEMO_RX_BUFSIZE)break;
            //超出 TCP 客户端接收数组,跳出
          }
          switch(udp_demo_recvbuf[0]<<8 | udp_demo_recvbuf[1])
          {
                case 0x0001:
                {
                      handleTuner(udp_demo_recvbuf);
                }
                break;
                case 0x0002:
                {
                      handleAir(udp_demo_recvbuf);
                }
                break;
                case 0x0003:
                {
                      handleLED(udp_demo_recvbuf);
                }
                break;
                default:
                break;
          }
          upcb->remote_ip= * addr;//记录远程主机的 IP 地址
```

```
        upcb->remote_port = port;//记录远程主机的端口号
        lwipdev.remoteip[0] = upcb->remote_ip.addr&0xff;//IADDR4
        lwipdev.remoteip[1] = (upcb->remote_ip.addr>>8)&0xff;//IADDR3
        lwipdev.remoteip[2] = (upcb->remote_ip.addr>>16)&0xff;//IADDR2
        lwipdev.remoteip[3] = (upcb->remote_ip.addr>>24)&0xff;//IADDR1
        udp_demo_flag|=1<<6;//标记接收到数据
        pbuf_free(p);//释放内存
    }else
    {
        udp_disconnect(upcb);
        udp_demo_flag &= ~(1<<5);//标记连接断开
    }
}
```

udp_demo_senddata(struct udp_pcb * upcb)函数的作用是进行 UDP 服务器发送数据。

```
//UDP 服务器发送数据
void udp_demo_senddata(struct udp_pcb * upcb)
{
    struct pbuf * ptr;
    ptr = pbuf_alloc(PBUF_TRANSPORT,strlen((char * )tcp_demo_sendbuf),PBUF
_POOL);//申请内存
    if(ptr)
    {
        ptr->payload = (void * )tcp_demo_sendbuf;
        udp_send(upcb,ptr);//UDP 发送数据
        pbuf_free(ptr);//释放内存
    }
}
```

udp_demo_connection_close(struct udp_pcb * upcb)函数的主要功能是关闭 UDP 连接。

```
//关闭 UDP 连接
void udp_demo_connection_close(struct udp_pcb * upcb)
{
    udp_disconnect(upcb);
    udp_remove(upcb);//断开 UDP 连接
    udp_demo_flag &= ~(1<<5);//标记连接断开
}
```

(10)编辑 main.c 文件

编写 USER 文件夹中的 main.c 文件,其作用是将功能逻辑启动加入主程序入口。main(void)函数定义了 UCOSII 任务设置,包括设置任务优先级,设置任务堆栈大小,任务堆栈,指定任务函数。

```
#include "includes.h"
#include "APP_RPC.h"
#include "Driver_Managment.h"
////////////////////UCOSII 任务设置////////////////////
//START 任务
//设置任务优先级
#define START_TASK_PRIO 10 //开始任务的优先级设置为最低
//设置任务堆栈大小
#define START_STK_SIZE 64
//任务堆栈
OS_STK START_TASK_STK[START_STK_SIZE];
//任务函数
void start_task(void * pdata);
int main(void)
{
        Stm32_Clock_Init(9);//系统时钟设置
        delay_init(72);//延时初始化
        RegistAllDrivers();
        OSInit();
        OSTaskCreate(start_task,(void * )0,(OS_STK * )&START_TASK_STK[START_
STK_SIZE-1],START_TASK_PRIO);//创建起始任务
        OSStart();
}
```

start_task(void * pdata)函数的主要功能是开始任务,MCU 侧任务启动。

```
#include "sys.h"
#include "delay.h"
//开始任务
void start_task(void * pdata)
{
  OS_CPU_SR cpu_sr=0;
    pdata=pdata;
  OS_ENTER_CRITICAL();//进入临界区(无法被中断打断)
    OSTaskCreate(TASK_RPC,(void * )0,(OS_STK * )&RPC_TASK_STK[RPC_STK
```

```
_SIZE-1],RPC_TASK_PRIO);
    OSTaskSuspend(START_TASK_PRIO);//挂起起始任务
    OS_EXIT_CRITICAL();//退出临界区(可以被中断打断)
}
```

(11)工程编译

完成上述配置后,就可以编译工程了。编译开关(图中①)和编译结果(图中②),如图8.15所示。

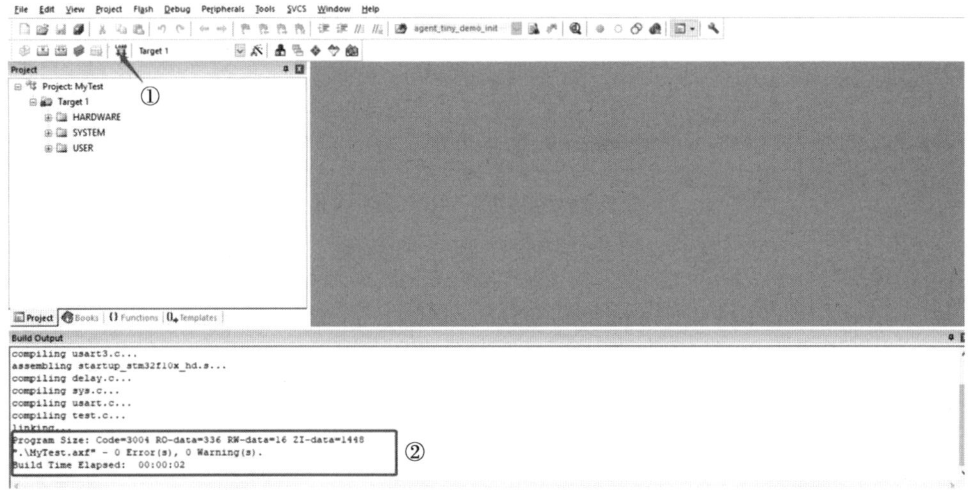

图 8.15 编译工程

(12)下载程序到 MCU

使用 ST-Link 仿真器连接 PC 和实验箱的 MCU 侧。设置好仿真器型号、选项后单击下载程序,如图 8.16 所示。

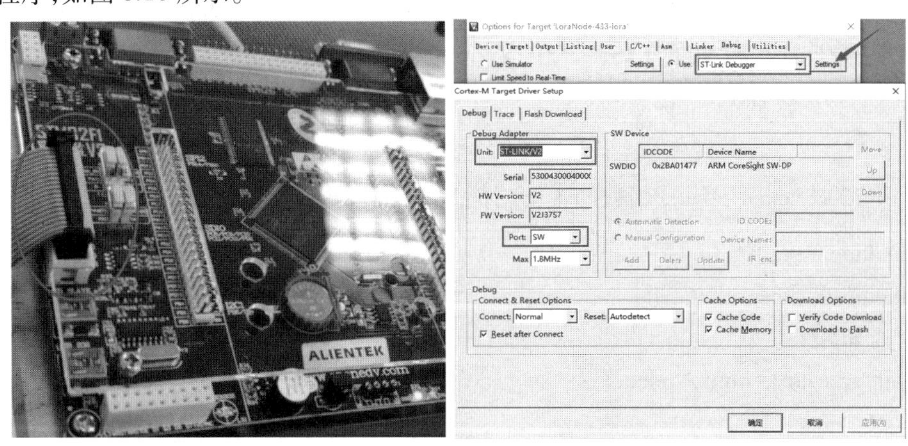

图 8.16 仿真器程序下载设置

因此,MCU 侧的开发就完毕了。接下来完成 SoC 侧的开发。

实现车载 CAN 空调控制 SoC 侧的开发操作项目分析与任务实施

3)SoC 侧的开发操作

(1)使用 Android Studio 创建工程

打开 Android Studio 开发工具,由于需要使用调试串口 RPC 通信,因此使用 Android Studio 创建工程时需要选择 Native C++模板,如图 8.17 所示。

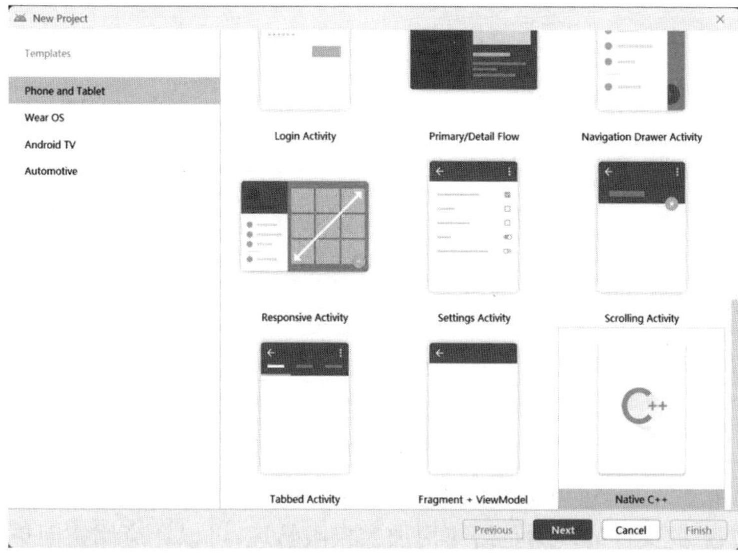

图 8.17 创建 AS 工程

创建项目时,注意包名按照文档中的说明进行配置,如果使用自己的 App 信息将涉及付费问题。因此,这里使用 Demo 给出的免费 App 信息进行调试,如图 8.18 所示。

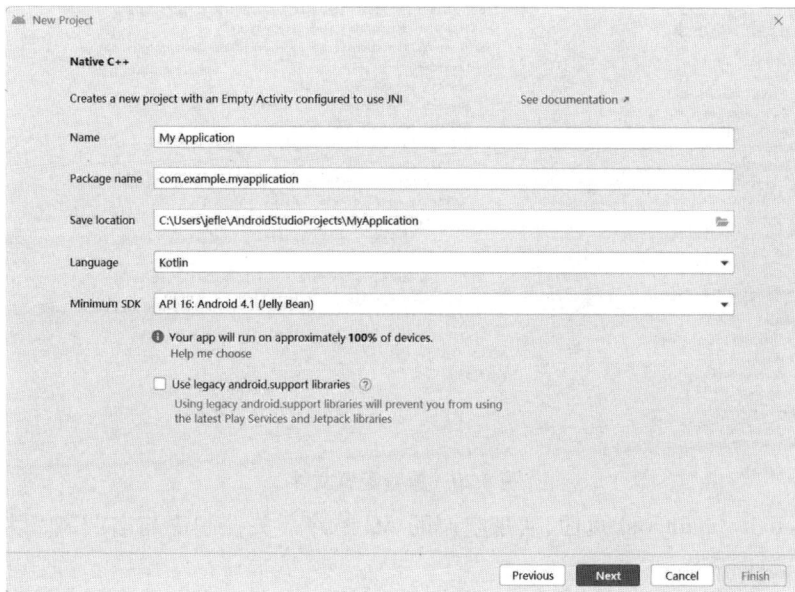

图 8.18 选择免费 App

(2)核心应用部分代码的实现

项目建立完成后，请检查 GRADLE 的工程配置文件，目前 SoC 的 GRADLE 的 build. gadle 配置文件，没有集成第三方库，使用 google android 原生库加载，如图 8.19 所示。

```
    compileSdkVersion 28
    buildToolsVersion "30.0.3"
    defaultConfig {
        applicationId "com.smartspirt.hegfcarradioproject"
        minSdkVersion 15
        //noinspection ExpiredTargetSdkVersion
        targetSdkVersion 16
        versionCode 1
        versionName "1.0"
        testInstrumentationRunner "android.support.test.runner.AndroidJUnitRunner"
        externalNativeBuild {
            cmake {
                cppFlags ""
            }
        }
    }
    buildTypes {
        release {
            minifyEnabled false
            proguardFiles getDefaultProguardFile('proguard-android-optimize.txt'), 'proguard-rules.pro'
        }
    }
}


dependencies {
    implementation fileTree(dir: 'libs', include: ['*.jar'])
    implementation 'com.android.support:appcompat-v7:28.0.0'
    implementation 'com.android.support.constraint:constraint-layout:1.1.3'
    testImplementation 'junit:junit:4.12'
    androidTestImplementation 'com.android.support.test:runner:1.0.2'
    androidTestImplementation 'com.android.support.test.espresso:espresso-core:3.0.2'
}
```

图 8.19 检查 GRADLE 的工程配置文件

检查项目配置文件：AndroidManifest.xml 文件，目前这个文件保持创建状态，暂时不需要加入更多内容，此文件的作用是给应用加入权限管理，可以让应用访问更多 android 底层硬件权限，如图 8.20 所示。

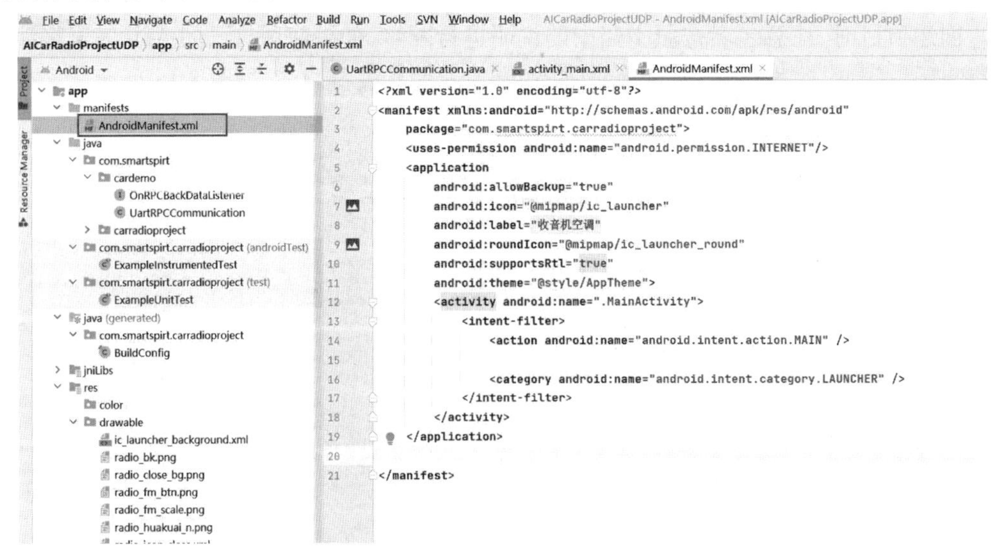

图 8.20 检查配置文件

开发 activity_main.xml 页面，实现空调的 AC 制冷开关控制键与空调风量大小拖动条控件，如图 8.21 所示。

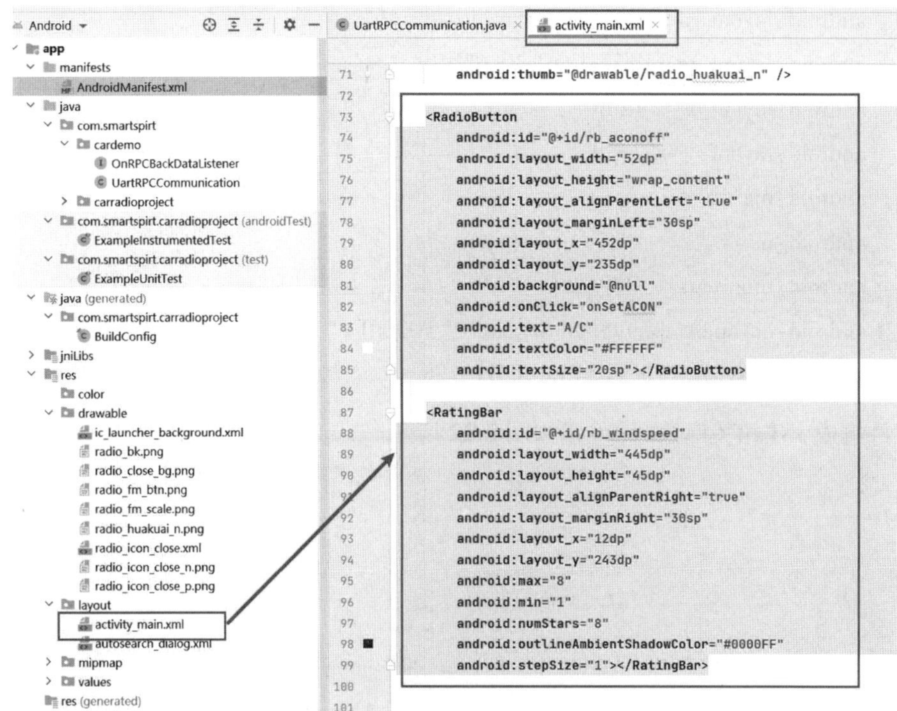

图 8.21 开发 activity_main.xml 页面

核心代码如下：

```
<RadioButton
    android:id="@+id/rb_aconoff"
    android:layout_width="52dp"
    android:layout_height="wrap_content"
    android:layout_alignParentLeft="true"
    android:layout_marginLeft="30sp"
    android:layout_x="452dp"
    android:layout_y="235dp"
    android:background="@null"
    android:onClick="onSetACON"
    android:text="A/C"
    android:textColor="#FFFFFF"
    android:textSize="20sp"></RadioButton>
<!--定义空调的拖动条控件与风量等级按键-->
<RatingBar
    android:id="@+id/rb_windspeed"
    android:layout_width="445dp"
    android:layout_height="45dp"
```

android:layout_alignParentRight="true"

android:layout_marginRight="30sp"

android:layout_x="12dp"

android:layout_y="243dp"

android:max="8"

android:min="1"

android:numStars="8"

android:outlineAmbientShadowColor="#0000FF"

android:stepSize="1"></RatingBar>

项目集成 JNI 相关库,文件位置如图 8.22 所示。

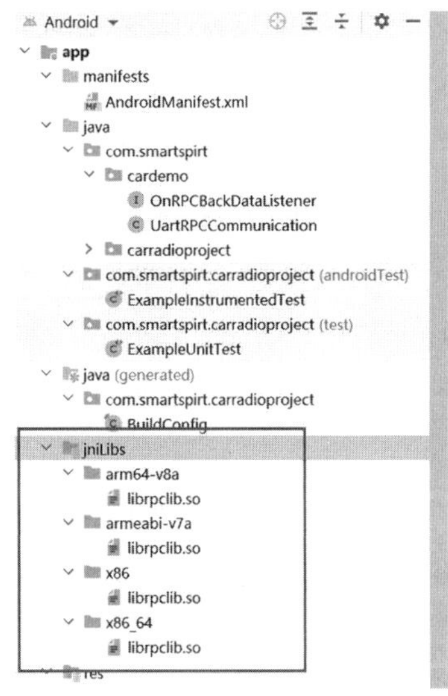

图 8.22　JNI 相关库,文件位置

编写 RPC 通信类,实现 SoC 与 MCU 的底层 RPC 协议连接实现,文件位置如图 8.23 所示。

图 8.23　RPC 通信类文件位置

核心代码如下:

```
//RPC 通信类,需要设计为单例模式
public class UartRPCCommunication {
```

```
    private static final String SERVERIP = "192.168.0.30";
    private static final int SERVERPORT = 8089;
    private static DatagramSocket socket;
    private byte[] buf;
    //Used to load the 'native-lib' library on application startup.
    static {
        System.loadLibrary("rpclib");
    }
    private static final String TAG = "CAR_RADIO";
    private volatile static UartRPCCommunication m_instance;
    private OnRPCBackDataListener m_rpcbackListener = null;
    public static byte[] cleardata = new byte[18];
    private UartRPCCommunication() {
    }
    //取得单例对象
    public static UartRPCCommunication getInstance() {
        if(m_instance == null) {
            //线程锁
            synchronized(UartRPCCommunication.class) {
                if(m_instance == null) {
                    m_instance = new UartRPCCommunication();
                    try {
                        socket = new DatagramSocket(8089);
                    } catch(SocketException e) {
                        e.printStackTrace();
                    }
                }
            }
        }
        return m_instance;
    }
//实现多线程的 Runnable 接口,进行多线程操作
  public class Client implements Runnable {
    @Override
    public void run() {
        try
        {
```

```
            InetAddress serverAddr=InetAddress.getByName(SERVERIP);
            if(serverAddr !=null){
              DatagramPacket packet=new DatagramPacket(buf,buf.length,
                  serverAddr,SERVERPORT);
              socket.send(packet);
            } else {
              Thread.sleep(1000);
              new Thread(new Client()).start();
            }
          }
          catch(Exception e)
          {
          }
      finally
      {
        }
      }
    }
    public void sendCmdData(byte[] cmddata){
      //向串口发送命令逻辑
      //测试代码
      for(int i=0 ;i<cmddata.length; i++)
      {
        Log.d(TAG,""+cmddata[i]);
      }
      //调用本地接口发送命令
      sendUdpCmd(cmddata);
    }
      //启动一个新的线程
    private void sendUdpCmd(byte[] cmddata){
      buf=cmddata;
      new Thread(new Client()).start();
    }
    public void setOnRPCBackDataListener(OnRPCBackDataListener l){
    //真正要做的是将 RPCBackDataListener 设置为 JNI,作为 C++的回调进行监控数
      据返回
      setRPCCallback(l);
```

```
    }
    public int openComDevice() {
        //串口打开的逻辑
        int ret = openRPCDevice();
        return ret;
    }
    public void closeComDevice() {
        //串口关闭的逻辑
        closeRPCDevice();
    }
    //发送命令的 JNI 本地接口
    private native void sendCmd(byte[] cmddata);
    //打开 RPC 设备
    private native int openRPCDevice();
    //关闭 RPC 设备
    private native void closeRPCDevice();
    //设置 RPC 返回的 Callback
    private native void setRPCCallback(OnRPCBackDataListener callback);
}
```

编写 RPC 数据接口返回的监听器类,用以监听 RPC 返回的数据状态,文件位置如图 8.24 所示。

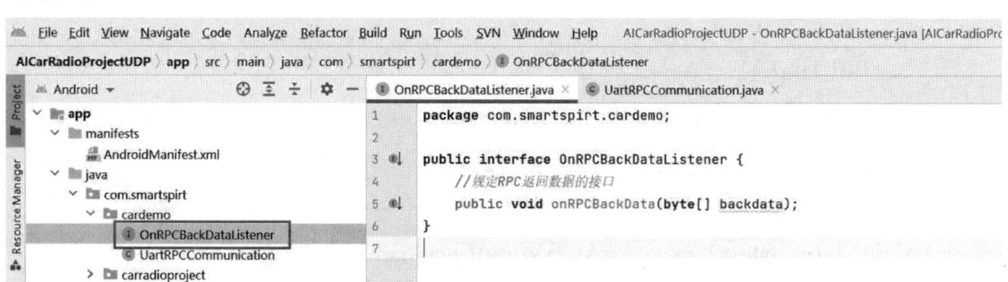

图 8.24　RPC 数据接口返回的监听器类所在文件位置

核心代码如下:

```
public interface OnRPCBackDataListener {
    //规定 RPC 返回数据的接口
    public void onRPCBackData(byte[] backdata);
}
```

开发协议工具类,实现协议的双向一致性,工具化,RPCProtocolUtils 文件,如图 8.25 所示。

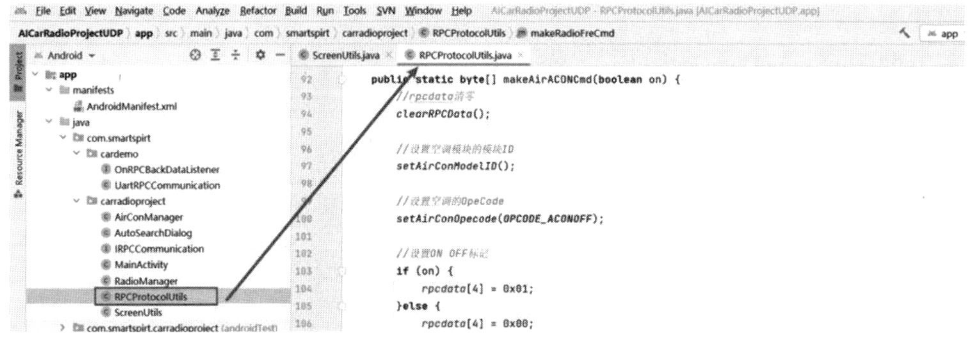

图 8.25　RPCProtocolUtils 文件所在位置

核心代码如下：

```
//风速控制模块开关标记处理
public static byte[ ] makeAirWindSpeed(byte windspeed){
        //rpcdata 清零
        clearRPCData( );
        //设置空调模块的模块 ID
        setAirConModelID( );
        //设置空调的 OpeCode
        setAirConOpecode(OPCODE_ACWINDSPEED);
        //设置 ON、OFF 标记
        if(windspeed >=0 && windspeed<9){
          rpcdata[4]=windspeed;
        }
        setTailData( );
        //设置 CheckSum,保证通信的正确性
        return rpcdata;
      }
      public static byte[ ] makeAirACONCmd(boolean on){
        //rpcdata 清零
        clearRPCData( );
        //设置空调模块的模块 ID
        setAirConModelID( );
        //设置空调的 OpeCode
        setAirConOpecode(OPCODE_ACONOFF);
        //设置 ON、OFF 标记
        if(on){
          rpcdata[4]=0x01;
        } else {
```

```
            rpcdata[4] = 0x00;
        }
        setTailData();
        //设置 CheckSum,保证通信的正确性
        return rpcdata;
    }
//设定连接指定码的方法
    private static void setAirConOpecode(int opcodePlayfre) {
        rpcdata[2] = (byte)((opcodePlayfre >> 8) & 0xFF);
        rpcdata[3] = (byte)((opcodePlayfre) & 0xFF);
    }
        //给连接模式进行变量赋值
    private static void setAirConModelID() {
        rpcdata[0] = 0x00;
        rpcdata[1] = 0x02;
    }
}
```

实现 RPC 数据通信类 IRPCCommunication,协调回调接口必须实现的规范。

核心代码如下:

```
public interface IRPCCommunication {
    //发送数据
    public void sendCmdData(byte[] cmddata);
    //接收数据(Callback)
    public void setOnRPCBackDataListener(OnRPCBackDataListener l);
    //通信打开
    public int openComDevice();
    //通信关闭
    public void closeComDevice();
}
```

实现空调控制管理程序类 AirConManager,完成 SoC 的空调控制调用。

核心代码如下:

```
public class AirConManager {
    public AirConManager(UartRPCCommunication m_rpcInstance) {
        this.m_rpcInstance = m_rpcInstance;
    }
    //依赖于一个 RPC 通信的接口对象
    private UartRPCCommunication m_rpcInstance;
```

```
//AC On/Off
public void setACON(boolean on)
{
  if(m_rpcInstance !=null)
  {
    //利用工具类把指定频率转换为 RPC 数据
    m_rpcInstance.sendCmdData(RPCProtocolUtils.makeAirACONCmd(on));
  }
};
//WindSpeed Set 对风速进行设定
public void setWindSpeed(byte windSpeed)
{
  if(m_rpcInstance !=null)
  {
    //利用工具类把指定频率转换为 RPC 数据
    m_rpcInstance.sendCmdData(RPCProtocolUtils.makeAirWindSpeed(windSpeed));
  }
};
public void closeAirCon(){
  m_rpcInstance.closeComDevice();
}
public  void openAirCon()
{
  m_rpcInstance.openComDevice();
}
}
```

实现 SoC 侧 Android 入口主程序 MainActivity 文件的开发。

核心代码如下：

```
    rb_aconoff=findViewById(R.id.rb_aconoff);
    rb_windspeed=findViewById(R.id.rb_windspeed);
    rb_windspeed.setRating(1);
//指定 RatingBar 控制监听器
    rb_windspeed.setOnRatingBarChangeListener(new
    RatingBar.OnRatingBarChangeListener(){
      @Override
      public void onRatingChanged(RatingBar ratingBar,float rating,boolean fromUser)
{
```

```
            am.setWindSpeed((byte)rating);
        }
        });
//执行风速切换的方法
    public void onSetACON(View view){
        onoff=! onoff;
        rb_aconoff.setChecked(onoff);
        am.setACON(onoff);
    }
```

在某些情况下,需要适配屏幕工具类、开发屏幕工具类、定义屏幕,如图 8.26 所示。

图 8.26　开发屏幕工具类、定义屏幕

对工程进行编译,如图 8.27 所示。

图 8.27　编译

至此,SoC 端代码开发完毕。

(3)部署及运行

产品功能实现逻辑过程如下:

空调操作交互界面 CANBoxAPP 和 MCU 进行通信,然后 MCU 再通过串口给 SoC 通信,CANBoxAPP 安卓应用是和 MU 直接通信的,也就是说,CANBoxAPP 是间接与 SoC 侧的安卓应用通信的,不是直接通信的。但同时,SoC 侧应用必须处于运行状态。

实现车载 CAN 空调控制 SoC 侧的开发操作项目实施解析与项目总结

第一步:安装 CANBoxAPP 模拟器。

①解压模拟器文件,如图 8.28 所示。

图 8.28　解压模拟器文件

②执行选中文件，双击正常安装模拟器，安装过程移至下一步，直至安装完成。

③在 CanBoxAPP 中打开空调界面，如图 8.29 所示。

图 8.29　空调界面

第二步：连接 PC 和实验箱，完成最后结果的运行和调试

①PC 连线。按照图示将烧写线连接到 PC，由于电脑 USB 口受限，可以使用一转多的 USB 设备进行连线，白色线为 ST-LINK 仿真器线束，黑色线为 SoC 烧写线束，如图 8.30 所示。

②SoC 连线。按照如图 8.31 所示将烧写线连接到 SoC。

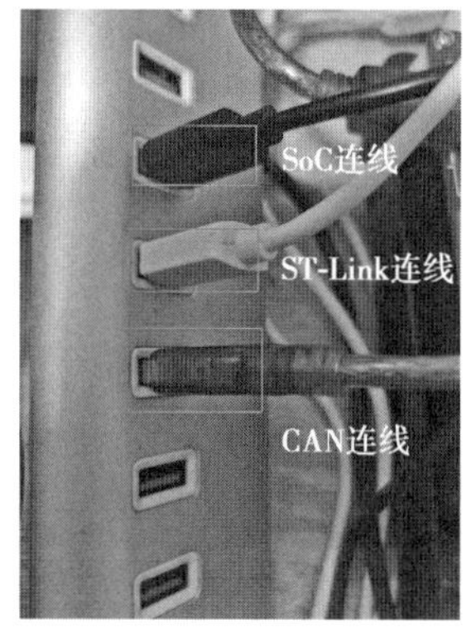

图 8.30　PC 连线

图 8.31　SoC 连线

③SoC 与 MCU 通信连线。由于 MCU 和 SoC 之间为网络通信，因此要连接网线。按照如图 8.32 所示连接 SoC 和 MCU 的通信线。

④MCU CAN 连线，按照如图 8.33 所示连接 MCU CAN 线。

图 8.32　连接 SoC 与 MCU 通信线

图 8.33　连接 MCU CAN 线

⑤MCU 烧写及烧写完成，可在控制台查看烧写结果，如图 8.34 所示。

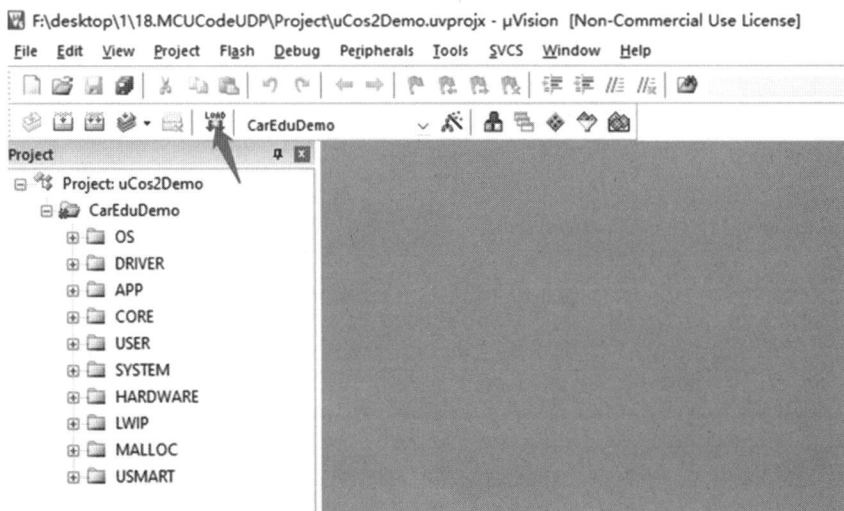

图 8.34 MCU 烧写

烧写结果输出，如图 8.35 所示。

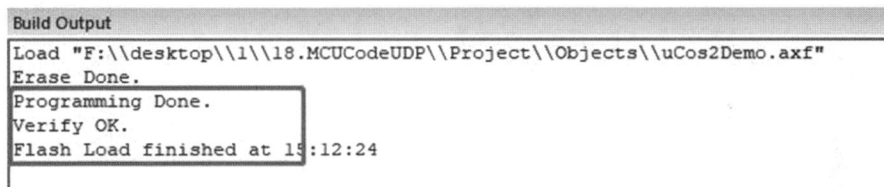

```
Build Output
Load "F:\\desktop\\1\\18.MCUCodeUDP\\Project\\Objects\\uCos2Demo.axf"
Erase Done.
Programming Done.
Verify OK.
Flash Load finished at 15:12:24
```

图 8.35 烧写结果输出

⑥在 SoC 侧，进行 SoC 烧写，如图 8.36 所示。

图 8.36 SoC 烧写

⑦SoC 烧写完成后，SoC 的屏幕会自动启动 App，如图 8.37 所示。

⑧空调控制，单击 SoC 侧的空调开关，PC 侧的空调打开呈现，如图 8.38 所示，观察 CanBoxApp 空调界面，如图 8.39 所示。

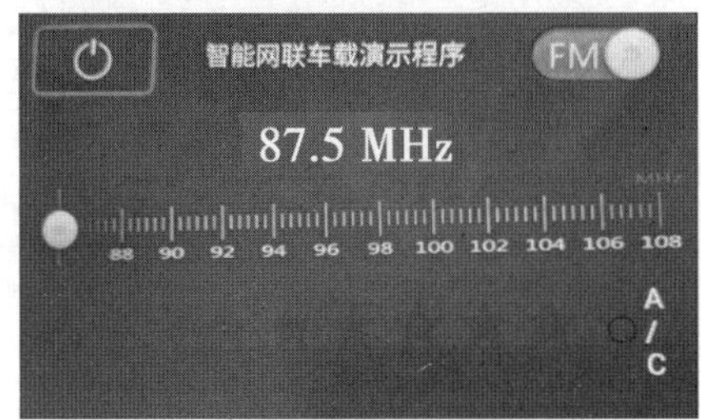

图 8.37 SoC 屏幕启动

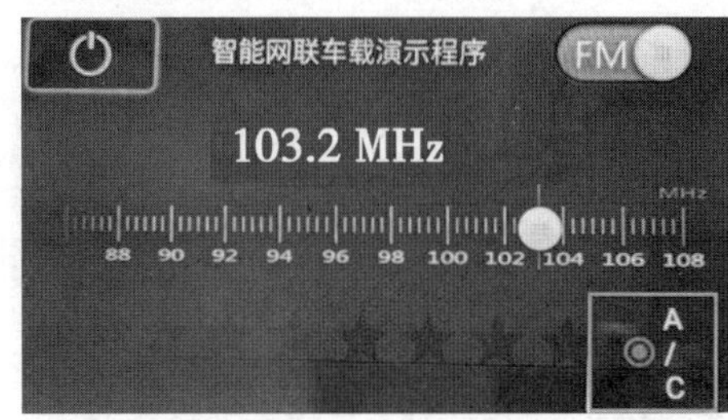

图 8.38 SoC 侧 App 上打开调

图 8.39　CanBoxApp 空调界面

第三步:调节 SoC 上的空调温度。

调节 SoC 上的空调温度,同时,PC 侧空调调节相应温度变化,如图 8.40 所示。

图 8.40　空调温度调节

第四步:调节 SoC 上的空调温度至最高,PC 侧空调调到最高温度呈现,如图 8.41 所示。

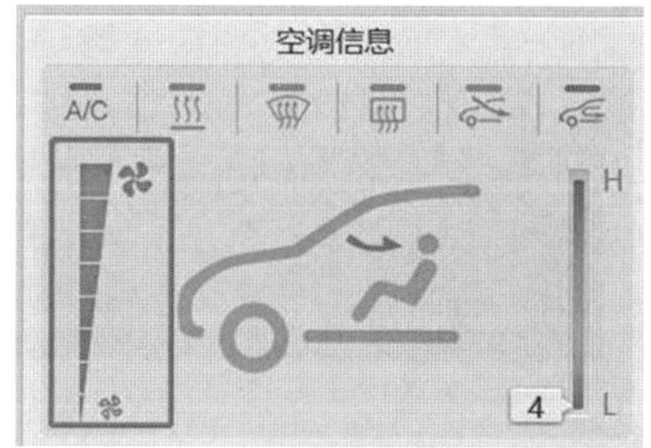

图 8.41　空调温度调到最高

第五步:当空调温度最高时,SoC 单击关闭空调,则 PC 上显示空调关闭,温度维持最高,如图 8.42 所示。

图 8.42　关闭空调

至此,项目的运行及调试结果完成。

其实,与国外相比,我国汽车空调行业起步较晚,20 世纪 80 年代初仍是空白,当时的汽车空调主要依赖 CKD 组装。随着汽车工业迅速发展,我国对汽车空调市场需求日趋增长,汽车空调行业发展也取得显著进步。中国汽车空调市场潜力巨大,但严峻的国际市场竞争使得国内汽车空调产业依然面临巨大的挑战。在国家政策的支持下,杭州广安汽车于 1994 年成立,专业从事汽车空调控制器研发、制造,为通用、日产、福特、一汽、上汽等主流汽车厂商配套供货,市场保有量目前排国内第一、世界前三。在汽车空调控制器方面已拥有授权自主知识产权 176 项,其中,发明专利 17 项,成为细分行业的领跑者。在新技术快速发展趋势下,汽车空调行业整体技术迎来突破,专利申请大幅增长,我国将在汽车空调领域拥有更多的自主知识产权。

8.5 任务评价

实战车载 CAN 空调控制系统项目评价单

姓名:________ 学号:________ 考核人:________ 总分:________

序号	工作任务	考核技能点	学生自评	小组互评	教师评价	分值/分	得分/分
1	需求分析	产品需求说明文档规范性、完整性、正确性和清晰性				15	
2	系统设计	能进行基本的产品功能设计、组织结构设计、模块划分及接口设计				15	
3	硬件准备	①能搭建硬件环境; ②能正确识读原理图				15	
4	软件设计	①能绘制软件流程图; ②能制定函数结构及变量命令规则; ③会查阅芯片手册; ④编码具体函数接口; ⑤实现完整代码				20	
5	软硬联调	①能正确上电; ②能烧录代码; ③能对错误进行调试; ④功能实现				20	

续表

序号	工作任务	考核技能点	学生自评	小组互评	教师评价	分值/分	得分/分
6	综合素养	①遵守工作时间; ②注重用电安全; ③程序编写规范; ④能根据任务要求,自主查阅资料; ⑤具有团队意识,小组成员取长补短,相互协作; ⑥具有劳动意识和创新意识				15	
总分						100	

[归纳总结]

通过本项目的实践,我们从工程构建开始到整个功能的实现,分别学习了:

①车载 CAN 总线的基本工作原理;

②CAN 总线的基本工作原理;

③Android Studio 工程的创建;

④STM32F103D8 的参数配置;

⑤实现车载 CAN 总线控制空调的功能逻辑;

⑥工程编译和运行。

通过对上述内容的学习和掌握,实现车载 CAN 总线控制系统的整体开发实践。掌握整个系统的软件开发技术以及工作流程。为今后的系统化工作奠定基础。

练习实训

知识过关

1.填空题

(1)CAN 通信中总线状态有________和________两个状态。

(2)在 CAN 中,物理层从结构上可分为 3 层:________、________、________。

(3)CAN 总线可分为:________、________、________。

(4)CAN 协议的一个最大特点是废除了传统的________编码。

(5)语音识别技术,也被称为________。

2.选择题[(1)—(3)为单选题,(4)—(5)为多选题]

(1)CAN 总线上的节点数可达(　　)个。

A.110　　B.100　　C.10　　D.300

(2)CAN 通信距离最大的是(　　)km(设速率为 5 kB/s)。

A.110　　B.100　　C.10　　D.300

(3)高速 CAN 的传输速率(波特率)在(　　)。

A.125 kB/s~1 Mb/s　　B.256 kB/s~2 Mb/s

C.33~83 kB/s　　D.125 kB/s 以下

(4)下列(　　)属于 CAN 帧数据类型的组成部分。

A.数据帧　　B.远程帧　　C.错误指示帧　　D.超载帧

(5)CAN 是一种有效支持(　　)的串行通信网络。

A.分布式控制　　B.实时控制　　C.一体式控制　　D.总线控制

3.简答题

(1)简述什么是 CAN 总线。

(2)简述 CAN 在汽车电子领域的应用场景。

实训任务

1.硬件设计

请描述项目 7 中车载 CAN 空调控制系统开发实践硬件设计方案。

2.程序设计

编写程序实现发送空调消息处理。

参考文献

[1]孙光,肖迎春,曾启明,等.基于 STM32 的嵌入式系统应用[M].北京:人民邮电出版社,2019.

[2]郭志勇,王韦伟,曹路舟.单片机应用技术项目教程(微课版)[M].北京:人民邮电出版社,2019.

[3]张淑清,胡永涛,张立国,等.嵌入式单片机 STM32 原理及应用[M].北京:机械工业出版社,2019.

[4]欧启标,吴清,邱怡,等. STM32 程序设计:从寄存器到 HAL 库[M].北京:北京航空航天大学出版社,2023.

[5]刘火良,杨森. STM32 库开发实战指南:基于 STM32F103[M].2 版.北京:机械工业出版社,2017.

[6]游志宇,陈昊,陈亦鲜,等.STM32 单片机原理与应用实验教程[M].北京:清华大学出版社,2022.

[7]徐灵飞,黄宇,贾国强,等.嵌入式系统设计(基于 STM32F4)[M].北京:电子工业出版社,2020.

[8]毛玉星,郭珂,刘卫华,等.单片机原理及接口技术:基于 ARM CORTEX-M3 的 STM32 系列[M].重庆:重庆大学出版社,2020.

[9]刘刚.Android 移动开发基础教程[M].北京:人民邮电出版社,2019.

[10]徐硕博,黄卫东,贾雁,等.基于 Android 平台的移动开发技术[M].北京:中国水利水电出版社,2018.

[11]黄克亚.ARM CORTEX-M3 嵌入式原理及应用:基于 STM32F103 微控制器[M].北京:清华大学出版社,2020.

[12]向培素,游志宇,杜诚. STM32 单片机原理与应用[M].北京:清华大学出版社, 2022.

[13]苏李果,宋丽.STM32 嵌入式技术应用开发全案例实践[M].北京:人民邮电出版社,2020.

[14]曾菊容. STM32 单片机应用与实践:项目驱动教学[M].成都:四川大学出版社,2022.

[15]姜付鹏,刘通,王英合. Cortex-M3 嵌入式系统开发:STM32 单片机体系结构、编程与项目实战(微课视频版)[M].北京:清华大学出版社,2023.

[16]李克强,张书玮,罗禹贡,等.智能环境友好型车辆的概念及其最新进展[J].汽车安全与节能学报,2013,4(2):109-120.

[17]侯志伟,包理群.基于 STM32 的多重 ADC 采样技术研究与应用[J].工业仪表与自动化装置,2019(3) : 28-32.

[18]张新钰,高洪波,赵建辉,等.基于深度学习的自动驾驶技术综述[J].清华大学学报(自然科学版),2018,58(4):438-444.

[19]段仕浩,黄伟,赵朝辉,等.Android 移动应用开发案例教程[M].北京:人民邮电出版社,2021.